概説 イギリス憲法
――由来・展開そしてEU法との相克
［第2版］

加藤紘捷
KATO Hirokatsu

The
United Kingdom Constitution
2nd edition

勁草書房

第2版　はしがき

　2002年の初版発行から早や，13年の歳月が流れた。初版を刊行した時点において，1997年に労働党政権により着手されたイギリスの憲法改革の全体像はまだ終着駅に到達しておらず，初版時における叙述の一部に不十分さを感じていた。しかるに，その労働党政権も2010年5月の総選挙で敗退したため，憲法改革はこの時点で一応の幕を閉じ，これまで進めてきた同労働党政権の憲法改革も漸くその全貌と臨界点を明らかとし始めた。さらに，その後，政権交代を果たした保守党と自由民主党の連立政権の下で，2011年EUレファレンダム・ロック（主権委譲制約）法や2013年改正王位継承法などが制定・施行されるのを知らされるにつけ，筆者はひそかに新版を興す必要性をひしひしと実感し始めていた。そのような矢先，2014年7月に，出版社の勁草書房の編集部部長竹田康夫氏より旧版に代えて新版企画のお誘いを受け，筆者にとっては願ってもない本書改訂へ道が拓かれたわけである。

　新版の要点は，およそ以下の6点に掲げる通りである。

　1．1つはイギリス憲法の要石とされる基本原理「議会主権」についてである。本テーマは，筆者が早稲田大学の修士課程に在籍していた73年当時，イギリスが当時の拡大ECに加盟を果たしたが，EC（現EU）司法裁判所はイギリスが加盟する以前から，かりに直接効力を有するEC法と加盟国内法とが衝突した場合にどちらが優位するか，に判例で答えを出していたことに端を発する。すなわち，その場合にはEC法が優位するとの"EC（現EU）法の優位性の原理"の答えである。もしそうだとすれば，主権をもつイギリス議会は今後，みずから定立した議会制定法がEC法と衝突すれば，後者が優位することになり，イギリスのEC加盟は，即，議会主権の喪失を招来するのではないか？等の素朴な疑問を胸に抱いた。それからというもの，そもそもEC法とは何ぞや？また如何なる特徴を持ち，他の加盟国はそれと如何に対処し，またイギリスの憲法界および判例は如何なる傾向を示しているのか，入手できる限りの文献を渉猟しているうちに私の論文のテーマは自然と「イギリスの議会主権とEC法の優位性の原理」となってしまった。

爾来，牛歩のごとくではあったが，研究が進展するにつれて節目ごとに筆者はいくつかの小論を世に送ったが，当初は分野自体なかなか注目を浴びなかった。がしかし，今日，ご承知の通り，本テーマについて多くの研究仲間より輝かしい論稿が現われ，隔世の感があると感じている。このテーマに関する初期判例はEC（現EU）を生み出した基本条約の新規性を積極的に評価する態度を示さず，そっけないとさえ言えるような印象であったが，それから今や40年の星霜を経たのである。その間に，判例の態度はすっかり様変わりし，従来の条約とEC（EU）を生み出した基本条約の真の意味の違いを評価し，それとともに，イギリス議会の持つ主権は判例が進展していくにつれ変容を迫られ，1990年のファクタテイム事件の貴族院判決および2003年のソバーン事件高等法院判決以降，議会主権はさらにEU法の優位性に道を譲りかねない状態に進展した。

しかしながらその一方で，近年，保守党・自由民主党政権の下で2011年に制定されたレファレンダム・ロック法などをみると，90年代から今日に至る判例の傾向に一定の歯止めを掛けようとするなど，反対の動静も看取され，議会主権とEU法の優位性の原理の綱引きはこれからも一瞬の予断も許されぬ情勢である。本改訂版にはこれらの経緯をコンパクトに叙述した。

2．さらに，イギリス憲法のもう一つの基本原理「法の支配」についても，初版時に書き足りなさを感じていたので，法の支配の原型といわれるギリシャ哲人の考えから説き起こして初版のものを全面的に書き直した。

3．第3に，紙幅の関係もあるのでコンパクトではあるが，1997年以来の労働党政権により挙行された憲法改革の全体像を冒頭に示し，それをもってこれまで各章に散らばって描かれている個々の憲法改革のチャートとし，とくに2005年憲法改革法に基づき，これまで貴族院が持っていた司法における上告管轄権を除去し，新たな最高裁判所が創設された経緯，新最高裁の特徴などを網羅した。

4．第4に，イギリス憲法の法源の1つとしてのEU基本条約は2009年に発効したリスボン条約により大幅に改訂を余儀なくされた。他方においてヨーロッパにおけるユーロ危機を契機として，ここ数年，にわかにヨーロッパ統合の行方に赤信号が灯り，イギリスにおいてはEU脱退の動きさえ世論調査にも

大きく現われるようになった。さらに地方およびイギリスに配分されたヨーロッパ議会の議席をめぐる選挙において独立党（UKIP）の躍進が注目を浴びている。これらも十分とは言えないが紙幅の許す限り敷衍した。また，周知の通り，EU 加盟国が原 6 ヶ国から 2013 年のクロアチアの加盟で 28 ヶ国になった。これに伴い生じたヨーロッパ議会の議席の各国配分数，ヨーロッパ司法裁判所の判事の数，ヨーロッパ委員会の成員の数を含めて変更点を改訂した。

　5．第5に，これまで女王を輩出してきたイギリス憲法の王位継承法にそれなりの先進性が評価されてきたが，ヨーロッパ大陸諸国が 70 年代以降，王位継承の第一順位に男女にかかわらず第一子とする改定を行ったことで，イギリスの王位継承法が実は男子優先だったという王位継承における男女不平等の欠点を露呈した。2013 年王位継承法はこれを改正し，大陸の君主制国家と同様に，王位継承の第一順位を男女にかかわらず第一子にした。本改訂版はこれについても網羅した。また，保守・自民の連立政権が進めた議会任期固定法も本改訂版の中で言及したことも付記する。

　6．本書改訂の重いペンを執っていた昨 2014 年 9 月 18 日，スコットランドのイギリスからの分離独立を問う，スリリングな住民投票の行方を巡って，世界がかたずを飲む瞬間があった。イギリスにとって幸いと言うべきか，スコットランドはイギリスに残留するという結果となった。これについても本書の中でできる限りフォローさせて頂いた。

　以上，改訂の要点を述べたが，本書でもっとも筆者が重点を置きたかったことは何かと問われれば，第 1 に掲げたイギリス憲法における議会主権であり，議会主権への EU 法からのインパクトであったので，サブタイトルは旧版の「由来・展開そして改革」から「由来・展開そして EU 法との相克」とさせて頂いたことにご了承願いたい。

　"学問は長く，人生は正に短い *ars longa, vita brevis est.*" ヨーロッパ統合が進展すれば，さらにイギリスの議会主権は変質を迫られるであろうが，今後とも，学界の動き，判例の動き，さらに議会での議論および住民投票の可能性にも目が離せない。その時は，さらに第 2 版から第 3 版への改訂が必要になってこようが，自分が果たせるかどうかは神のみぞ知るである。しかし，たとえそれが実現できなかったとしても，いつの世も，何かを世に問えば，次の世にま

た新たな若い研究者がそれを引き継いでくれるであろうと衷心より信じている。

　本書の改訂版発刊にあたって，エクセター大学の元恩師ブリッジ名誉教授に励ましといくつかの助言を頂いた。また日本大学法学部比較法研究所の研究員である菊池肇哉氏には「法の支配」を含めてローマ法およびイギリス法制史上の観点から貴重な助言と指摘を受けた。ここに感謝する次第である。最後にイギリスにおける憲法改革に伴う改訂版の企画を積極的に進めて下さり，細かな編集上の労を取って頂いた竹田康夫氏に心より謝意を表するものである。

　　　2014年2月9日　亡き母に捧ぐ

　　　　　　　　　　　　　　　　　　　　　　　　　　加　藤　紘　捷

はしがき

　おそらく，近時イギリスのブレア労働党政権の下で進められてきた憲法改革は，イギリス憲法史上，もっとも野心的な改革の1つといってよいであろう。そうした改革を含めて，本書は，不完全であることを十分意識しつつも，イギリス憲法を概説的に叙述することを目的としている。本書はまた，序論と4部構成，すなわち，第Ⅰ部「憲法小史」，第Ⅱ部「現代イギリス憲法の特徴」，第Ⅲ部「統治機構」，そして第Ⅳ部「市民的自由と人権」，から成立っている。

　ところで，従来，イギリス憲法ほど，あらゆる角度から研究されてきた学問分野もそう多くあるまいと思われる。あらゆる項目について相当の論文が発表され，翻訳が出され，先人の足跡は大いに輝いている。しかし，その中にあって，イギリス憲法の概説書となると，意外に少ないと日頃感じてきた。従来，それを補ってきたのはむしろ翻訳本であったように思われる。翻訳本でなく，日本人の手によるイギリス憲法の概説書がもっと上梓されて然るべきと思っているうちに，いつしかそれを自分で書いてみる気に思い至った。それから今日まで，牛歩の如くではあるが，資料を集め，少しずつノートに書き溜めて行くうちに，筐底に温めた草稿も分厚いものとなった。

　折りしも，来日されたあるイギリスの学者の一人から，概説書のようなものは，つねに講義の結果であると話されるのを耳にしてさらに意を強くした。以来，ノートは授業のための『イギリス憲法講義案』となり，折に触れ2, 3の大学の授業で使用するようになっていた。したがって，本書のベースに，この講義案があることは疑いない。

　しかし，この拙い講義案も，昨今のイギリスの憲法改革のあおりを受け，大幅に訂正しなければならなくなった。スコットランド自治議会およびウェールズ自治総会の創設，ヨーロッパ人権条約に基づく新しい人権法の導入はもちろん，上院（貴族院）改革，司法改革，さらには情報自由法の導入を図るなど，かなり多岐にわたり，しかも野心的な改革だったからである。これらの憲法改革については本書でも検討し，ささやかではあるが，本書各項にそれらをちりばめたつもりである。

さらに，筆者が，1992年に在外研究のため，イギリス南西部の古都エクセター大学で研鑽の途次にあったとき，やはり同大学のブリッジ教授（Prof. Bridge, J. W.）から，外国法，なかんずくイギリス憲法を研究する際には，憲法史をまず的確に把握することが何よりの基本であると伺ったことがある。

　周知の通り，イギリス憲法史に登場する様々なドラマは，イギリス憲法の生きたケース・スタディであり，憲法原理を産み出してきた宝庫でもある。

　上述した講義案には，以前から冒頭に，簡単なイギリス憲法史を付属させていたが，在外研究から帰国してからは，『講義案』の中の憲法史の部分をより積極的に見直し，的確とはいえないが，なんとか通史的に描写して，実定法としてのイギリス憲法理解の一助となるよう試みた。

　その後，憲法学の杉原泰雄先生が，日本国憲法施行50周年記念のビデオ（30巻）を作る企画（イメージ・ユニオン製作）を主宰され，巻末に主要な外国憲法を付属させることになった。図らずも，同教授より，外国憲法のうち，イギリス憲法を担当する機会が与えられ，同教授の期待には十分応えられなかったが，これにより，憲法史なるものに，多くの示唆を得た。と同時に，本書の憲法小史を今一度，見直せる好機となったことは言うまでもない。このような経緯があり，先生には深く感謝している次第である。

　さらに幸運だったのは，その後，青山学院大学から森泉章教授が大学院法学研究科に赴任して来られたことである。同教授は民法の著名な専門家ではあるが，これまでF. W. メイトランドの『信託と法人』をはじめ『イングランド法史概説』を翻訳出版されてきたことで知られている。本務校で先生と面識を持つようになって以来，筆者のような英米法専攻の者とは学縁が薄かろうと思っていたが，メイトランドを知的な触媒として先生とは多くの研究上の接点ができた。かようなわけで，折に触れて先生からは貴重な示唆を得たことに感謝している。とくに先生の監訳による『イングランド法史概説』は，本書で憲法小史を書く上で大いなる助けになったことは言うまでもない。だが，それにもまして，本書の出版に関しては格別のお気遣いをいただき，勁草書房に対し公刊の労をお取りいただくなど，数々のご配慮を賜った。このたび本書が出版できるのも先生の温かいご指導ゆえと，心より感謝している次第である。

　恩師である矢頭敏也先生は，かつて多くの研究者とともにフィリップス・

S・ジェームズ著『イギリス法』を翻訳し，まとめられ，上下2巻として三省堂より出版された。そのうちの「上」巻（序論・公法）は，本書を書く上で，とくに参考になったことに心から感謝している。

　上述したように，昨今のイギリス憲法改革に関する著作は日本でも何人かの意欲的な研究者によって上梓され，多くの読者に注目されていることはうれしい限りである。それらと併せて，本書が，多くの読者にとり，イギリス憲法の全体像を理解する上で何某かの助けとなればこの上ない喜びである。

　最後に，このような概説書を書くにあたり，企画を受け入れてくれた出版社の勁草書房の温かい対応に感謝するとともに，誠実かつエネルギッシュに編集の労をお取りいただいた編集担当の古田理史氏に心からの謝意を表す次第である。

　　　2002年1月3日　父正司の命日に世界平和を祈りて

　　　　　　　　　　　　　　　　　　　　　　　　　加　藤　紘　捷

目　　次

第2版　はしがき
はしがき
目次
United Kingdom（地図）

序　論 …………………………………………………………………………… 1
　1　イギリス憲法を学ぶ視座　1
　　1.1　近代憲法のルーツとして　1
　　1.2　近時の憲法改革とEU法との相克　4
　2　憲法の分類とイギリス憲法の位置づけ　6
　　2.1　憲法の形式から見たイギリス憲法の特徴　6
　　2.2　統治形態から見たイギリス憲法の特徴　11

第Ⅰ部　イギリス憲法史論

第1章　近代的立憲主義の発展 ………………………………………… 16
　1　中世とマグナ・カルタ　17
　　1.1　近代憲法の源流としての1215年マグナ・カルタ　17
　　1.2　マグナ・カルタの真価　20
　　1.3　マグナ・カルタの背景とブラクトンの法の支配　21
　　1.4　「戴冠憲章」とマグナ・カルタ　23
　　1.5　マグナ・カルタの重要性　25
　2　中世と「議会」の誕生　26
　　2.1　「議会の母」としてのイギリス議会の誕生　26
　　2.2　諸侯の身分制議会から中世的代表制議会へ　28

3　近世——チューダー王朝の絶対王制と議会　30
　　　3.1　イギリスの絶対王政と宗教改革への道　30
　　　3.2　宗教改革議会とイギリス国教会の成立　31

第2章　憲法闘争期 ……………………………………………………34
　　　　——近代へ向けて——
　　1　「王権神授説」とコモン・ロー裁判所　34
　　2　「王権神授説」と議会——1628年の「権利請願」と
　　　　"よみがえるマグナ・カルタ"　36
　　3　王権神授説から大権思想へ　38
　　4　ピューリタン革命と大権思想の制約　39
　　5　「人民協定」と人民主権　41
　　6　共和制移行と「統治章典」　43
　　7　王政復古とチャールズ2世の親フランス政策　44
　　8　ジェームズ2世と名誉革命　46

第3章　権利章典と議会主義の成立 ……………………………………48
　　　　——近　代——
　　1　「君主主権」から「議会主権」へ　48
　　2　「権利章典」と自然権思想のはざま　50
　　3　ロックによるフィルマー王権神授説の論破（第一論文）　51
　　4　ロックの社会契約説（第二論文）　53
　　5　人権保障機構としての立法権の確立　54
　　6　ロック型社会契約説の伝播　56

第4章　近代的市民憲法の特徴と発展 …………………………………59
　　　　——18世紀憲法からリベラル的憲法へ——
　　1　18世紀憲法（近代的市民憲法）の3つの特徴　59
　　　1.1　三者の均衡に立つ"均衡憲法"　59
　　　1.2　"地主階級"を主要な担い手とする憲法　60

1.3　ホィッグ支配の憲法　61
　　2　「リベラル的憲法」（19 世紀の憲法）へ　62
　　　2.1　議院内閣制の発展　63
　　　2.2　ジョージ 3 世の専制政治と政治的民主化の要求　64
　　　2.3　産業革命の進行と 1832 年選挙法の大改正　65
　　3　大臣助言制と立憲君主制の発展　67
　　4　自由貿易と穀物法の廃止　67

第 5 章　議会の民主主義的発展 ……………………………………69
　　　　──真の国民の代表機関へ──
　　1　ヴィクトリア朝時代──選挙法の改正とデモクラシーの発展　69
　　2　チャーチスト運動と人民憲章　70
　　3　労働党の誕生と新しい二大政党　72
　　4　政党の発達と国民主権への道　73
　　5　貴族院の改革と庶民院の優越への道　73
　　6　英米憲法と日本国憲法　74

参考文献

　　　　第 II 部　イギリス憲法の基本的特徴

第 6 章　イギリス憲法と連合王国の形成 …………………………78
　　1　連合王国と憲法　78
　　　1.1　イギリスなる国名と連合王国　78
　　　1.2　連合王国とイギリス憲法　79
　　2　連合王国を形成する地域　82
　　　2.1　イングランドの成立と連合王国への道　82
　　　2.2　ウェールズ　83
　　　2.3　スコットランド　86
　　　2.4　北アイルランド　88
　　　2.5　連合王国と海峡諸島およびマン島　92
　　3　イギリス連合（コモンウェルス）とは　93

4　イギリス連合の特徴　95
　　　4.1　平等の地位　95
　　　2.2　（イギリスの）女王である首長　95
　　　2.3　枢密院司法委員会への上訴　97

第7章　イギリスとヨーロッパ………………………………98
　　1　ヨーロッパ連合（EU）　98
　　　1.1　はじめに　98
　　　1.2　イギリスのEC加盟　99
　　　1.3　1972年EC法と議会主権　100
　　　1.4　イギリスとヨーロッパ合衆国への道　101
　　2　イギリスとヨーロッパ人権条約　102

第8章　イギリスの地方自治と地方分権………………………105
　　1　イギリスの地方自治の憲法上の位置づけ　105
　　　1.1　議会主権と地方自治　105
　　　1.2　グレーター・ロンドン参事会（GLC）の廃止　107
　　　1.3　憲法改革と新しいGLAの誕生へ　108
　　2　憲法改革と地方分権　109
　　　2.1　連合王国とウェールズ，スコットランドのナショナリズム　109
　　　2.2　ウェールズの地方分権への道
　　　　　　──1969-73の憲法に関する王立委員会　111
　　　2.3　スコットランドの地方分権（含む，分離独立の住民投票）　115
　　　2.4　北アイルランドの地方分権への道　119

第9章　イギリス憲法の基本原理………………………………122
　　　　　──EU法との相克の中で──
　　1　権力分立　122
　　　1.1　権力分立の思想と意義　122
　　　1.2　イギリス憲法と権力分立　126
　　　1.3　立法部と行政部との関係　126
　　　1.4　行政部と司法部の関係　128

xii　目　次

　　1.5　立法部と司法部の関係　130
　2　責任政治　130
　　2.1　はじめに　130
　　2.2　責任政治の内容　132
　　2.3　連帯責任の意味　134
　3　法の支配または法の優位　135
　　3.1　はじめに　135
　　3.2　法の支配の意義と法治主義　140
　　3.3　ダイシーと「法の支配」の原理　140
　　3.4　"形式的"法の支配と"実質的"法の支配　145
　4　議会主権　146
　　4.1　はじめに　146
　　4.2　ヨーロッパからの挑戦と議会主権の揺らぎ　148
　　4.3　議会主権の通説的意味　150
　　4.4　スコットランド学派からの反論　154
　　4.5　一定の事項または一定の立法手続による制約論　156
　　4.6　「議会主権」とEU法との相克──ダイシー伝統は変容したか　157
　　4.7　議会による巻き返し──2011年EUレファレンダム・ロック法　160
　　4.8　議会主権の廃止はありうるか　162
　　4.9　憲法改革と成文憲法の行方　163
　5　国王大権行使に関する憲法習律と国民主権への道　165

第10章　イギリス憲法の法源 …………………………………………169
　1　議会制定法　169
　2　判例憲法（司法的先例）　171
　3　憲法習律　173
　　3.1　憲法習律の例　173
　　3.2　なぜ憲法習律は遵守されるのか　174
　　3.3　なぜ法として制定されないでいるのか　175
　4　EU法　175
　　4.1　法　源　175
　　4.2　EU法の性質および特徴──直接適用性の原理　178

        4.3 Costa 対 ENEL 事件とヨーロッパ統合法の優位性　180
        4.4 イギリス法から見た EU 法の位置づけ　181
   参考文献

   第Ⅲ部　イギリス憲法 I（統治機構論）

   第 11 章　国王と君主制 ………………………………………………186
      1　君主制とその発展　186
        1.1　名誉革命と立憲君主制の成立　186
        1.2　イギリスの君主制は名目君主制か　187
        1.3　君主および君主制の効用　188
        1.4　君主の権限　189
        1.5　君主の国政に対する個人的影響力　190
        1.6　王位と王位継承　191
        1.7　摂　政　196
        1.8　退位と崩御　196
        1.9　王室財政　196
        1.10　国王とイギリス国教会　197
        1.11　イギリス連合の首長　197
      2　憲法改革と君主制の近代化　197

   第 12 章　立　法　部 ………………………………………………199
      1　はじめに――"議会の母"としてのイギリス議会　199
      2　下院としての庶民院　200
        2.1　庶民院とその構成　200
        2.2　選挙制度　201
        2.3　立法過程　205
        2.4　貴族院に対する庶民院の優越の原則　207
      3　上院としての貴族院　208
        3.1　貴族院の構成　208
        3.2　貴族院改革　210
        3.3　2005 年憲法改革法と貴族院の司法的機能の喪失　211

3.4　最高裁判所の創設へ　212

第13章　EUの諸機関と立法手続 … 213

　1　はじめに　213
　2　EU理事会　215
　3　ヨーロッパ委員会　216
　　3.1　委員会の構成　216
　　3.2　委員会の独立性　217
　　3.3　委員会の任務　217
　4　ヨーロッパ議会　217
　　4.1　議会の沿革　217
　　4.2　議会の構成　218
　　4.3　イギリスにおける直接選挙　219
　　4.4　議会の任務と立法手続への参加　219
　5　EU司法裁判所　220
　　5.1　構　成　220
　　5.2　機能と管轄権　220

第14章　行　政　部 … 222

　1　首　相　222
　　1.1　ハノーヴァー朝の幕開けと首相の由来　222
　　1.2　首相の権限　224
　　1.3　首相の資格と任命　224
　2　内　閣　226
　　2.1　内閣の由来　226
　　2.2　内閣と内閣政治　227
　　2.3　内閣と国王大権　228

第15章　司　法　部 … 229

　1　司法権の独立へ向けて　229
　2　司法権の独立の意味　230

3　司法権の範囲　231
　　4　裁判官の任命および定年，罷免　231
　　5　裁判官の昇進と報酬　233
　　6　議会主権との関係　234
　　7　陪審裁判と司法の民主制　234
　　8　司法と法曹養成　235
　　9　1876年の上告管轄権法と貴族院上訴委員会の上告管轄権　236
　　10　2005年憲法改革法と最高裁判所の創設　237
　　　10.1　ヨーロッパ人権条約と目に見える形での三権分立の要請　237
　　　10.2　大法官職の役割と新しい最高裁判所　238
　　　10.3　2005年憲法改革法と最高裁判所の創設　239

参考文献

第Ⅳ部　イギリス憲法Ⅱ（市民的自由と人権論）

第16章　イギリス人の市民的自由　……………………………244
　　1　はじめに　244
　　2　市民的自由ということ　247
　　3　市民的自由と自然法　248
　　　3.1　個人的権利　248
　　　3.2　自然法と法実証主義　248
　　　3.3　自然法と議会主権　249
　　4　権利の保障とその範囲　250
　　5　個人と国家――国籍ないし市民権　251

第17章　人身の自由　……………………………………………254
　　1　人身の自由とデュー・プロセス　254
　　　1.1　マグナ・カルタとデュー・プロセス　254
　　　1.2　クックと近代的注釈　255
　　2　人身の自由と人身保護法　256

2.1 意　　義 256
  2.2 手　　続 257
  2.3 ダーネル事件と1679年人身保護法 258
 3 人身の自由と警察権力 259
  3.1 逮　　捕 259
  3.2 抑　　留 261
  3.3 捜索権 262
  3.4 押収権 262

第18章　表現の自由 …………………………………263
　　　　——言論・出版の自由，結社・集会の自由——
 1 表現の自由 263
 2 言論・出版の自由 264
 3 集会の自由 266
  3.1 集会をもつ権利 267
  3.2 公道での集会 267
  3.3 集団行進 268
 4 結社の自由 268

第19章　表現の自由の制約 ……………………………270
 1 民事上の制約——名誉毀損・プライバシー 270
  1.1 表現の自由と名誉毀損 270
  1.2 表現の自由とプライバシー 271
 2 表現の自由と刑法上の規制 276
  2.1 表現の自由と煽動罪，反逆罪など 276
  2.2 表現の自由とわいせつ罪，神冒瀆罪 278
  2.3 表現の自由と刑法上の名誉毀損 279
  2.4 表現の自由と裁判所侮辱罪 280
 3 国家機密保護法（1911～89年）と情報自由法 281

第20章　信教の自由 ……………………………………286

1　信教の自由の意義　286
　　　2　イギリス国教会および国家との関係　287
　　　3　信教の自由と寛容　290

第21章　法の下の平等……………………………………292
　　　──差別からの自由──
　　　1　人種差別からの自由　292
　　　2　性差別からの自由　295
　　　　2.1　はじめに　295
　　　　2.2　性差別禁止法と平等賃金法　296
　　　3　EUにおける「同一労働同一賃金」の原則　299

第22章　福祉国家と社会権………………………………302
　　　1　はじめに　302
　　　2　福祉国家とイギリスにおける社会権（社会保障）　303

第23章　イギリスにおける新しい人権…………………308
　　　1　人権条約上の実体的権利　308
　　　2　権利の制約　309
　　　3　適用除外　310
　　　4　機構改革と人権裁判所　310
　　　5　1998年人権法　311

参考文献

　年　　表……………………………………………………317
　索　　引……………………………………………………321

序　論

1　イギリス憲法を学ぶ視座

1.1　近代憲法のルーツとして

　ここでは先駆的な近代憲法としてのイギリス憲法を学ぶ。古代はもちろん，封建制，あるいは絶対王制の国家において，権力の正当性は，その根拠を，神や宗教的理論あるいは身分制的特権思想に求めるのが常だった。そこでは，人々は，「力の支配」によって，為政者に一方的あるいは専制的に支配されていた。しかし，イギリスは，17世紀における市民革命により，世界に先駆けてそのような専制的国家と決別し，いち早く近代国家，すなわち国民国家（Nation State）を成立させた。

　近代憲法は，近代国家としての国民国家と，それ以前の専制的国家とを区別するメルクマールである。国民国家とは，自由で平等な人間が，自己の基本的人権を守るために相互に契約し，設立した国家のことである。そこでは，治者と被治者が同一となり，権力と自由の相克を克服しようとする。

　イギリスの近代的立憲主義は，13世紀初頭の「マグナ・カルタ」（Magna Carta，大憲章）に遡る古い伝統の中で発達した。マグナ・カルタに遡る古い伝統とは，「力の支配」に対立する「法の支配」の伝統である。その伝統は，やがて4世紀後の17世紀に，圧制のくびきから自由を求めて王権と闘うイギリス人の思想的武器となった。やがて，それは，2つで1つに連動するイギリス革命，すなわち，ピューリタン革命（1640-60年）と名誉革命（1688年）を促す原動力となり，イギリスを世界に先駆けて近代国家に導いたのである。

(1) ところで，近代憲法はふつう憲法典という成文の形式をとる。しかし，イギリスは，そうした成文憲法の形式をとらない，典型的な不文憲法の国である。すなわちイギリス憲法の主要な法形式は，伝統的に判例憲法（case law）である。しかし，それにとどまらない。判例法を補完する様々な制定法（statutes）があり，内閣制度などを規律するさまざまな憲法習律（constitutional conventions，憲法慣例とも訳される）[1]があるからである。日本の憲法が六法全書の中で，条文の形で法典化されているのと違い，イギリス憲法は，これらすべての法源を寄せ集めた中に存在している。このように多様な法源をもつイギリス憲法を評して，それはあたかも，ばらばらの布切れを寄せ集めた〝パッチワーク〟のようだという。出来栄えはいいが，裏地から見ると，縫いあわせの布切れによる〝つぎはぎだらけの憲法〟というわけである[2]。

(2) その意味するところは，イギリス憲法が，成文憲法のように，あらかじめ，憲法制定会議におけるようなグランドデザインがあって，それに基づいて制定された憲法ではないということである。中世以来の，とてつもなく息の長い歴史という「かな床」で，判例法，制定法，そして憲法習律と，時代時代に変化する需要に応じて，徐々に形成されてきた憲法，それがイギリス憲法なのである。それは，あたかも，阿古屋貝が，海の底深く，時間をかけて作り上げる真珠にも似ていよう。その意味でイギリス憲法は大海で磨かれて輝く真珠である。

そのことを知るにつけ，イギリス人が単に経験主義を好む民族だから，という答えだけでは理解し難い，国家と個人，あるいは民主主義という人間のもつ

---

[1] 議会制定法や判例法と違い，憲法習律は，裁判所によって実現されないが，規範的なものとしてイギリス憲法の法源の1つとして重要な役割を果たしている。その性質については，第10章の法源の項を参照されたい。
[2] クライムズは「イギリスの現行の憲法（constitutional law）と憲法慣習（憲法習律）は，由緒あるものを多く残しながらも，近代的なものを含んでおり，しかも政治技術についての幾世紀にもわたる経験から生まれた知恵と無数の実験から得られた成果を取り入れているが，それが多くのこまぎれの集合体であることを知っても，大部分の読者は驚きはしないであろう」（傍点筆者）と述べている。S. B. クライムズ（川北洋太郎・小松茂夫・杉原泰雄訳）『イギリス憲法史』（日本評論社・1965年）11頁を参照されたい。

とも困難で根源的な問題に、イギリス人が時には慎重に（漸進的に）、時には大胆に（革命的に）取り組んできた不屈の精神が垣間見られるかもしれない。

かかる歴史的スパンでみるならば、イギリス憲法とは、何百年という長い歴史の中で、イギリス人が悩み、権力の桎梏から脱却するために血を流し、力と知恵を注いできたいわば〝解決の書〟であり知恵であり、またバイブルとも言えるのである。

(3) こうしたイギリス人の、長く、辛い、厳しい試行錯誤という労苦に対し、まったく報いがない訳ではない。個人主義、民主主義、そして人権の保障について編み出され、蓄積されたイギリス憲法の精神および諸原理は、やがて世界の多くの国々に影響を与え、受け容れられ、貢献していくことになるからである。そう考えれば、われわれもそうしたインパクトの源流を尋ねてイギリス憲法を学ぶ価値と意欲がいくぶんなりとも掻きたてられてこよう。

しかし、イギリス憲法が、アメリカ合衆国憲法や日本国の憲法のように、1つのグランドデザインに従って作られた成文憲法でないだけに、それを学び、理解するには多少の困難とエネルギーを要することは疑いない。

イギリス憲法を学ぶためには、13世紀の「マグナ・カルタ」や、17世紀の「権利章典」（Bill of Rights 1689）など、時に法制史の対象にもなりうるばらばらの法形式を、あたかもジグソーパズルを解くように、丹念に寄せ集め、はめ込み、イギリス憲法を支えている柱、なかんずく、その底流に流れる体系的な憲法の諸原理を見出すことが肝心であるが、並大抵ではないことも事実である。本書は、そうした困難さに多少なりとも応えようと、〝憲法小史〟を冒頭に掲げるなど、イギリス憲法をできるだけ歴史的スパンで捉える視点を呈示した。

(4) 13世紀に議会が誕生して以来、多年にわたり国家権力を国王と二分し、ついには権力を掌中にした議会。議会のどこからそのような力が湧いてくるのであろうか。イギリス人はよく議論好きな国民だといわれる。それが彼らの固有の性癖かどうかは分からないが、議論によって物事・国論を集約していくやり方を民主主義の基本とするならば、イギリス人は中央・地方を問わず、早くから議会という議論の場を作り、そこで議論し、問題を解決するすべを培って

きた。そこに民主的な力の源泉がある。その意味で，世界における議会のモデルを提供してきたイギリスの議会はイギリス人が議論を戦わせる民主的アリーナであり，イギリス憲法の華である。

1.2 近時の憲法改革とEU法との相克

　以上のとおり，イギリス憲法はイギリス人民の血と汗の結晶とも言うべき試行錯誤の中で培われてきた長い歴史の産物であるが，近年，とくに1979年に政権を獲得したサッチャー首相からメージャー首相に至るまで，18年間に及ぶ長い保守党政権にピリオドを打つものとして，1997年5月，ニュー・レイバーの旗印の下，ブレア率いる労働党政権が誕生した。それに伴い，これまでどちらかと言えば公正を犠牲にして効率に重きをおく政治を行ってきたとされる保守党政権に代わり，より公正に重きをおく以下の①～⑨に掲げる一連の憲法改革に着手した。それは，2007年にブレアを引き継いだ同じ労働党ブラウン政権が，2010年5月の総選挙で敗退するまで続き，これによりイギリス憲法は格段に現代化したとされる。これら憲法改革を評して憲法学者の一人ボグダノアは次のように評した。「これら憲法改革のどれ一つをとっても，それ自身，急進的な改革をなすものといえるであろう。それら全部をみたとき，我々に1997年以降の年月を憲法改革の真の時代として特徴づけるのを許すものである。[3]」と述べている。これらの改革は各章を通じて適宜触れるつもりでいるが以下に掲げる改革のポイントを参照されたい。

　①公当局がヨーロッパ人権条約に従うことを要求し，裁判官に制定法がヨーロッパ人権上の権利と不一致であることを宣言する権限を与える1998年人権法の制定
　②2000年情報自由法の制定
　③貴族院の広範な改革として，同院より92名を除くすべての世襲の貴族を除去するための1999年貴族院法の制定
　④ヨーロッパ議会への選挙に比例代表制を導入することを規定する1999年

---

[3] Vernon Bogdanor, Our New Constitution：ボグダノア（拙訳）「わがイギリスの新しい憲法」駿河台法学20巻2号2-4頁（2007年）参照。

ヨーロッパ議会法の制定
⑤ 2005 年憲法改革法を制定し，歴史的大法官職の廃止，貴族院から法律貴族を除去し，新しい最高裁判所の設置の決定
⑥ ロンドンにおける直接選出される市長と戦略的当局に関するグレーター・ロンドン当局を設置するため，1998 年グレーター・ロンドン当局（レファレンダム）法の制定
⑦ ウェールズ，スコットランドへの地方分権に関するレファレンダム法の制定，北アイルランドのパートナーシップ形態による地方分権に関するレファレンダムを規定する 1998 年北アイルランド法の制定
⑧ ウェールズの直接選出される国民総会を規定する 1998 年ウェールズ基本法，1998 年北アイルランド法に基づき北アイルランドの直接選出される総会の設置，直接選出されるスコットランド自治議会を規定する 1998 年スコットランド法の制定
⑨ 委員会制度を放棄し，内閣制度，市マネージャー制度または（それを望めば）直接選出される市長を採用するための，2000 年地方統治法に基づき地方当局の要件の決定

しかし，労働党政権により進められてきた上に掲げる憲法改革は，2010 年 5 月の総選挙で同党の敗退により幕を閉じた。ブラウン政権はブレア憲法改革の後を憲法刷新との名で，さらに憲法改革を進めるはずだったと言われる。しかしすでにそれを実行するだけの政治力は失われていた。それだけに労働党が掲げた一連の憲法改革の集大成がどこにあるのか，必ずしも見えずに終わった。それゆえ，ボグダノアは労働党の近時の憲法改革を評価しながらも，過去の大改革，すなわち 1830 年代の選挙法の改革と 1911—49 年の議会法の改正に比べると，近時の改革のどれも，「そのような序列をもつ決定的な重要性を持つものとまではいえない」（前掲注）と疑問を呈した。後に検討する。

しかし同総選挙で，庶民院 650 議席のうち，第一党になった保守党も過半数の 326 議席を取れず，57 議席を得た第三党である自由民主党と連立政権を組み，その下で，2011 年議会任期固定法，2011 年 EU レフェレンダム・ロック法，および 2013 年王位継承法の改正など，さらにいくつかの憲法上の改正を行ったことも見逃せない[4]。そのなかでとくに EU レフェレンダム・ロック

法は，これまで司法部がいくつかの判例で議会主権をEU法の優位性に譲りかねない傾向になりかけていることに一定の歯止めをかけようと，これ以上イギリスがEUへ主権委譲しようとする場合，あるいは既存の条約に重大な変更を及ぼそうとする場合には，レファレンダム・ロック（国民投票による鍵）を掛けることにした点は留意すべきである。これについては後に検討したい。

2　憲法の分類とイギリス憲法の位置づけ

2.1　憲法の形式から見たイギリス憲法の特徴

ところで，近代憲法のルーツと言われるイギリス憲法を改めていくつかの角度から眺めて，イギリス憲法がどのような形をし，どのような特徴をもっているか検証してみる意欲に駆られる。それには，憲法をいくつかの分類に区分してみて，その分類に従ってイギリス憲法の位置づけと特徴を知ることが簡便かもしれない。そのため，ここでは3つの"ものさし"を用いて，イギリス憲法の特徴を捉えてみようと思う。1つは，イギリス憲法は，成文憲法か不文憲法か，2つ目は，単一憲法か連邦憲法か，3つ目は，軟性憲法か硬性憲法か，というものさしを用いてである[5]。

(1) 成文憲法か不文憲法か

成文憲法か不文憲法かという問題は，"法形式による"憲法の分類である。成文憲法（written constitution）と不文憲法（unwritten constitution）の区別は，ブライス（Viscount Bryce:1838-1922）によって指摘されたといわれる（Bryce, *The American Commonwealth*, 1914）。この区別でイギリス憲法の形式を測れば，イギリス憲法は典型的な不文憲法である[6]。より具体的には，判例憲法（case

---

(4)　倉持孝司「イギリス憲法における『憲法上の変更』とそのプロセス」法律時報85巻5号86-90頁（2013年），松井幸夫『変化するイギリス憲法』（敬文堂，2005年）参照。*The Changing Constitution*, 6th ed., 2007, edited by J. Jowell & D. Oliver.

(5)　例えば，Phillips, O. H., *Constitutional and Administrative Law*, 7th ed., 1987, at p.17.

(6)　例えば，Alder は，「イギリスにおいてわれわれは成文された（written），おそらく，より正確には，成典化（codified）された憲法を有しない」と述べている（Alder, J., *Constitutional and Administrative Law*, 3th ed., Macmillan, 1999, at p.23）。

law) を第一次的法源とする不文憲法である。

　"典型的な"というのは，イギリスは，アメリカ合衆国および日本を含めた今日の近代国家が，当然に憲法典をもつ中で，現在も成文憲法をもたないきわめて例外的な国だからである。この点をとらえて「イギリスには憲法がない」と言われることがある。しかし，それは"イギリスには憲法が存在しない"という意味でない。単に成文の形式で1つに体系化された"憲法典がない"ことを指しているにすぎない。このように，イギリスにおいては，近代的憲法の不可欠の内容をもつ重要な憲法原則が，第一次的には，判例法の中で確立されているという特徴をもつことに留意されたい。

　しかし，イギリスにおいて憲法的諸原則のすべてが判例法の中で定められているわけではない。場合によって，"議会制定法"(statute) という形で，成文化されている場合も少なくない。1225年マグナ・カルタ，1679年人身保護法 (Habeas Corpus Act 1679)，1689年権利章典，1911年および1949年議会法 (Parliamentary Acts 1911-49) など多くの制定法の存在を知ればそれは容易に理解されよう。

　さらに複雑なのは，これらの議会制定法以外に，イギリス憲法は，立憲君主制や民主政治の核心をなすその他の憲法原則，たとえば国王大権を行使する際の大臣助言制，議院内閣制といった憲法上の諸原則は，"憲法習律"と呼ばれる別の法源によって規律されている。

　このように，イギリス憲法の法形式は多様である。しかし，種々あるイギリス憲法の法源にひそむこれらの諸原則は，「たとえば日本国憲法では極めて詳細に規定されているところのものであり，また19世紀以後の各国の諸憲法がいずれもイギリス（憲法）を模範として規定したところのものであった。この意味で，もしも"憲法"ということばを近代的意味の憲法の意味に用いるならば，イギリスこそ憲法ありともいえるのである。」[7]。

　これに対して，近代および現代の各国憲法は，イギリスを除き，ほとんど成文憲法の形式をとっている。一般に，成文の形にした法というものは，社会生活における法的関係を明確にし，社会生活を営む者に予測可能性を与えるもの

---

(7)　佐藤功『日本国憲法概説』（学陽書房・1990年）11頁参照。

で便利である。また，憲法を法典化することが，とくに近代以降において，治者と被治者との間で社会契約された内容の成文化と見るならば，憲法を成文の形にすることの方が，はるかに重要で，意味があるように思われる。なぜなら，人々の基本的人権が十分に尊重されるように保障する方法として，そのことを成文の形にして保存しておく方が，何より必要だからである。イギリスの1225年マグナ・カルタや1689年権利章典が，しばしば近代憲法のルーツとして評価されるのは，それらが王権の濫用を制限し，人々の自由を守る憲法的文書とみられたからでもある。

にもかかわらず，マグナ・カルタそのものは，イギリスにおいて，一般的かつ体系的な権利宣言ではなく，憲法の中に存在する断片的な制定法の一部にすぎない。また，権利章典も，既得権的なマグナ・カルタ以来のイギリス人の「古来の権利」を謳ったもので，それは決してフランス人権宣言のような不可譲の自然権を謳った体系的な権利宣言でもない。

結局，イギリス憲法における人権の保障は，より一般的には，判例法として不文憲法の問題として論じられるべきでなのである。議会主権の原理といい，法の支配，司法権の優位といわれる憲法の基本原理は，イギリスにおいては不文の形式である判例法で定められており，基本的には人権の保障も判例法，すなわちコモン・ロー（common law）と1689年権利章典をはじめとする断片的な制定法の中で確立されているのである。その功罪については改めて後述されよう。

(a) 成文憲法の経験　しかし，イギリスにおいて，歴史的に，成文憲法の経験がまったくなかったわけではない。ピューリタン革命後，チャールズ1世（Charles I：在位1625-77）が処刑され，イギリスは1649年から1660年にかけて共和制に移行したが，その時，イギリスで最初で最後の成文憲法が制定された。それが「統治章典」（Instrument of Government, 1653）である。しかし，この憲法は，独裁的な統治形態を許すもので，後世あまり評判はよくない。むしろ，その陰で日の目をみなかった「人民協定」（Agreement of the People, 1647）の方が，近代的権利宣言の萌芽を含んでいた。しかし，この人民協定は，革命の後，ピューリタン内部抗争の過程で反古にされ，歴史の表舞台に出ることはなかった。それについては後述されよう（第2章5参照）。

(b) 成文憲法の将来の可能性　「統治章典」が制定されて以降，今日に至るまで，イギリスは一度も成文憲法を制定することに成功していない。しかし，近時，ヨーロッパ連合（EU）への加盟を永続的なものにする手立てとして，あるいはまた，ヨーロッパ人権条約（European Convention on Human Rights 1950, ECHR と短称で呼ばれる）の人権規定を効果的に保障するなどの意味合いから，折に触れて，成文憲法制定の論議が起きたことは事実である。とくに，「チャーター 88」（Charter 88）と呼ばれる成文憲法制定を推進しようとする市民団体が登場してから，この論議は極めて注目されるようになった[8]。しかし，これまでのところ，議論はされても実現には至っていない[9]。

これに対し，同じコモン・ローの国である隣国のアイルランド共和国や，イギリスから独立を果たしたアメリカ合衆国においては，早くから，成文憲法を法体系の頂点に置いた。

(2) 単一憲法か連邦憲法か

多くの国家が連邦を形成するにあたって，連邦を構成する諸国家（州）の合意によって制定される憲法を連邦憲法（federal constitution）といい，連邦以外の単一国家が憲法を制定する場合，単一憲法（unitary constitution）または国約憲法という。そのうち，イギリス憲法は，単一憲法の範疇に属する。イギリスは，アメリカ，オーストラリア，マレーシアおよびナイジェリアなどと異なり，連邦国家（federal state）でなく，単一国家（unitary state）だからである。

連邦国家では，連邦も州もそれぞれ別個の憲法，すなわち連邦憲法と州憲法（state constitution）を持つが，イギリスのような単一国家では，たとえスコットランド，ウェールズ，北アイルランドのように，イングランドと異なってケルト系住民の多く居住する特異な地域があっても，それらは決してアメリカの

---

[8] 例えば，イギリスの研究所の1つである IPPR は，1991年に，129ヶ条からなる憲法草案（The Constitution of the United States）を発表している。

[9] 英米法部会ミニ・シンポジウム「イギリスにおける成文憲法典制定論議とその周辺」『比較法研究』56号 127頁以下（1994年）参照。とくに，元山健「成文憲法制定論議とその射程」（同上）131頁参照。

ような州ではなく，従ってそれらの地域は個別に憲法を持つこともなく，イギリスには，ただ一つの"単一憲法"しか存在しないのである。

　ダイシー（Albert Venn Dicey：1835-1922）は，連邦国家になりうる要素として2つ挙げ，1つは連邦を構成する州同士が歴史的に共有できる何らかの刻印を共有すること，もう1つは，だからといって単一の国家になるより州同士が互いに分離していたいという意思が存在すること，と述べた。もしそうだとすれば，アメリカ合衆国はこれら2つの要素を満たし，他方，イギリスはそれを満たさなかったともいえる。しかし，近時，イギリスを構成するスコットランド，ウェールズに一定の地方分権が実現した。それについては後述されよう。

(3)　硬性憲法か軟性憲法か

　これは憲法の改正手続による分類である。アメリカ合衆国や日本の憲法のように，憲法改正には法律の改正よりも一層厳格な手続を要するとしている憲法を硬性憲法（rigid constitution）といい，他方，憲法改正には特別の手続きを要せず，法律改正の手続と同一としている憲法を軟性憲法（flexible constitution）というならば，イギリス憲法は，後者の軟性憲法の範疇に属する。

　1848年のイタリア憲法も通常の立法手続で改正できるとされていた。軟性憲法の特色は，改正を容易にすることによって，社会の変動に憲法を適応させる効果をもつといわれる。しかし，硬性憲法だからといっても，フランスのように1791年憲法以来，しばしば憲法を変えている国もある。他方，イギリスのように，例えば，1225年マグナ・カルタが現在でもその効力を（部分的ではあるが）有しているとすれば，硬性憲法，軟性憲法を峻別して，どちらが改正が容易か難しいかを判じることはあまりに形式的にすぎるといえよう。

　また，イギリス憲法が軟性憲法であるということは，イギリスにおいて，憲法と法律は形式的に何ら区別されないことを物語っている。憲法も法律も，イギリスでは，国会の過半数の意思によって作られる同レベルの国会制定法にすぎないからである。しかし，国会制定法のうち，強いて両者を区別しようとすれば，内容的にどれが憲法でどれが法律か判断するしかない。内容的に，国の統治機構や国家とイギリス国民（イギリスでは臣民と称される）との関係を規律する国会制定法が憲法とすれば，そのような内容をもつ制定法が憲法というこ

とになる。そうだとすれば，1225年マグナ・カルタ，1628年権利請願（Petitution of Rights 1628），1689年権利章典などは，形式的には法律だが，内容的に憲法だということになる。

2.2　統治形態から見たイギリス憲法の特徴

(1)　君主制か，共和制か

国家の統治形態を共和制（republic）と君主制（monarchical）に分けた場合，イギリスは古くから君主制の形態を採っている。現代憲法においては，共和制か君主制かという区分は，余り重要な意味を持たなくなっている。しかし，イギリスでは，たとえば，統治機構，とくに行政部の長は，形式上，今も国王であり，また国王は元首であるなど，君主制は，イギリス憲法上，極めて重要であり，また，歴史的にも，早くから，君主制それも立憲君主制を発達させ，各国憲法に大きな影響を及ぼした。

共和制国家においては，通常，選挙で民主的に選出された大統領が元首となり，責任は，選挙民に対して負っている。これに対し，君主制国家においては，君主は世襲により継承される。イギリスにおいて，現在，多くの部分が制定法により規律されるが，やはり，君主（monarch）は，基本的に世襲制によっている。

君主制の歴史は古い。もっとも，1649年，ピューリタン革命によりチャールズ1世が処刑され，君主制が廃止された結果，1660年に王政復古されるまで約11年の間，イギリスも，共和制に移行した経緯を持つ。しかし，それ以外，今日まで，イギリスは，紆余曲折を経ながらも，継続して君主制を堅持している。さらに，1688年の名誉革命を契機として，国王のもつ主権は議会に奪われ，イギリスの君主制は，絶対君主制から議会主権に基づく「立憲君主制」（constitutional or limited monarchy）へと移行している。

(2)　独裁的か，民主的か

一国の政体が，果たして，自由に選択され，また，国民に対して，責任を有しているか否かの区別である。有しているとすれば民主的（democratic）であり，有していないとすれば，それは独裁的（despotic）あるいは専制的政体と

判じられよう。そのように考えた場合，イギリスは，歴史の早い段階より，民主的な統治形態を形成してきた。

しかし，上述したように，イギリスは，君主制の長い歴史を有する。イギリス憲法上，君主が元首（head of state）[10]であり，また行政部の長でもある。そのため，イギリス憲法の特徴である君主制は，もう１つの特徴である民主制と相容れず，論理矛盾に陥ってしまう。しかし，この論理矛盾を現実の政治の中で融合させてきた歴史を併せてもつ。それは，国王のもつ国王大権を，産業革命以後，議会を通じて民主的コントロール下に置くことに成功したからである。

今や国王大権は実質的に，大臣または内閣が行っており，その行使に対しては，大臣または内閣が議会に責任を有している。議会に責任を有しているということは，間接的には，選挙民に責任を有しており，その意味でイギリスの統治形態は民主的なものといえるであろう。議会にも，また選挙民にも責任を有せず，民主制の対極にあるのが，非民主的あるいは独裁的政体である。

(3) 君主制と民主制の融合と将来

名誉革命後に確立した君主制を近代的立憲君主制とすれば，デモクラシーと合体した産業革命以降の君主制は，現代的立憲君主制と言えよう。これは，要するに，中世以来の遺物としての「君主制を独自の方式で民主化する過程を経てきた」[11]イギリス経験主義の所産の１つであり，君主制と民主制が融合した興味深い事例ともいえよう。

しかし，近時，イギリス王室の度重なる醜聞が続くと，これまで，どちらかと言えばタブー視されてきた君主制に対する論議に火がついたように思われる。チャールズ皇太子とダイアナ元皇太子妃の離婚，元妃の非業の事故死，あるいは，ウィンザー城の不慮の火災に対する復旧費を巡る国王の免税特権への批判など，王室醜聞は次第に君主制そのもののあり方，さらには，将来も維持すべきかどうかについて国民の間に疑問を生んだのである[12]。

---

(10) 例えば，吉田善明『議会・選挙・天皇制の憲法論』（日本評論社・1990年）225頁以下参照。
(11) 鵜飼信成『憲法』（岩波書店 1987年）20頁。

これまでのところ，免税特権の自発的返上，あるいは，王室民主化に対するブレア労働党政権による努力もあって，急進派は別として，保守派，改革派をある程度，満足させており，君主制の廃止論議にまでは至っていない。

　しかし，同じイギリス連合（後述）の中にあって，オーストラリアは，"脱欧入亜"という観点からも，君主を同じイギリスの国王にしておく意味を失い，君主制から共和制へ移行する国民の意思を問う国民投票を呼びかけた。これまでのところ，共和制案は否決されているが[13]，共和制移行へのオーストラリアの動向は，少なからずイギリス立憲君主制の将来についてもインパクトを与えるであろう。

---

(12) 英エコノミスト1994年10月22日号参照。それによれば，イギリスの君主制の時代は役割を果たし終えた状況にあると説いている。かつてバジョット（Bagehot, W.: 1826-77）は，同じエコノミスト誌で，イギリス立憲君主制の憲政上の重要性を指摘した。詳しくは第11章参照。
(13) 1999年の国民投票の結果否決された。

第Ⅰ部　イギリス憲法史論

第 1 章　近代的立憲主義の発展

　世界の発信源となりえたイギリスの近代憲法の中心的課題は，権力の抑制と人権の保障にあるが，それは，近代になって突然形成されたわけではない。中世，とりわけ 13 世紀初頭，権力を濫用しようとした国王ジョン（John the Lackland: 1199-1216）を掣肘する形で諸侯たちが力づくで署名させた「マグナ・カルタ」に発する。その意味で，「マグナ・カルタ」（Magna Carta）は，イギリスの長い立憲史の始まりである。同時に，ブラクトン（Bracton, Henry de: 1210-1268）がイギリス憲法の伝統である「法の支配」を説き，イギリス憲法の後の発展に計り知れない影響を与えた『イングランドにおける法と慣習』（後述）を書いたのもこの世紀である。さらに，後に国王と国家権力を二分するようになる議会が誕生するのも，この世紀である。その意味で，イギリスの 13 世紀は誠に偉大な世紀といえよう[1]。以下に，マグナ・カルタの背景とその意義，そして法の支配の伝統および議会の誕生と初期の発展について述べることにする。

---

(1)　城戸毅によれば，「……イギリス初期議会史の上で 13 世紀という時期が重要であることにはかわりない…」との件（3 頁），さらに「13 世紀とは，イングランドという明確な地理的枠組みをもった国家の形態と運営方針をめぐって，統治者と被治者の間で対立し時に協働する持続的模索が開始された時代である」との説得的意見を参照のこと。城戸毅『マグナ・カルタの世紀　中世イギリスの政治と国制　1199-1307』（東京大学出版会・1995 年）。

1 中世とマグナ・カルタ

1.1 近代憲法の源流としての1215年マグナ・カルタ

　1215年にジョン王によって署名されたラテン語の "Magna Carta"（Magana Charta とも綴られる）は，英語で "Great Charter"，日本語で直訳すれば偉大な特許状であるが，ふつう「大憲章」と訳され，一般的にはそのまま "マグナ・カルタ" とカタカナで用いられることが多い。マグナ・カルタはその後，17世紀の憲法闘争期に市民革命を通じて「イギリス人の自由の守護神」（palladium of English liberty）へ昇華されていくことでも知られている。それについては後述（第2章参照）されよう。

　ところで，マグナ・カルタがジョン王によって署名された時期は，中世時代のただ中にあり，国王と臣下である諸侯たちは封建契約（主従）関係で結ばれていた。したがって，署名されたマグナ・カルタは，形式的には，ジョン王が臣下である諸侯たちに交付した特許状の形式をとっている。それは明らかに封建文書（feudal documents）の1つともいえる。しかし，実質的には，諸侯および教会・ロンドンなどが連合を組み，武力による威嚇を背景に，ジョン王に署名を迫り，結果的に王権濫用を掣肘することに成功し，後の近代的立憲主義の発展に寄与しうる萌芽をもっていた偉大な文書といってよいであろう。

　さらにいえば，マグナ・カルタは，当時も今もイギリス憲法を貫いている「法の支配」（rule of law）の伝統の明らかな実践であり，証左であったともいいうる。メイトランド（Maitland, F. W.：1850-1906）は，「大憲章を見て最初に痛感することは，それがきわめて長い文書である」と指摘した上で，「大憲章の重要性の多くはこの点にあり」，「当時求められていたことは，……法が遵守されるべきだ，特に国王により遵守されるべきだということであったのであり」，「実際の内容は別にして，……これほど長文の，これほど詳細な，これほ

---

(2) Yardley によれば，マグナ・カルタは，正確に言えば，今日考えられている制定法ではない。というのも，マグナ・カルタは単に国王に対するバロンの要求を述べているに過ぎないからである。しかし，裁判所も議会も，一種の制定法の効力と権威を持つものとして取り扱っている（See Yardley, D. C. M., *Introduction to British Constitutional Law*, 7th ed., 1990, at 35）。

ど実際的な文書が発布されたという事実（自体）を以って，法の支配が存在すべきであることを意味して」いたと述べている(3)。

　ところで，マグナ・カルタの法的性質については，制定法，準制定法あるいは契約（手続的に瑕疵ある）など学説的にいろいろ論じられてきた(2)。しかし，マグナ・カルタの法的性格をどのように論じようと，そのこと自体にさほど実益があるわけでない。大切なのは，マグナ・カルタが近代憲法の原型になりうる要素を多分に持ち，かつまた，近代獲得のプロセスの中で，そのように援用され，やがて「イングランドの自由の大憲章」(the Great Charter of the liberties of England)(4)となりえたということである。そうであるからこそ，マグナ・カルタは，世界の多くの国々の人民から，自由を求めて，圧制のくびきから脱却する際の範とされたのである。また，近代憲法は，イギリスは別にして，成文憲法の形式をとるのがふつうである。この点，マグナ・カルタは，ある程度，包括的な人権のカタログ的体裁をとっている。その意味で，マグナ・カルタは，しばしば「近代憲法のルーツ」たるべき栄誉ある地位を有しているといえよう。事実，イギリスにおいてもマグナ・カルタは「しばしば"イギリスのもっとも成文憲法に近いもの"（Britain's closest equivalent to a written constitution）と評されている(5)。

　1215年のマグナ・カルタは署名されて間もなく無効と宣言され，また修正・再発効を繰り返した。しかし，それが最終的に法として有効になったのは，1225年に議会で確認されたマグナ・カルタであり，それは，1297年，正式に制定法集に組み入れられた（後述25頁 **1.5** 参照）。

　外見的には，マグナ・カルタは，ジョン王と諸侯との間で，忠誠と臣従の更新との引き替えに，ジョン王が「余の王国のすべての自由人とその相続人に対し永久に」63ヶ条に列挙された自由を与えた(6)，という形式をとっている。

---

(3)　メイトランド（小山貞夫訳）『イングランド憲法史』（創文社・1981年）21-2頁。
(4)　この言い回しは，1628年「権利請願」に言及されているものである。とくに3条，4条にその表現があり，一般的にはマグナ・カルタのことを指しているといわれる。たとえば，戒能通厚ほか編『外国法』（岩波書店・1991年）42頁を参照。
(5)　例えばAlder，前掲6頁脚注(6)。
(6)　高木八束ほか編『人権宣言集』（岩波書店・1957年）。

しかし，もともと諸条項に数字が振られていたわけでなく，後に整理上の都合で条項が与えられたとされる。

　内容的にも必ずしもまとまりがあるわけでなく，①封建的慣習を破って王が財政的搾取を行うことを根絶しようとするもの（12条の課税同意の原則，14条の議会の招集などの課税同意の手続），②今日でいう人身の自由に対する適法手続，人身保護令状に関して定めたもの（39条），③ロンドン市・教会といった諸侯以外の階層のための諸規定など（13条の都市の自由，1条の教会の自由），いくつかのグループに類別されうる。

　以上のうち，とりわけ39条の条文は引用されることが多い条文なので以下にラテン語原文と英訳及び日本語訳を記す。

　（ラテン語）*Nullus liber home capiatur ver imprisoneutur, aut disseisiatur, aut utlagetur, aut exuletur, aut aliquo modo destruatur, nec super eum ibimus, nec super eum mittemus, nisi per legale judicium parium suorum vel per legem terre.*：

　（英訳）No freeman shall be taken or imprisoned or disseised or exiled or in any way destroyed, nor will we go upon him nor send upon him, except by the lawful judgment of his peers or by the law of the land.：

　39条　自由人は，その同輩の合法的裁判によるか，または国法によるのでなければ，逮捕，監禁，差押え，法外放置，もしくは追放をうけまたはその他の方法によって侵害されることはない[7]。

　その中でしばしば出てくる「自由人（liber homo）」とは，一般的に「マナー裁判所をもっているすべての土地所有者」あるいは「自由土地保有者」（freeholder）とされ，当時の人口からすればもっとも人数の多い隷農（villein or serf）は「自由人」の範疇にまったく含まれず，また自治都市市民（burgess）でさえも自由人とはみられなかった[8]。中世のラテン法律語でいう「ホモ（homo）」つまり「ひと」とは，もともと，「バロ」（家臣）と同義語とされ，「封建的家臣は，すべて「男たち」（men），すなわち「バロン」であり，した

---

(7)　日本語訳は高木ほか・前掲訳書より引用。
(8)　マッケクニ（禿氏好文訳）『マグナ・カルタ』（ミネルヴァ書房・1993年）118-120頁。

がってマグナ・カルタは，当時の文献ではしばしば「バロンの憲章」(Carta Baronum) として引用され，内容的にはまさに「諸侯の封建的権利（古来の権利）」(feudal rights) を再確認したものにすぎなかった。

このようにマグナ・カルタは本来イギリス中世の産物にすぎず，近代におけるような人一般の自由を保障したものではない（もっともイングランド教会とロンドンが諸侯に参加したので彼らの自由も含まれている）。にもかかわらず，それは近代憲法のルーツとして，それから4世紀後の17世紀に，国王とコモン・ロー裁判所，あるいは国王と国会と間に繰り広げられる憲法闘争の中で，「イギリス人の自由の守護神」(palladium of English liberty) として装いを新によみがえるのである。それについては後述されよう（第2章参照）。

1.2 マグナ・カルタの真価

マグナ・カルタの真価については，封建領主たちが，マグナ・カルタに署名させることによって，全人民の自由を保障しようとしたとする学説——たとえば，William Stubbs（ウィリアム・スタッブス），などに見られる。スタッブスによれば「大憲章は，王からの下賜の形で作成されたけれども，実際は王と臣民との間の条約であった。……その偉大なる降伏条件協定書において，他方の主要な契約当事者を事実上形成したのは人民集団である」[9]と言う。

問題は，「他方の主要な契約当事者を事実上形成したのは人民集団である」とした部分であろう。スタッブスらのこのような性格づけにはその後，次第に疑問が投げられるようになる。というのは「マグナ・カルタ」が全国民よりも，バロン階層の利害を具体化するだけのものだったのではないかとされたからである。とりわけサー・エドワード・ジェンクス (Jenks, Sir Edward) により1904年に公刊された論文「マグナ・カルタの神話」("The Myth of Magna Carta") の中では，「従来の説は，マグナ・カルタの成立当時の政治的・社会的背景を無視してマグナ・カルタを神聖化した，一種の神話にすぎない[10]」というものだった。

しかし，ホゥルト (Holt, J. C.) によればスタッブスの態度の方が「確信的

---

[9] Stubbs, Const Hist I 579, 1896.

第1章　近代的立憲主義の発展　21

で，明快で，一貫性があり」，ジェンクスへ追従する者はそれほど多くないとの指摘もある(11)。果たしてどちらの説が正しいかは別として，基本的には17世紀のイギリスにおける国王との憲法闘争の中でマグナ・カルタの真価がイギリス人の権利・自由を保護する過程で見直され，評価されるようになったことは疑いなかろう。

1.3　マグナ・カルタの背景とブラクトンの「法の支配」

1199年，ジョン王は王位につくと，戦費調達等のために過度の徴税を行った。というのも，1204年，ジョン王は，フランス王フィリップ（Pilippe：在位1180-1223）と戦い，父祖伝来のノルマンディを失ったからである。さらに2年後，今度はブリタニーを失った。このため，彼は，死後，不名誉にも「ジョン欠地王」（John the Lackland）との諡名(おくりな)で呼ばれることになった。それはともかくも，彼は，この状況の下，失地回復を求めて，諸侯に過度な資金と兵力を求め，それがため，彼らに過大な負担を強いたのである(12)。

このようにジョン王は外交上の失敗のみならず，内政および教会政策も失敗していたようである。ジョン王の過度な戦費調達は，明らかに王権の濫用だった。かくして，同じ13世紀，王座部の裁判官でもあったヘンリー・ブラクトン(13)（Henry de Bracton or Bratton, c.1210-c.1268）は，『イングランドの法と慣

---

(10) Edward Jenks, "The Myth of Magna Carta", Independent Review, 4（1904-5），pp260-73, ジェンクスの批判の裏にはマグナ・カルタが「イングランド憲法発達史上の画期的な事件というより障害であった」とする厳しい見方があるようである。また小山貞夫「マグナ・カルタの神話の創造」『法学』44（5・6）世良晃志郎先生退職記念号 772-853頁（1981年）参照。しかし，ホゥルトによれば，バロンたちはスタッブスの指摘するように「既に，ノルマンディ的原理から絶縁していて，彼らの同胞であるイングランド人の指導者という一層高貴な地位に相応しく振る舞っていた」という。ホゥルト，J. C.（森岡敬一郎訳）『マグナ・カルタ』（慶應義塾大学出版会・2000年）317頁。スタッブスは，当時バロンたちは，たとえ自分たちが不利になったとしても「全人民の権利を維持し確保する」高貴な地位に相応しく振舞ったと見るのである。
(11) ホゥルトによれば「スタッブスにとっては『マグナ・カルタ』は単一の文書としては，イングランド史上，最も偉大な形成力をもつ文書であった」とする。ホゥルト・前掲訳書 317頁。
(12) そこで諸侯はジョン王の戦費調達の要求を拒否するわけだが，その背景に「フランス王との間に抗争を構え，イングランドをその出撃基地としか考えないイングランド王と，次第にその利害を異にしていった諸侯集団」（戒能ほか・前掲書 39頁）の関係をみるべきであろう。なお，小山貞夫『イングランド法の形成と近代的変容』（創文社・1991年）103-135頁もあわせて参照のこと。

習について』(*De Legibus et Consuetudinibus Angliae*) と題するイギリス史上，グランヴィル[14]に次ぐ，体系的な英米法の学術書を著わした。彼は当時2000件にも及び判例をノートに記し，これを基に体系書を書いたとされる。そのなかで，彼は，今日における英米憲法の最重要な公理の一つとされる"法の支配"(the rule of law) を導き出し，次の言葉で後世に残した。

「しかるに，王自身は何人の下にもあるべきでない。しかし，神と法の下にあるべきである。なぜなら法が国王を作るからである」(ラテン語：*Ipse   autem   rex*

---

(13) ブラクトンは生前，サー・エドワード・クック (Coke, Sir Edward: 1552-1634) のようにコモン・ローの獅子として王権と対立して華々しく活躍したのと違い，王座裁判所の裁判官をつとめ聖職者でもあったが，どちらかと言うと無名に人生を終え，生誕地も誕生した年も，またその生涯についても不明な点が多い。しかし，『イングランドの法と慣習について』でイギリス法を体系的に著わして，上述のように法の支配を断言し，死後今日に至るまで彼ほど英米憲法に偉大な足跡を残したと評価される人物もそう多くない。また，ブラクトンの著書は20世紀の英法制史家の巨星プラクネットにより「イギリス法学の花咲ける王冠 the Flower and crown of English jurisprudence」と評されるほど優れた筆致により書かれていることでも有名である。伊藤正巳ほか『法学史』(東京大学出版会・1984年) 223頁以下参照。著書はもともとラテン語で書かれており，"*De Legibus et Consuetudinibus Angliae libri quinque*" (1250) であるが，以下のように英訳本も出ている。Thorne, *On the laws and customs of England*, Harvard U. Press, 1968, 1977. 裁判官であった彼は晩年，イギリス南西の古都エクセター (Exeter) 大聖堂の "chancellor" で終わったようである。筆者はかつて同地の大聖堂を訪れ，ブラクトンの墓碑を見学し，生誕地にまつわる学説上の争いなどについて考察したことがある。詳しくは拙稿「法文化比較研究の視点，エクセター大学」駿河台大学「比較法文化」第2号107頁 (1994年) 以下を参照されたい。なお，ブラクトンに始まるイギリス憲法思想の系譜は，15世紀のフォーテスキュー (Fortescue, Sir John: 1285?-1479?)，16世紀のスミス (Smith, Sir Thomas) に共通するもので，それはともに制限王制論とみる。菊池肇哉「サー・ジョン・フォーテスキューによるアリストテレス理解——*Dominium politicum et regale* の概念を中心として」法政論叢50巻2号195頁 (2014年) 参照。また，メイトランドは「ある規則が不変のままであることはほとんどないけれど」，と前置きして「それでも，現在われわれのなかに存続していうる法の組織は，ブラックストンが18世紀に，クックが17世紀に，リトルトン (Littleton, Sir Thomas: ?-1481) が15世紀に，ブラクトンが13世紀に，グランヴィル (Glanville, Ranulf de: ?-1190) が12世紀に記述したものと同一」であると，ここでもブラクトンをブリッジとするイギリス (憲) 法の輝かしい系譜が述べられている。メイトランド，F. W. (森泉章監訳)『イングランド法史概説』(学陽書房・1992年) 16頁参照。

(14) グランヴィル (Ranulf de Glanvill, ?-c. 1190)。彼の著書は『イングランド王国の法及び慣習論』(ラテン語原題：*Tractatus de Legibus et Consuetudinibus Regni Angliae*：英訳 "Treatise on the Laws and Customs of the Kingdom of England") であるが，同書は，ブラクトンのそれが史上初の体系的な学術書であるのに対し，英米法の最初の体系的実務書とされている。1189年までに完成され，1554年に初めて印刷に付された。もっとも，グランヴィルと称される当書が，実際にグランヴィルによって書かれたのかについてはメイトランド以来様々な異論がある。

non debet esse sub homine, sed sub Deo et lege, quia lex facit regem、英訳：" The King himself ought not to be subject to man, but subject to God and the law, because the law makes him King".）」

　ジョン王は，諸侯（Baron）らの慣習的権利を蹂躙するに及んで，まさに，英国における古来より続く法の支配の伝統に真正面から違反し，そのことがマグナ・カルタの成立へと帰結したのである。

　さらに，ブラクトンのこの言葉が，4世紀後の1607年「国王禁止令状事件 Prohibition del Roy」［12 Co Rep 63］において，王権神授説を信奉するジェームズ1世が，「ならば王である余が法の下にあるとの発言は反逆罪に当たる」と迫ったのに対して，首席裁判官サー・エドワード・クック（Sir Edward Coke, c.1522-c.1634）が，「されど，ブラクトンによれば，国王といえども神と法の下にあると述べております」と引用・反駁し，17世紀内乱期における法の支配の礎を確たるものとしたことでも名高い（後述）。

　のみならず，このことは，英米法史上，ひいては世界憲政史上，法の支配の栄光が今なお燦然と輝き続ける基となった。

　「法の支配」とは，改めて後述するが（第9章参照），絶対王政に見られる一方的な「力の支配」または「人の支配」に対立する原理を指す。また，法の支配の「法」とは，法であれば悪法もまた法であるとして許容する立場を厳しく排斥し，「基本的人権を尊重する法」を強調するものである。要するに，法の支配とは権力者が人民を力で支配するという意味とは反対に，権力者の恣意的で一方的な力の支配を排除しようとする。かくして法の支配は権力者，為政者自身に向けられた原理なのである。

　しかし，専制的な君主が現れて「法の支配」が破られた時，それをどう跳ね返し自由人たちの既得権を保障しようとするか，まだ国会も成立していないこの時期において，ジョン王の臣下である諸侯（バロン）たちはそれを同盟を結成し，力で跳ね返す以外に道はなかった（25人の委員会：マグナ・カルタの61条を参照）。

1.4　「戴冠憲章」とマグナ・カルタ

　ところで，戴冠憲章（Coronation Charter）とは，直接的にはヘンリー1世

(Henry Ⅰ：在位 1100-35）が 1100 年に即位する際に発した「戴冠憲章」を指す。しかし，もとを辿れば，もともとノルマン征服以後のフランス系の国王が，即位に際して聖職者・貴族に対し，最後のアングロ＝サクソン王である「エドワード懺悔王（Edward the Confessor：在位 1042-1066）時代の法」を尊重し，恣意的な権力行使を控えるという約束[15]のことで，各国王とくにヘンリー 1 世が即位の際にそれを確認したので"戴冠憲章"と言われるのである。

　このように「エドワード懺悔王の時代の法」とはノルマン征服直前のアングロ・サクソン末期の法をいうが，北フランスのノルマンディ公であったウィリアム 1 世（William the Conqueror：在位 1066-87）が 1066 年にイギリスを征服し，即位してから 4 年のちの 1069 年に，イギリスの各地から 12 名の者を集め，これらの者にその当時のイングランドの法（アングロ・サクソン法）を説明させ，これを編集したのが「エドワード懺悔王時代の法」（Leges Edwardi Confessoris）であった。

　前述した通り，エドワード懺悔王はアングロ・サクソン最後の王であり，この懺悔王の時代の法はさらに遡って，アングロ・サクソンの王エドガー（Edger：957-75），アルフレッド（Alfred the Great：在位 871-99）およびエグバート（Egbert：在位 802-39）諸王にまで達し，その起源は「古代の霧につつまれるまでに拡がる歴代のアングロ・サクソン諸王から借用されたものである」[16]なのであった。

　ブラックストン（Blackstone, Sir William：1723-80）もまた「ジョン王の大憲章は，大部分，王国の古来の慣習あるいはエドワード懺悔王の法から編纂されたということにわが国のすべての歴史家の意見が一致している。彼らは，通常，それらがコモン・ローであり，封建的保有の厳格さとその他の圧政が大陸から輸入される前に，サクソン諸侯の下で樹立されたものと考えている」（Black-

---

[15] メイトランドによれば「イングランド法の残存の証拠は簡単に要約することができる」と述べ，ウィリアム征服王がイングランド法を確認したからであるとする。征服王は即位にあたって「朕は以下のことを望み命ずる。すべての者は，土地およびその他の物についてエドワード懺悔王の法を，朕がイングランド人民の利益のために制定した付加法とともに，持ちかつ保持する」と言明した。メイトランド（小山訳）・前掲訳書 11-2 頁を参照。
[16] マッケクニ（禿氏好文訳）『マグナ・カルタ』（ミネルヴァ書房・1993 年）96 頁。

stone, Great Charter, vii, in Commentaries, 1759) と言及している。その意味でヘンリー1世の戴冠憲章とジョン王の大憲章は「国民全体に対してアルフレッドとエドワードの古い法の基本原則を確認し，かくして形においても内容においても同様に，ノルマン征服の深い割れ目に橋を架けるもの」(Blackstone・前掲書) と考えられた[17]。

とまれ，ヘンリー1世以来の国王が即位に当たって発した「戴冠憲章」とはこの「懺悔王の法」を遵守するとして発したものであり，1199年に即位したジョン王がしばしば封建契約を破り，また失政が続いたため，ついに臣下であるバロン達が立ち上がり，国王にこの「戴冠憲章」の更新を迫ったわけである。武力も資力も乏しく，また都市の商人たち，とくにロンドン市や教会にも見放されたジョン王は，ついにロンドンの南のラニミード (Runnymede) において1215年6月19日に署名捺印したものが「マグナ・カルタ」なのであった。

1.5　マグナ・カルタの重要性

もっとも，1215年のマグナ・カルタはジョン王の懇願によりローマ教皇イノセント3世 (Innoccentius：在位1198-1216) によりわずか9週間後に無効と宣言された。しかし，間もなく，ジョン王は死に，長男が9才にしてヘンリー3世 (Henry III：在位1216-72) として王位に就くことになるが，マグナ・カルタは1216年，17年と再発行され，1225年に1217年のものが多少の修正を加えられて公布された。これが1225年のマグナ・カルタである。それは1297年に制定法記録簿に記入され，エドワード1世の治世25年の「諸憲章確認の法律」(Statute of Confirmatio Cartarum) と称され，それから750年以上も長期にわたって今日まで効力を有することになった。しかし，多くの条項は，廃止され，現行法 (1297年) として残っている条項は以下の通り僅かに過ぎない。

1条：英国教会および自由人の自由の確認

9条 (旧13条)：ロンドン市の諸自由

---

[17] しかし，これは伝統的な見解による主張であって，イギリス憲法の起源を探る際の単純な公式にすぎず，より正確に言えば，その系譜はさまざまで，アングロ・サクソン以外にもルーツがあり，事実「大陸のお手本，多分，あるノルマンの自治都市憲章にもとづいている」(Blackstone・前掲書97頁) との主張があることも忘れてならない。

29条（旧39条・40条）：人身の自由・適法手続を定めたもの（これら旧39条・40条の条文は，1225年のマグナ・カルタの中では，若干の字句の訂正を加えて，29条に統合されていることに注意しよう）。

このようなマグナ・カルタに，結局どのような評価が与えられるであろうか。確かにマグナ・カルタは，上述したとおり，「戴冠憲章」を国王に再確認させた封建的文書ではあるが，「戴冠憲章」が本来国王が即位に際し与える一方的あるいは片務的な公約であるのに対し，マグナ・カルタは，現実には実力によるものとはいえ，封建諸侯が下から国王に突き上げ，それを承認させた双務的な文書であり，また全国に公布された点で意義が高いと言えよう[18]。

2　中世と「議会」の誕生

マグナ・カルタで確認された平和と諸自由に国王が違反しないようこの憲章の遵守を監視する25人の委員会を設置され，もし違反した場合には「その行為が改められるまで，貴族たちは，可能なあらゆる手段によってこれに制裁をくわえてよい」（61条）と定められていた。それは，ある意味で，中世の「暴君放伐論」的な意味合いをもつものといえようが，しかし，これ以降，イギリスは，やがて議会を創設し，それによって法を無視しようとする専制君主を，合法的に制約していく道を見い出していく。以下に，議会の誕生と発展について見ることにしよう。

2.1　「議会の母」としてのイギリス議会の誕生

イギリスの議会は，一般に世界の議会にとって「議会の母」（Mother of Parliaments）としばしば称される。それは，この種の会議体のうち，イギリスの議会の起源が，世界に先駆けてもっとも古い歴史をもつこと，および他の国々で，今日，およそ立法機関の名で呼ばれるものは，おしなべてイギリスの議会に強い影響を受け，またそれに範をおいて作られたとされるからである。

---

(18)　メイトランドは「大憲章は，いかなる観点から眺めようとも，最上級に重要な文書であることはもちろんである」と述べている。メイトランド（小山訳）・前掲訳書21-2頁を参照。

事実，イギリスの議会は，マグナ・カルタと同じく，13世紀に誕生したとされる。その意味で，イギリスの13世紀は誠に偉大な世紀というべきであるが，この議会は，この後，国王と国家権力を二分し制限王制を築いていく重要な会議体として発展していく。

　イギリス議会の起源は，サクソン期の"ウィタン"（Saxon witan）に遡るとされているが，実際には，1066年にイギリスを征服したノルマン王ウィリアム1世がイギリスを統治する上での諮問機関である王会（Curia Regis, or Norman Great Council）から次第に分離独立していったとされる。中世時代，ヨーロッパの封建国家においては，議会に先行する形で王と彼の封建家臣の封建的集会である王会があり，国王はこの王会を通じて国政を処理していた。いわゆるキューリア・レーギス体制（Curia Regis）である。王会は大会議と小会議に分けられ，両者の機能に明確な区別はなかったが，どちらかといえば，大会議には，直接受封者（tenant-in-chief，いわゆる封建諸侯）が召集され，国王の諮問に応じて国政の重要事項を助言する義務を負っていた。これに対して，少数の諸侯と国王の役人から成る小会議は，国王の日常の事務を補佐する任務を果たしていた。

　ところが，13世紀のはじめ，この王会から大会議が「キング・イン・パーラメント」（King in Parliament），または単に「パーラメント」（議会）との名で，独立し，国事一般の公的な審議と決定のための会議体へと発展して行った。

　パーラメント（Parliament）は，ラテン語の *parliamentum* に由来し，それは英語の"parleying"または"discussion"を意味した。

　しかし，初期のパーラメントは封建的，特権的な「諸侯の議会」ともいうべきものであって，今日いわれるような「人民の代表機関」では決してなかった。それがイギリス人の「代表議会」へ成長していくのは，その後，地方住民との関わりで，新しく独立した会議体「パーラメント」に諸侯と並んで各州または市民の代表が召集されるようになって以降のことである。しかし，当時，大会議がイギリスの議会として王会から独立し，やがて国王の課す税金への同意権や司法における上告機関として発展していくさまは，いくら過大評価してもしすぎることはない。

2.2 諸侯の身分制議会から中世的代表制議会へ

上述したように,新しく成立した議会はあくまで諸侯からなる特権的身分制議会にすぎなかった。これが代表制議会へ発展していくのは,各州と各地方都市の代表が加わってからのことである。州(shire)にはもともと州裁判所の全体会議で選挙された騎士層(knights)が州を代表していた[19]。これら騎士層の中小領主は,13世紀に全国規模で課されるようになった直接税を査定し,また徴収する仕事を国王に委任されたこともあり,各州の租税その他の実状を知るためにも,各州の住民代表として,国王は彼らを召集する必要に迫られていった。これに各市(city)または各自治都市(borough, また burgh)の2名の代表,すなわち市民(citizen)または自治都市市民(burgess)が加わり[20],やがてこれらの庶民たち(Commoners)は,本来,「諸侯の議会」であったパーラメントと結合するに及んで,国会は次第に「中世的身分制」議会から,国民の「代表機関」としての性格を帯びていく。

同時に,代表制的議会となっていくパーラメントは,「課税同意権」を駆使する場へと発展していく。このようにパーラメントに地方の住民代表的な集会とが結合するようになったのはどのような契機からであろうか。それは,1265年の「シモン・ド・モンフォールの議会」(Simon de Montfort's Parliament)が開かれてからといわれている。シモン・ド・モンフォールの議会とは,当時,諸侯のリーダーであったモンフォール(Monfort, Simon de, or Earl of Leicester: 1208-65)が,はじめて庶民をも招集した議会(後の下院である庶民院の源流)に端を発している。やがて,それは30年後の1295年に「エドワード1世の模範

---

(19) メイトランドによれば,州の騎士について,ヘンリー7世(Henry VII:在位1485-1509)の時期,「各2名の議員を選出する37の州が存在している」と述べている。メイトランド(小山訳)・前掲訳書231頁参照。

(20) メイトランドによれば,ヘンリー7世の時期「州の騎士の数は既に見たごとく一定であったが,市民(代表)の数は変動しており,時が進むにつれかなり着実に減少した。代表を出す自治都市の数の最高の場合を見い出すには,エドワード1世の時まで遡らねばならない。その時には166に達した」とある。また,「令状はシェリフに行き,シェリフに対して,彼の州から2名の騎士,すべての司教都市から2名の市民,すべての自治都市から2名の市民を選出させて復命するよう命じたのである。それ故いかなる都市が代表を出すべきかを決定することはほとんどシェリフの権能だった」とも述べている。メイトランド(小山訳)・前掲訳書232頁参照。

議会」("Model Parliament of Edward I")と称され，貴族・聖職者から成る上院（貴族院）との二院制を敷く今日の議会のルーツとして公式に召集され，定着していく。

　すなわち，ヘンリー3世（Henry：在位1216-72）は，マグナ・カルタの規定を無視して戦費を調達しようとして諸侯と対立し，内戦となったが，ヘンリー側は諸侯のリーダーであるシモン・ド・モンフォールによって敗退の憂き目を見た。その際，シモン・ド・モンフォールは，1265年，国王の名により，諸侯のみならず，各州，各市または各自治都市の2名の代表を議会に招いた。それが後世「シモン・ド・モンフォールの議会」と呼ばれる二院制からなる議会のモデルとなった議会である。しかし，このスタイルがすぐに定着したのでなく，その後も，折りに触れて不定期に彼らは召集されたに過ぎない。それが定期的に召集されるようになったのはエドワード1世下の1295年からでのことである。そこでその年の議会をもって「エドワード1世の模範議会」（Model Parliament）と称されるのである。

　それでもエドワード1世（Edward I：在位1272-1307）の治世には，34回議会が開催されたうち，各州の代表者（knights）と各自治都市の代表者（burgesses）が召集されのは13回，エドワード2世（Edward II：在位1307-1327）の治世には，19回議会が開催されたうち17回，そしてエドワード3世（Edward III：在位1327-77）の治世には48回すべてに召集され，最終的には14世紀までにこのシステムが確立したとされる。しかし，より重要なことは，同時に，14世紀までに，諸侯と地方代表である代表からなる会議体は別々の会議体に分かれて開催するようになり，諸侯たちの会議体は「貴族院」（House of Lords），地方の代表者たちの会議体は「庶民院」（House of Commons）と呼ばれ，やがて今日の二院制からなる議会を形成していくのである。

　このように中世的代表制議会に発展したイギリスの議会は，やがて王権を制限する重要な国家機関へ発展していくのである。が，それが近代的代表制議会に変身するのは，それからずっと先の，17世紀に起こる2つの市民革命を経てからであり，さらに国民の真の代表者から成る議会へ移行するのは，19世紀以降，いくつかの選挙法の革命的大改正を経てからのことである。それについては改めて後述されよう（第4章参照）。

3　近世——チューダー王朝の絶対王政と議会

3.1　イギリスの絶対王政と宗教改革への道

　イギリスの中世時代は，11世紀にノルマン王朝が形成されて始まり，バラ戦争の終結する1487年に幕を閉じる。以後，王朝はチューダー王朝（Tudor Dynasty）へ変わり，それから120年ほどの間，イギリスはチューダー絶対王政の時代に入るが，この時代はふつう，イギリスの近世と位置づけられている。

　これ以前の中世イギリスは，国家といっても，"聖の領域"，すなわち宗教の領域は，ローマ法王を頂点とする教会に支配され，国王は残りの"俗の領域"を支配するだけのいわゆる聖俗二元国家にすぎなかった。しかも，中世イギリスは，封建制の下，ともすれば，いくつかの封建領主が豪族化し，王権の基盤そのものをたえず脅かしていた。したがって，中世末期を飾るバラ戦争は，豪族たちが王権をないがしろにして闘う最後の内戦だった。

　これに対して，近世イギリスは，何より王権が強化され，強い王権の下に，聖俗一元化し，イギリスが名実ともに主権国家として自立することが期待された。そのために必要なことは，重商主義政策によって国家財政を豊かにし，国家官僚機構を確立して絶対王政の政治基盤作りが何より優先されねばならなかった。さらに，聖の領域がローマ教皇からの支配より脱却するため，宗教改革を通じて聖俗一元化されると，王権は一層強化され，絶対王政が確立していくことになる。

　しかし，それでもイギリスの絶対王政は，フランスやスペインなどの大陸諸国の強大な絶対王政とはかなり異なり，この時期も「法の支配」のイギリスの伝統は消滅しなかった。たとえばフランスのような絶対王政の下では，王の権力は文字通り絶対的に強大であり，「王の意思が法である」とか，太陽王ルイ14世（Louis XIV：在位1638-1715）の述べた「朕は国家なり」という言葉に象徴される専制政治が行われ，その結果，フランスの身分制議会は1614年以降革命の勃発する1789年まで約175年ほどの長期にわたって一度も召集されることはなかったのである。1789年に身分制議会が召集され，その第三部会が独立して国民議会を名乗るまで，下からの声は絶対王政の前にまったく封殺さ

れてしまっていた。

　しかし，イギリスでは，100年以上続いたチューダー絶対王政下といえども，議会は停止されるどころか，ヘンリー8世（Henry VIII：在位1509-47）の行おうとした宗教改革も，議会を通して，議会の協力を得て行われた。この点はまさにイギリス絶対王政の特徴としてフランスのそれと対比されるべきである。

3.2　宗教改革議会とイギリス国教会の成立

　ところで，上述したように，中世時代，国王は，国の「俗の世界」のみを支配していたにすぎず，もう半分の「聖の世界」（ローマ・カトリック）は，国王でなく，ローマ教皇が支配権を握っていた。つまり，中世時代は，聖俗二元論の世界であり，イギリスにおいても，国王は，聖俗のうち，俗の世界だけを支配しているにすぎず，その意味でイギリスは主権国家として自立しているとはいえなかった。事実，教会は，各地に修道院を作り，広大な土地を所有し，また教会を通じて人々の精神世界を名実ともに支配していた。その本山がローマであるから，宗教改革を断行し，国王が聖の世界に対するローマの支配権を排除して，聖俗一元化をはからない限り，国王は，文字通り絶対王政を築くことはできなかった。

　宗教改革は，一般的にはローマ教会（ローマ・カトリック）の教義とそのあり方を批判する（protest）ことを中核とし，結果的に，ローマ・カトリック教会からプロテスタントの分離へと発展していくが，イギリスの宗教改革は，直接には，国王ヘンリー8世の離婚問題という国王の私的事柄に端を発していた。その意味で，それは，マルティン・ルター（Martin Luther, 1483-1546）の宗教改革[21]とも，カルヴァン主義[22]（Calvinism）のそれとも大いに異なり，

---

(21)　マルティン・ルターはドイツにおけるヴィッテンベルグ大学（Univercity of Wittenberg）の教授であり，一般的に宗教改革の創始者と知られよう。宗教改革は近代ヨーロッパを形成する基盤として，ルネサンスと共に重要である。1517年，ルターはローマ教会に抗議して，ヴィッテンブルグ市の教会に95ヶ条の論題を打ちつけた。この中で贖宥状販売を強く批判する。すなわち贖宥状を買うことによる救済には根拠はなく，信仰は信仰によってのみ救われると主張。これによりルターはローマ教会によって破門。これがきっかけで教会体制上の革新運動が起こり，カトリック教会からプロテスタントの分離へと発展していく。聖書をキリスト教の唯一の源泉にしようとし，また彼はドイツ語による聖書を作ったことでも名高い。

後に純粋な教義上の改革を迫られて行く。これについては後述されよう。

　ヘンリー8世の王妃キャサリン・オブ・アラゴン（Catherine of Aragon）は，カトリック教国であるスペインの王女で，ローマ教皇の許可を得て結婚したのであった。しかし，ヘンリー8世は女官アン・ブーリン（Anne Boleyn）に恋に陥ってしまい，これと結婚するには，王妃との離婚を達成しなければならないが，国内におけるカンタベリー司教の法廷（教会裁判所）での離婚訴訟で成功しても，離婚を禁ずるローマに上告されることになれば，離婚が成立するなど到底不可能なことであった。

　加えて，国王の離婚問題は，単に王の個人的問題にとどまらず，当時きわめて強大なスペインとある意味で同盟を崩しかねない問題であり，大きな政治問題に発展することは必死であった。そこで，ヘンリー8世は，はじめ，王妃との婚姻は無効であるとの許可を得ようと枢機卿ウルジー（Wolsey）をローマ教皇の下に派遣した。しかし，それが無駄であると分かった時，ヘンリー8世は，ローマとの関係を断つことを決意する。

　その時，1529年に召集されたのが世にいう"宗教改革議会"（Reformation Parliament）で，議会は，王権と協同で，ローマと関係を断つため，137にも及ぶ改革立法を制定した。もっとも重要なのが1533年に制定したローマ教会への「上告禁止法」（Act of Appeals）であった。もう1つは，1534年の「国王至上法」（Act of Supremacy）であり，それを制定することで，イギリス国王を"イギリス国教会の地上における唯一で最高の首長"（supreme head of the Church of England）と位置づけた。これによりイギリスの教会裁判所は，ローマにはばかることなく，ヘンリー8世の王妃との婚姻を無効と宣言し，同王は晴れてフランス帰りの美しい侍女アン・ブーリンと結婚する。ここで確認すべきは，イギリス国王が，ついに聖と俗の双方に対する支配権を握ったことを意味し，国王は，まさに，絶対王政の基盤を獲得したのである。

　以上がイギリスの宗教改革の実相であるが，これにより，イギリスはローマ

---

(22)　ジャン・カルヴァン（Jean Calvin, 1509-1564）はフランス出身の神学者。ジュネーヴの宗教改革を指導。「キリスト教綱要」においてプロテスタント神学を大成。長老派教会の基盤を作ったことでも知られる。人が救われるのは神の意志に予定されているとする「予定説」でも有名。

ン・カトリックと決別し，プロテスタントとしてのイギリス国教会（Church of England）を樹立していく。

　このように，確かにローマ教皇の教会に対する支配権がイギリスの国家，とりわけ絶対君主へ移行したことは疑いないが，宗教改革の原点が国王の離婚問題という私的な事柄に端を発していたために，教義の上からすれば，宗教改革は不徹底のそしりをうけざるを得ず，イギリス国教会体制は，カトリックからも，また急進的な教義上の改革を求めるピューリタニズムからも，激しい突き上げを受けざるをえない。かくしてそれはやがてピュータン革命の勃発を招く原因となっていく。

　しかし，この宗教改革に示されるように，イギリスの国王は，その権力を行使するに際しては，つねに法と国会に頼り，またそれによって制限されるという制限王政論がイギリスの絶対王政の時期にも確立され，法の支配の伝統は消えるどころか，絶対王政の試練に耐え，一層強靭になったといえるのである。

第2章　憲法闘争期
――近代へ向けて――

　イギリスの17世紀は一般的に憲法闘争期とされ，君民が激しく対立する混乱の時期である。それはまた，絶対王制から近代への移行期であり，イギリスはこの時期に連動する2つの市民革命を経験する。17世紀は，近代へ向けて人々が自由を求めて圧制のくびきから脱しようとあえぎ苦しむ夜明け前である。

1　「王権神授説」とコモン・ロー裁判所

　君民の間に憲法闘争を招くことになるきっかけは，1603年，エリザベス1世（Elizabeth I：在位1558-1603）が死去することで始まった。エリザベス1世は"処女王"と称されるように，独身を通し子種なしに死去したからである。彼女が嗣子を残すことなく死去したため，絶対王政を彩るチューダー王朝はついに幕を閉じ，次なる王朝の樹立に向けて，イギリスは，イギリス王家の血をひく隣国スコットランドの国王ジェームズ・スチュアート（ジェームズ6世〔James Stuart VI〕）に後継の白羽の矢を当てた。こうして隣国の王は，ジェームズ1世（James Stuart I：在位1603-25）としてイギリスの新しい国王として即位することになった[1]。しかしそのことで，以後君民間が激しく対立する憲法闘争期を招くもととなった。というのも，ジェームズ1世以下，スコットランド系の新しいスチュアート王朝の諸王は，これまでのイングランド国王と

---

(1) この状態をイングランドとスコットランドの同君連合と呼ぶ。また，スコットランド王をイングランド王に迎えることで，チューダー王朝は終わり，以後スチュアート王朝と称される。この時期，1603年より名誉革命まで85年，イギリスは憲法闘争期に突入する。成澤孝人「立憲的統治構造の系譜　第3回」時の法令2001年6月15日号70頁以下参照。

違い，フランスの絶対王制の影響を色濃く受けた国王として，「王権神授説」(Divine Right theory) を唱えたからである。

事実，ジェームズ1世は，1598年に，『自由王政の真の法』("The True Law of Free Monarchy")を著し，イギリス公法の伝統である「法の支配」の考えを真っ向から否定していた。すなわち，彼は「法に拘束されない王権の行使こそ真に自由な政治である」と主張したのである[2]。それは言うなれば，"王は法の上にある" (the King is above the law) ことを意味し，"王は法の下にある" (the King is under the law) とする「法の支配」と正面から対立するものだった。

このスチュアート王朝の主張は，後に述べるように，サー・ロバート・フィルマー (Filmer, Sir Robert: 1588-1653) の『パトリアーカ（家父長論）』(Patriarcha, 1630年代執筆, 1680年公刊) によってさらに強固に理論武装され，両者あいまって王権神授説は一層完成度を増して行った。

この主張に対して最初に立ち向かったのはコモン・ロー裁判所であった。とくに1606年に民訴裁判所の首席裁判官 (-1613) に任じられたサー・エドワード・クック (Sir Edward Coke: 1552-1634) は，王権神授説を標榜する王権と対決して一歩も引かなかった。

1608年の *Prohibitions del Roy* (1607) 12 Co. Rep. 63 (77 ER 1342) で，クックは，コモン・ロー裁判所を代表して，国王と対決した。国王の激しい主張に対し，彼は，ブラクトンの言葉を引用して「国王は何人の下にあるべきでない。しかし，神と法の下にある」と述べ，（チューダー期に）国王大権により設立された高等宗務裁判所に対するコモン・ローとコモン・ロー裁判所の優位性を認めさせた。この判決により，法の支配の伝統が確認され，ジェームズ1世のフランスやスペイン型の強力な絶対主義的野心を挫折させたのである。

しかし，当時，裁判官は身分の保障がなかったので，クックは，1616年に首席裁判官を罷免された。すると，今度は1621年に庶民院議員に身を転じ，反国王の立場に立って，1628年「権利請願」(Petition of Right) の起草に当たった。ここでも彼は真っ向から，王権神授説に対抗したのである。

---

(2) 田中浩『ホッブズ研究所説』（御茶の水書房・1988年）15頁参照。

その後彼は公的生活から引退したが,『イギリス法提要』("Institutes of the Laws of England," 4 vols, 1628-44) を執筆し,前述したように,その中でマグナ・カルタに近代的注釈を加えるなど,後世に大きな足跡を残した。

2 「王権神授説」と議会
——1628年の「権利請願」と"よみがえるマグナ・カルタ"

　しかし,上に見たように,当時まだ裁判官は身分の保障がなかったため,コモン・ロー裁判所が王権と闘うには不十分であった。これにより,国王との憲法闘争は,コモン・ロー裁判所の手から,次第に議会主導へと移っていく。折りしも,チャールズ1世は,スペインおよびフランスとの戦争のために生じた財政難を挽回するために,課税に対しては国会の同意を要するという中世以来の法を潜脱し,国民に強制借款を強いるという新しい手段を考え出した。そして,その政策に反対し,借款に応じない者をとくに合理的な理由も示すことなく逮捕し,投獄した。

　議会はこの問題を討議するとともに,クック主導で「権利請願」(Petition of Rights 1628) を起草し,チャールズ1世に署名させた。それはマグナ・カルタにジョン王の署名を余儀なくさせた時を彷彿させるものであった。「請願」という形をとったのは,法案とした場合,国王が裁可権を行使しない可能性があったからである。そこで,国王が自らの大権の行使によって法律を無視したときに,個人が救済を求める手段である請願という方法をとることにしたのである。こうして国王とイギリス議会の抗争は一応終止符を打つことになったが,国王との「抗争における議会側の最初の勝利の成果が,この権利請願」[3]であったし,最初の勝利といったのは,議会と国王との抗争がこれで終止符を打たれたわけでなく,この後も,いや,かえって激化していく。結局,この抗争は1649年のピューリタン革命なしには終止符が打たれることはなかった。

　しかしながら,1628年「権利請願」で,課税のみでなく,強制借款にも国会の同意を要すること,およびマグナ・カルタの線に沿って,国法によること

---

(3) 髙木八尺ほか編『人権宣言集』(岩波書店・1957年) 56頁。

なく逮捕拘禁されないことを含む"イギリス人の古来の権利"が再確認された意義は大きい。

またクックが『イギリス法提要』(Institutes of the Laws of England (1628-44))、を著し、その第II部 (Second Part) で、形式的には、中世時代の封建貴族の既得権を擁護する文書にすぎなかったマグナ・カルタに近代的な注釈を加えたのはこの時期である。そうすることで、人々の記憶から忘れかけていた4世紀も前のマグナ・カルタを「イギリス人の自由の守護神」として近代によみがえらせた。よみがえらせて今日にいたる"マグナ・カルタの神話"を作った功績はいくら評価してもしすぎることはない。

近代的注釈を加えてよみがえらせた例を挙げてみよう。「いかなる自由人も……」(英文では、No freeman shall be taken, or imprisoned...) で始まるマグナ・カルタの29条であるが、原文のラテン語では、"Nullus liber homo capiatur, vel imprisonetur..." で始まる部分である。クックはこれに対して「liber home、すなわち、いかなる自由人も、とは隷農 (villein) に及ぶ」と新しい注釈を加えた。承知の通り、「Nullus liber homo すなわち、いかなる自由人も」と言う場合の「ホモ」(人) とは、マッケクニによれば、中世のラテン法律語の「バロ」(家臣) と同義語であった[4]。したがって、「隷農」は当時明らかに自由人 (liber homo) の範疇から除外されていた。しかし、クックは"liber homo"の「ホモ」(人) に「隷農にまで及ぶ」との注釈を加え、彼らもマグナ・カルタに掲げる条項の利益にあずかりうると主張した。また、「ホモ」とは両性、すなわち"男女に及ぶ"と解釈して、もともと中世的マグナ・カルタに過ぎなかった意味に近代的解釈を加えたのである。こうすることで、王権神授説と対決しうる市民革命の武器としてマグナ・カルタを近代によみがえらせたのである。

---

(4) M. S. マッケクニ (禿氏訳)『マグナ・カルタ——イギリス封建制度の歴史』(ミネルヴァ書房・1993年) 118頁。

3　王権神授説から大権思想へ

　スチュアート王朝の各国王は，イギリスでは，もはや絶対王政とか，王権神授説というものが文字通りの形では通用しがたいと分かると，今度は，これまで国の最高位の国王に許されてきた国王大権をできるだけ拡大し，その延長線上に絶対王政を再構築していこうと考えるようになる。確かに，国王には，これまで広範な大権，例えば，官吏任命権，宣戦講和などの軍事大権，外交権，議会の召集権・解散権，さらには栄誉の源泉あるいは司法の淵源として多様な国王大権が認められてきた。その上，国王は，その大権行使について，議会より事前に承認を得る必要がなく，またそれを第三者が裁判所で争うこともできないとされた。

　チャールズ1世（Charles I: 1625-49）は，いったん「権利請願」を認めたのにもかかわらず，翌1629年に国王大権に基づいて議会を解散し，それから11年もの間，議会を召集せず，専制政治を行おうとした。敵対する者を投獄し，またしてもイギリスに「法の支配」の危機が訪れた。財政上の困難をもたらすと，王は，いろいろな名目で税収のための手だてを用いようとした。そのうち，国民より大きな怒りの的となったのは，前世紀に外国からの侵害に備えて港湾都市に課していた船舶税を，平和時にもかかわらず，国王大権の行使に絡めて沿岸の州や内陸にまで課税を拡大したことである。

　これに立ち上がったのが，富裕なピューリタンの国会議員であるジョン・ハムデン（John Hampden: 1593-1643）であった。彼はこれを議会の課税同意権を無視する仕方と同じであるとみて，船舶税の支払いを拒否した。国王はこれを裁判に持ち出し，国王大権による正当性を勝ち取ろうとした。世にいう1637年の *Case of Ship-Money or R v Hampden* (1637) である。ところが，裁判所はこれを緊急事態における大権の行使であり，国会に予め同意を求める必要はない，と判断を下した。これは国王大権の拡大により合法的に絶対主義を押し進めようとする国王の意図以外のなにものでもなく，またしても法の支配に危機が訪れた。

　同じく1637年，チャールズ1世と専制的な君主の片腕として登用されてい

たカンタベリーの大司教であるロード（Laud, W.: 1573-1645）は，ピューリタンの一派である長老教会を国教にしていたスコットランドにイギリス国教会の祈禱書と儀式を強要しようとした。スコットランドはこれに激しく抵抗し，イングランドとの戦争さえ辞さない構えをみせた。チャールズ１世は，やむなく1640年４月に，戦費調達のため，議会を召集せざるをえなくなった。しかし，議会が召集されると，議会は戦費調達を審議する前にチャールズ１世の失政を問いかねない怒りの雰囲気になってしまった。そこでチャールズ１世は３週間でこの議会を解散してしまった。これが後世，"短期議会"（Short Parliament）と呼ばれることになる議会である。しかし，間もなく，イングランドはスコットランド軍の激しい進撃に遭い，チャールズ１世は停戦を余儀なくされた。そのため，チャールズ１世は，スコットランドから賠償金の支払いを請求され，1640年の秋に再び議会を召集せざるをえなくなった。しかし，ひとたび議会が召集されると，国王に対する批判が集中し，革命議会の様相を呈し，それは1660年の王政復古まで存続したので，その議会を"長期議会"（Long Parliament）と呼んでいる。

4　ピューリタン革命と大権思想の制約

　革命の様相を呈する長期議会はJ.ピム（Pym, J.: 1584-1643）を指導者として，ただちに改革立法を作り，議会の同意なくいかなる種類の課税をも禁止する法，船舶税を違法とする法，議会の同意なく国王による解散を禁止する法，国王の恣意により議会が開かれることのないよう３年議会法，さらに国王に敵対する者の弾圧的機関として機能した星室裁判所（Court of Star Chamber）や高等宗務裁判所（Court of High Commission）など，いわゆる大権裁判所（一種の行政裁判所）を廃止する法の制定，などを全会一致の形で決めていった。このように国王大権の行使をことごとく議会制定法の権威の下に置くことで，革命の主要な成果が整っていった。

　しかし，1641年の夏，アイルランドと北部アイルランドでイギリスではタブーとされるカトリックによる反乱が起こった。これにより，イギリスからの植民者が大量殺戮されたニュースが伝わると，反乱を鎮めるために軍隊を派遣

しなければならなくなった。しかし，カトリックに心を寄せている国王に軍隊を任せるのは危険であるとして，議会の一部は急進的になり，国王の軍事大権をとりあげ，宗教改革を徹底すべし[5]などと声高に唱えるようになった。

しかし，国王大権の主要な部分を取り上げ，宗教改革を断行しようとすると，必然的に議会による主権獲得が課題になってくる。これは明らかに革命に直結しかねない問題であり，これに反発する保守層議員との間に亀裂を生じた。すると，チャールズ1世は翌1642年，兵隊を率いて急進派議員を逮捕するために議会に乗り込んできた。しかし，これに失敗すると，チャールズ1世はそのままロンドンを棄て戦闘準備に入った。イギリスは"議会派"（円頭党）と"王党派"（騎士党）に分裂して1646年まで内戦が続いた。

とくに革命を推進しようとする議会派はピューリタンの色彩が強く，やがて彼ら主導による革命は"ピューリタン革命"（Puritan Revolution: 1642-60）と称されて行った。彼らの支持者は，主として商人，ヨーマン（yeoman），ロンドン市，および極端なアングリカニズム（国教会）を嫌う者たちであった。ピューリタン革命がこうした支持者を主要な担い手として遂行されていくことから，世界最初のブルジョワ革命との見方もあらわれたが，典型的なブルジョワ革命であるフランス革命に比べると，かなり未成熟であった[6]。ところで，革命を推進していく過程で，やがてピューリタン陣営も，長老派（Presbyterians）と独立派（Independents）とに分かれていく。長老派は，教会を全国的に組織し，個々の教会をその統制下に置こうとするのに対し，独立派は，個々の教会の自主権を重んじようとするもので，前者は「チャーチ型」，後者は「セクト型」と呼ばれた。

これに対して，王党派の支持者は，主として貴族の大部分，多くのジェントリたち，カトリックの者たち，および国教会の者たちから成っていた。最初は王党派から成る国王軍が有利に戦いを進めていたが，1645年にオリバー・ク

---

[5] とくにイギリスの国教会は，教義上の改革が不徹底であり，ピューリタニズムから強い改革が迫られていた。

[6] 地主ブルジョワジーの勝利は最終的に1688年の名誉革命で，産業ブルジョワジーは18世紀中葉にはじまる産業革命後に勝利する。これについては，第5～6章を参照のこと。なお，成澤・前掲論文72頁以下参照。

ロムウェル（Cromwell, Oliver: 1599-1658）が新しい議会軍（new model army）を編成すると，にわかに議会軍が有利となり，内乱は一時終結した。

5　「人民協定」と人民主権

　しかし，革命が一時的であれ，終結の方向に向かうと，革命後の国政のあり方についてクロムウェル軍の内部に新たに"平等派"（Levelers）があらわれた。彼らは，先に述べた"独立派"の立場とどうしても相容れず，内部分裂の状況を呈したので，それに乗じて反革命勢力が勢いづき再び内乱となった。独立派も平等派もどちらもセクトに属するが，独立派は，国政に責任を有する者，すなわち選挙権を有する者は，一定の財産とくに土地を所有し，税金を納めることのできる者に限定しようとした。これに対して，平等派は，ジョン・リルバーン（Lilburne, John: 1614?-57）らを指導者として，財産の所有にかかわらず，人民主権に基づく共和制国家を樹立すべきであるとして，人権の保障を盛り込んだ「人民協定」（Agreement of the People）と呼ばれる憲法草案を提出した。

　もし内乱後，この「人民協定」がイギリスの最初の成文憲法として日の目をみていれば，世界に与えたインパクトは計り知れないものになっていたであろう。しかし，反革命勢力を打倒するために，クロムウェルら独立派は，平等派を懐柔して和解し，再び内乱を終結させると，平等派の「人民協定」を無視し，さらにいまだ議会の多数派を占めていた長老派議員を追放したため，いまや議会は100名足らずの独立派議員を中心とする残部議会（Rump Parliament）となってしまった[7]。

　こうした残部議会の影響の下，チャールズ１世はついに逮捕され，特設法廷において反逆者として死刑を宣告された。それに基づき1649年１月に処刑されると，ピューリタン革命は最高潮に達した。さらに，君主制と貴族院は廃止され，イギリスは共和制に移行した。

　ちなみに，1651年に公刊されたホッブズ（Hobbes, Thomas: 1588-1679）の

---

[7]　独立派は，「人民協定」でなく「統治章典」を定めた。大野真弓「ピューリタン革命における二つの憲法」歴史学研究148号1-10頁（1950年）参照。

『リヴァイアサン』（*Leviathan*, 1651）は，こうした革命時期の政治状況の中で構想された。それは，内戦の中で，イギリスにおいて主権をどう考えればよいか，という近代に通じる国家論を解こうとしたのである。

　ホッブズは，自然状態において人はみな平等であり，また人は自分の生命を守るためには，いかなる手段をもとりうるのであって，その中で自己の生命を守る権利，すなわち自然権をもつと考える。すなわち，この自然状態ではいわゆる「万人の万人にたいする闘争」（*Bellum Omnium Contra Omnes*）状態が避けられないものとなる。このように，人は各人がそれぞれ生きるため（自己保存）の権利をもっていることのために，かえって自己の生命が危険に陥る。この矛盾を乗り切るために，人は理性をもって自然法を発見する。自然法は，悲惨な戦争状態から人が脱却するために何より平和を守れと要請する。しかし，自然状態における権利の保障は弱い。したがって，その限りにおいて各人は各人のもつ自然権を譲渡する社会契約を結び，主権者を設け，主権者の命令（法）を守ることによって，各人の生命の安全をはかれと要請する[8]。

　ここで彼のいう自然状態とは，いうまでもなく今起きているイギリスの内乱・内戦状態を指しており，リヴァイアサンはそれから脱却するため主権の座を据えることを説いたと理解されよう。ただし，彼は，その場合，当時のイギリス国会を「一部特殊利益の代弁機関にすぎない」[9]という厳しい見方をしており，そのために人々が平等の立場で選んだ代表人格たる主権者にそれをゆだねるべしと考えている。

　しかし，その主権者をだれにするかについて彼はそれを抽象化した主権者においたまま明確にしなかった。そこがホッブズの弱点・限界であり，ともすれば，ホッブズの考えは絶対君主制にさえ奉仕しうるものと理解された。その意味では，ロックのように，選挙によって選ばれた代表者からなる議会にそれをゆだねようとしたのと大きく異なっている。

---

(8)　田中・前掲書20頁。
(9)　田中・前掲書28頁。

6　共和制移行と「統治章典」

　国王の処刑とともに，残部議会は君主制および貴族院を廃止する法を制定し，イギリスを君主制国家から一院制の議会をもつ共和制国家（Commonwealth）へ移行させた。しかし，共和制宣言をするに先だって，独立派は平等派を弾圧し，これ以上革命が進展する芽を摘んだ。しかし，残部議会のリードによる政治も国民の評判をえず，1653年4月，クロムウェルは，武力で議会を解散し，「聖者の議会」（Parliament of Saints）を成立させた。これは選挙によらず，独立派の教会が指名する者から議員が選ばれたのでそう呼ばれたのである。

　そして，1653年，軍部の幹部の用意した成文憲法である「統治章典」（Instrument of Government）を成立させると，それに従ってクロムウェルは「護国卿」（Lord Protector）という終身の地位に就いた。護国卿は行政権の主体であり，その諮問機関である国家評議会（Council of State）とともに軍隊を抑制できるようになっていた。また，3年ごとに選挙で選ばれる一院制の議会を設け，選挙区はイングランド，スコットランドおよびアイルランドを代表するようになっていた。しかし，選挙における候補者は革命の主体となった独立派（教会）が指名できるようになっていたこと，また，選挙権は，「人民協定」と異なり，財産権を前提にしていたこと，および国教会，カトリックへの信仰の自由は認められず，「統治章典」は，イギリスの最初の成文憲法であったが，護国卿政権の軍事支配を許す独裁的色彩の強い内容になっていた。露骨な剣の支配は，政権に対する反発を呼び，「統治章典」は，マグナ・カルタと違い，イギリス憲法史上，必ずしも栄誉ある地位は与えられていない。

　ともかく，「統治章典」による政治は，明らかに軍事独裁の政治であり，革命により君主制を廃止した後の政治体制のあり方の難しさを物語るものであった。それはフランス革命後の恐怖政治の誕生にも似ていて，その後のデモクラシーの成長を待たねば解決しえない問題を含んでいたともいえるかもしれない。いずれにしても，この軍事独裁は，1658年のクロムウェルの死後，次男のリチャードに受け継がれるが，議会と軍の板挟みとなり，間もなく護国卿政権は崩壊した。1660年5月，フランスに亡命していたチャールズ2世（Charles II:

1660-85)が帰国し，王政復古する。

7　王政復古とチャールズ2世の親フランス政策

　王政復古は同時にピューリタンによる憲法的実験の終結を意味していた。それに代わって，君主制，議会そして国教会が復古した。チャールズ2世は，帰国に際してオランダで「ブレダ宣言」(Declaration of Breda)[10]を発し，復古にあたり次の点を約束した。議会の指定した者を除くすべての政治的反対者の大赦，議会の認める範囲での信仰の自由，議会に王の空位の間に取得された財産権を承認させること。同時に，この王政復古は「国王と貴族院と庶民院を，正当にして古来より伝えられた基本的な諸権利に復古」することとしていたので，議会はこのブレダ宣言に満足した。1660年5月にチャールズ2世はロンドンへ帰還したが，それは王政復古が旧体制への復帰ではないことも意味した。

　また，1661年の選挙で多くの王党派議員が選出され，それは「騎士議会」(Cavalier Parliament) を形成し，1679年まで続いた。彼らは，革命中の記憶から，リベンジする気持ちをおさえることができなかった。とくにチャールズ2世がブレダ宣言で「信仰の自由」を約束したにもかかわらず，騎士議会は「クラレンドン法典」(Clarendon Code) を制定し，カトリックのみならず，ピューリタンや非国教派を弾圧する挙に出た。これは他の宗派に対する「イギリス国教会の優位」を確認するものであり，全国規模でもう一度，保守的な国教会体制を構築しようとするものであった。

　ところがこのように国教体制を固めようとする時に，肝心のチャールズ2世は逆の立場を取ろうとしていた。彼自身は確かにカトリック教徒ではなかったが，カトリックに心を寄せ，カトリック教国フランスに敵対するどころか，亡命中に世話になったルイ14世の無制約の王権をうらやましく感じた。1670年に彼はルイ14世と秘密裡に「ドーバー条約」(Treaty of Dover) を結び，チャ

---

(10)　ブレダ宣言のブレダとは，処刑されたチャールズ1世の子チャールズ2世が革命中滞在していたオランダ南部の North Brabant 州の市である。その地で宣言が発せられたのでブレダ宣言という。

ールズ 2 世に年金を贈ることおよび武力援助をすることと引き替えに，プロテスタント教国であるオランダを攻撃すること，およびイギリスがカトリック教国に復帰することなどが約束された。この密約が露見すると世論は大騒ぎとなった。

　チャールズは 5 名の側近を選び，側近政治を行った。その 5 人とは，クリフォード (Clifford)，アーリントン (Arlington)，バッキンガム (Buckingham)，アシュレー・クーパー (Ashley Cooper)，ローダデル伯爵 (Earl of Lauderdale) で，この 5 人のイニシャルを取ってそれは "CABAL" と呼ばれたが，そこから 1672 年に「信仰自由宣言」(Declaration of Indulgence) を発し，カトリック教徒を公職追放から解放するために，先の「クラレンドン法典」を国王大権により停止しようとしたのである。またしても「法の支配」の危機の到来である。

　議会は，ただちに，こうした国王大権を否認するとともに，1673 年に「審査法」(Test Act) を制定し，公務員と軍人とを問わず，すべての官吏に国教会体制への信従を誓わせ，カトリック教徒を公職から排除する措置をとった。

　それにも増して危惧されたのは，チャールズ 2 世には子種がなく，チャールズ亡き後は，王弟のヨーク公（後のジェームズ 2 世）に王位が行くことであったが，ヨーク公はカトリック教徒であったことである。他方，チャールズ 2 世は，公式にはカトリック教徒であることを否認していたが，前述したように，できればイギリスをフランスのようなカトリック教国へ復帰させようとする疑念がたえず国民の間に消えなかった。それは単に宗教上の問題にとどまらず，カトリックへの帰依が，同時にフランスの国王ルイ 14 世型の絶対王政へイギリスも回帰することを王があこがれていることの証左でもあった。しかし，それはまさしく，イギリスの歴史を逆流させようとする試み以上のなにものでもなかった。

　ここにおいて，議会に「王位継承排除法案」(Exclusion Bill) を提出する動きが彷彿として湧き起こった。この法案を巡って，それに反対する「トーリー」(Tory) という政治グループと，推進しようとする「ホィッグ」(Whig) という政治グループができ，ここに後のイギリスの二大政党の原型が生まれた。それらの呼び名は互いに相手を誹謗する言葉として生まれた言い方で，トーリーとは「アイルランドの家畜どろぼう団」("Irish cattle thieves") を意味した

し，他方，ホィッグは「スコットランドの殺人強盗団」("Scottish robbers who murdered their victims") を意味した。トーリーといい，ホィッグといい，それほど互いを侮蔑する呼び方であったことは興味深い。にもかかわらず，この「排除法案」は成功せず，1685年，ヨーク公はジェームズ2世として即位した。

8　ジェームズ2世と名誉革命

　ジェームズ2世は即位したものの，イギリス最後のカトリック教徒の国王となる運命を背負わされていた。彼は法律を停止するなど極端な国王大権を主張したし，在位中，誰はばかることなく，イギリスをフランスのように，カトリック教国に復帰させようとした。さらに，種々の圧政を行ったため，第二のイギリス革命，すなわち名誉革命を招くことになってしまった。

　彼は，カトリック教徒の将官の指揮の下，軍隊をロンドンに常駐させ，国教会からの批判を斥けるため，悪名高き裁判官として歴史に名を残したジェフリーズ（Jeffreys, Sir George: 1644-89）を首席裁判官に任命し，また大学や行政庁をカトリック化するためにそれらの高官職にカトリック教徒を任命し，さらには1687年と1688年の2度にわたって「審査法」の適用免除をねらい「信仰自由宣言」を発した。これら一連の政策は，まさにあのピューリタン革命の前夜を想起させるに十分であった。

　とくにカンタベリーの大主教を含む7名の主教が，「信仰自由宣言」の撤回を国王に請願すると，彼らは逮捕され，扇動罪に問われた。いわゆる Seven Bishop's Case (1688) 12 St. Tr. 371 である。この裁判は国民の関心の的になり，陪審たちが無罪の評決を下すと，喝采を浴びた。

　しかし，決定的な革命の引き金となったのは，1688年6月に，ジェームズ2世に男子の世継ぎが生まれたことである。これにより，誰しも永遠にイギリスがカトリック教徒の王を抱くことになることを怖れたからである。ジェームズ2世の圧政に反対していた国会はついに立ち上がった。

　同年7月，7名の有力なホィッグとトーリーのリーダーたちが，密かに，オランダのウィリアム・オレンジ公（William of Orange: 1689-1702, オランダ名オラニエ公ウィレム3世，イギリス国王として即位してからはウィリアム3世と称さ

れる）にイギリスを絶対主義とカトリック化しようとするジェームズ2世と戦うよう，強く来援を仰いだ。

　当時オランダは，17世紀の中頃以来，宗教的寛容の代名詞になっており，迫害されたユグノー（Huguenot，フランスのカルヴァン派プロテスタントたち）[11]が大挙してフランスから逃亡して来ていた。ウィリアムは，そのオランダで，プロテスタントの英雄として（ユトレヒト同盟諸州の統領として）ルイ14世の侵略に対しカトリック教国のフランスと戦っており，またその妻メアリ（Mary: 1689-95，即位してメアリ1世となる）もプロテスタント（イギリス国教会）で，何よりジェームズ2世の娘であり，イギリスの王位を主張するのにもっともふさわしい立場にあった。

　招請を受諾したウィリアムは，1688年11月，イギリス南西部のトーベイより上陸を果たしたが，上陸すると，彼の下には各地から貴族とジェントリがそれに加わり，ジェームズ2世は失意のうちに，フランスに逃亡し，ここにおいて無血の名誉革命（Glorious Revolution）が成就した。

　名誉革命はピューリタン革命に続くイギリスの第二革命として，近代市民社会を導いた重要な革命であった。しかし，「その意義はあまり誇大に考えられてはならない」。なぜならば「イギリスの市民革命は，ピューリタン革命によって確立された体制——1660年の王政復古は，それに本質的な変革を加えたものではなかった——をくつがえそうとした動きを鎮圧したものにすぎぬ」からである[12]。その立場から，現在では，ピューリタン革命と名誉革命を別々の革命として捉えるのでなく，2つで1つに連動する「イギリス革命」とみなされつつあることに留意されたい。

---

(11)　ヨーロッパの典型的なカトリック教国は当時スペインとフランスであった。フランスのカルヴァン派プロテスタントたちは，ユグノーの通称で呼ばれ，カトリックおよびカトリック政府の弾圧をたえず受け，1562年から98年にかけて激しく衝突し，いわゆるユグノー戦争を引き起こした。一時的にナントの勅令により信仰の自由が認められたが，1685年に，ルイ14世によって禁止された。

(12)　高木ほか編・前掲書78-9頁。

第3章　権利章典と議会主義の成立
——近代——

1 「君主主権」から「議会主権」へ

　ウィリアムは、ジェームズ2世なき後の善後策を講じるため、1689年1月、国民協議会（Convention Parliament）を召集した。この国民協議会は、同年2月、「権利宣言」（Declaration of Rights of 1689）を起草し、これを承認することを条件として、ウィリアムとメアリをイギリスの共同君主とすることを決議した(1)。両者はこの「権利宣言」を承認したので、ウィリアム3世（William III：在位 1689-1702）とメアリ2世（Mary II：在位 1689-95）として共同で王位についた(2)。

　「権利章典」（Bill of Rights of 1689）は、このような名誉革命の前後措置に法的効力を与えるために、1689年12月16日に制定された法律である。その正式名称は、「臣民の権利および自由を宣言し、王位継承を定める法律」であり、憲法上の重要な変更点としては、ジェームズ2世の失政を引用しつつ、主権が君主から議会へ移転したこと、イギリス臣民の古来の権利（権利と自由）を確

---

(1) なお、ウィリアムとメアリを共同君主とする議会の決着を受け入れず、いぜんとしてジェームズこそ、法的にはイギリスの君主であると信じている者たちを「「ジャコバイト」（Jacobites）と呼んでいる。要するに、ジェームズ2世およびその直系男子を正統な国王として復位を支持する一派のことである。とくに2世の長子ジェームズ・エドワードを "Old Pretender"（老僭王）と呼び、その長子チャールズ・エドワードを "Young Pretender"（若僭王）と呼ぶ。

(2) この過程で、ジェームズ2世がこの国から逃亡したこと、またこのような退位により王位に空位（2ヶ月）が生じたとの主張に対して、トーリーは空位ではなく、王位は最初からメアリに属していた、との主張があったが、ウィリアム自身、単に自分が女王メアリの伴侶であることを拒絶したので、ウィリアム3世とメアリ2世を共同の君主とすることで決着をみたのである。

認したこと，および議会の法により王位継承の原則が定められ，立憲君主制が打ち立てられたことであろう。

　さらに，議会主権が確立したということは，"王は法の下にあるのか"，"法の上にある"のか，という長い間の論争に決着を見たことになる。すなわち，王は法の下にあるという「法の支配」が確認されたわけである。ただし，この場合の法とは従来"コモン・ロー"を指していたけれども，議会主権が確立されたことにより，"議会制定法"を含めた「法の優位」が確立されたことを意味する。すなわち，名誉革命により，「法の支配」は，裁判所の運用するコモン・ローと議会が作る「法の優位」を意味するようになったわけである。

　さらに，「権利章典」を補完するいくつかの立法が行われた。例えば，1700年の「王位継承法」（Act of Settlement 1700）は，「権利章典」に定める王位継承の順位に若干の変更を加えるとともに，裁判官の身分の保障が確立されたことで意義は大きい。これにより司法権の独立もまた確定されたのである。

　そして，ここでも，マグナ・カルタおよび権利請願と同じように，政治理論よりも，実際的な王権の制約に，より関心が砕かれていることが分かる。それは新しい法原則の導入でなく，イギリス臣民の古来の自由と権利を擁護し，それを主張するための宣言だったと考えられる。以下を見てみよう[3]。

①国王は，王権により，国会の承認なしに法律の［効力を］停止し，または法律の執行を停止し得る権限があると称しているが，そのようなことは違法である。

②［国王は］王権により，法律を無視し，または法律の執行をしない権限があると称し，最近このような権限を潜取し行使したが，そのようなことは違法である。

③教会関係の事件を処理させるためにかつて存在した宗務官裁判所を設立する授権状，その他の性質をもつ授権状および裁判所は，すべて違法であり，有害である。

④大権に名を借り，国会の承認なしに，［国会が］認め，もしくは認むべき期間よりも長い期間，または［国会が］認め，もしくは認むべき態様と異

---

(3)　訳は，高木八尺ほか編『人権宣言集』（岩波書店・1957年）による。

なった態様で，王の使用に供するために金銭を徴収することは，違法である。
⑤国王に請願することは臣民の権利であり，このような請願をしたことを理由とする収監または訴追は，違法である。
⑥平時において，国会の承認なくして国内で常備軍を徴収してこれを維持することは，法に反する。
⑦新教徒である臣民は，その状況に応じ，法の許す［範囲内で］自衛のための武器をもつことができる。
⑧国会議員の選挙は自由でなければならない。
⑨国会における言論の自由および討議または議事手続は，国会以外のいかなる裁判所，またはその他の場所においても，これを非難したり問題としたりしてはならない。
⑩過大な保釈金を要求しはならない。
⑪陪審名簿にのせられる者は，正当な方法で選ばれねばならず，「その中から」陪審員は正当な方法で選ばれねばならない。また，大逆罪で訴追された者の審理にあたる陪審員は，自由土地保有者でなければならない。
⑫有罪の決定がなされる前に，その者に「課せられるべき」罰金または没収に関して，権利の付与および約束をすることは，すべて違法であり無効である。
⑬またいっさいの不平を救済するため，また法律を修正し，強化し，かつ保全するため，国会はしばしば開かれねばならない。

2 「権利章典」と自然権思想のはざま

「権利章典」は，イギリス憲法史の近代を飾る偉大な憲法的文書の１つである。それは「マグナ・カルタ」，「権利請願」とともに，成文憲法をもたないイギリスにおいて，成文憲法に代わる重要な制定法として，イギリス臣民の権利と自由に関わる三大憲法的文書と言われている。

ところで，権利章典の中で主張され要求されている権利および自由は「そのひとつひとつが全部，この王国の人民の，真の，古来から伝えられた，疑う余

地のない権利と自由」であるとされるが，これはマグナ・カルタ，権利請願に一貫して流れている表現であって，われわれの知っているホッブズやジョン・ロック（Locke, John: 1632-1704）の唱える自然権とは異質の表現である。そこで表現されている「イギリス人の古来からの権利と自由」とは，ノルマン王朝の諸王が即位に際して守ることを約束した「戴冠憲章」以来の既得権であり，それはイギリス人に特有のものであって，同じ歴史を経験しない諸国に対しては本来輸出することが極めて難しいはずである[4]。しかし，「権利章典」の定める古来の権利は，その後，ロックの革命理論によって世界に輸出可能な普遍的な自然権思想によって翻訳されたのである。それがためにロックの政治理論は，世界に拡がりをもつものとなった。

3　ロックによるフィルマー王権神授説の論破（第一論文）

　まずロックの『市民政府二論』（または統治二論）（Treatises of Government, published 1690）は主として1688年の名誉革命を弁護し，かつ次の世紀のイギリスの政治体制を支配することになるホィッグの考えを正当化するために書かれたとされる。しかし，近年，ピーター・ラスレット[5]（Peter Laslett, 1915-2001）の研究により，執筆された時期は，名誉革命前の1679年から1681年にかけて生じた「王位排除法案」をめぐる危機の時期と見る方が正しいとされるようになった。

　『市民政府二論』は，2つの論文から成っており，第一論文は「サー・ロバート・フィルマーとその追従者たちの誤った原理と基盤を見つけかつ放逐する」と題され，王権神授説を批判するものである。また，第二論文は社会契約説により「市民政府（Civil Government）の真の淵源，範囲および目的」を論じたものである。

　サー・ロバート・フィルマーは，1637年の船舶税事件に触発され，1635年

---

(4)　今井宏「二つの革命」青山吉信・今井宏編『新版　概説イギリス史』（有斐閣・1991年）115頁。
(5)　Two Treatises of Government, by J. Locke, edited by Peter Laslett, Cambridge University Press, Toronto: Macmillan, 1960，加藤節訳『統治二論』（岩波書店・2010年）599-601頁を参照。

から42年にかけて，ジェームズ1世の「王権神授説」を徹底して理論化させたとされる『パトリアーカ（家父長論)』を執筆した。

　さらに，それは，名誉革命前夜の1680年に，王権の拡大をめざすジェームズ2世が自己の立場を支える有力な武器として，出版された。なぜならこの書物の中で，フィルマーが「人は生まれながらに自由ではない」と主張していたからである。彼は主張の根拠として「人は生まれながらにしてその両親に服従する」からであると述べた。この親の権利の起源を辿っていくと，それは，神がはじめて創造した人間，アダムに到達する。フィルマーは明らかにその主張の根拠を聖書においた。「神は，アダムに，その子孫を支配する絶対権力を与えた。このアダムの与えられた権力を，やがて族父たちが，そうして国王が承け継いで来たものであり，これによって今日の君主は，絶対権を有するという，君権神授説なのである」[6]。このような政治権力は神によってアダムに与えられ，ノアに受け継がれ，その後は長子相続制により国王に相続されたとする。

　ロックは，したがって，まず第一論文で，この『パトリアーカ』の中の，フィルマーの「王権神授説」を，同じく聖書を根拠として徹底的に論破しようとした。なぜならロックもまた聖書が，キリスト教国であるイギリスで，人々の最高の精神的支えであることを熟知していたからである。

　もう一度繰り返してみよう。聖書では，神はこの世を統治する権限をアダムただひとりに与え，その後はアダムの直系の男子が統治権を引き継いだ結果，今の諸国の君主がアダムの血統を受け継ぐ末裔なのである，と主張する。このような神の意志による神の世界では，人の主体的な自由は認められず，また神およびアダムと一般人との間は対等ではない，君主はこのように代々男系長子の相続による世襲制を基盤としている，とも主張した。

　これに対して，ロックは同じく聖書の言葉を使って，ひとつひとつフィルマーの誤りを指摘し，家父長制的君主論を否定した。それがロックの第一論文「サー・ロバート・フィルマーと，その追従者たちの誤った原理と根拠を見つけかつ放逐する」なのである。ここでは，第二論文にある第1章でロックが第一論文を簡潔に要約してくれている部分があるのでそれをみることにしよう。

---

(6) ロック（鵜飼信成訳）『市民政府論』（岩波書店・1968年）247頁。以下鵜飼訳による。

彼は言う，「……かりにアダムの後継者たちにその権利があったとしても，だれが正当な後継者であるかについて疑義が生じた場合，それを決定する自然法も神の定めた法もない。それゆえ相続権，したがってまた支配権を確定できなかったであろう」と。さらに「かりにそれが確定されたとしても，アダムの子孫のうちだれが直系の子孫であるかまったく分からなくなっている」ではないかとし，「したがって現在の地上の支配者たちは，いっさいの権力の源といわれているアダムの私的な支配権という父権からは何の恩恵も受けられない」と主張する。こうしてロックは，結局のところ，フィルマーの主張では「世界中のあらゆる統治はただ武力と暴力の所産」に過ぎなくなると結論づけたのである。

4 ロックの社会契約説（第二論文）

ところで，ロックは，第二論文の中で，ホッブズと同じく，"自然状態―社会契約―社会状態"という図式によって人民の同意による政府の設立をうたった[7]。もしこれが普遍的な定式であれば，これ以降の近代諸国家における政治組織の根本原理になるはずであった。その根幹は3つあり，1つは，政治権力の正当性に対する人の同意，2つ目は，政治権力の目的は，自然権を保障することにある，そして3つ目は，政治権力の信託違反に対しては抵抗権を保持している，ことであろう。

ただし，ホッブズの自然状態とロックの考える自然状態とは異なる。すなわち，ホッブズの考える自然状態では，人間は本質的に自己保存のみを考える利己的個人であって，互いに闘争心をもち，放置すると「万人の万人に対する闘争の状態」になりかねない。ところが，ロックは自然状態においても人は互いに（財産権などを）尊重し合うものだと考える。ホッブズは，このような自然状態における他人の侵害から自然権（自己保存の権利）を守るために，人々は互いに契約を結び，巨大な力をもつ国家（リヴァイアサン）にすべて自然権を譲渡すべきであるとした。

ロックはそのような自然状態では自然権が不安定なので，治者を立て自然権

---

(7) 松下圭一『ロック「市民政府論」を読む』（岩波書店・1987年）を参照。

をそれに信託し，自然権の完全な保障を期待する。しかしホッブズは絶対的な主権の必要性を説きながら，結果として抵抗権を否認する。しかし，ロックの場合，もし治者が被治者の信託を裏切って自然権を侵害するようになれば，信託違反として，被治者は政府を変更する革命権をもつと考える。

以上をかりに"ロックモデル"とすれば，自然状態において人はすべて創造主によって平等に創られ，それぞれ不可譲もしくは天賦の権利をもっている。ロックはこの自然権を"固有権"（property）と呼び，その基本的なものを生命・自由・財産であるとした。しかし，自然状態においては自然権の享受は「はなはだ不確実であり，たえず他のものの侵害にさらされている」。それは，自然状態においては，紛争を解決するための明白な規範，それを適用する公平な権威ある裁判官，および判決を確実に執行する権力も欠如しているから，各人の人権は適切に保障されないのであると言う。

そこで，各人は互いに契約（社会契約）し，自然状態における自然法を執行する権利を政治社会（国家）にゆだね，一つの共通の政治権力（政府）を樹立し，それに各人の生命・自由・財産を保障させる。ここに被治者の同意によって「治者・被治者の同一性という原則」に基づく近代的な国民国家（nation state）がはじめて成立する。

政治権力は，現実には立法府を含めた政府によって行使される。政府は，人民の受託者にすぎないので，もし政府がこの信託に違反して行動した場合には，その自然の結果として人民はそれを変更・廃止する権利をもつ。いわゆる人民の抵抗権，革命権である。

5　人権保障機構としての立法権の確立

しかし，自然法思想の下で，自然権を保障する政府をどのように組織するかは必ずしも明確でなかった。しかし，ロックは，それを近代的な権力分立の思想によって克服しようとした。権力分立は典型的にはモンテスキュー（Montesquieu: 1689-1755）によって唱えられ，ロックとモンテスキューの理論構成は必ずしも同一ではないが，分立論の核心は同じであり，国民の自由を保障するためには，国家権力を決して同一の機関の手に集中させてはならず，異

なった国家機関に分立されるべきであるとする。

ロックは国家権力を立法権（legislative power）と法律を執行する広義の執行権（executive power）に分かち、後者をさらに狭義の執行権と対外関係を処理する連合権（federative power）に分けようとする。しかし、ロックによれば、立法権は最高の権力であり、執行権も連合権も、立法権の従属的な権力にすぎないと考えた。

社会契約説によって設立された政府は、この立法権の確立によってはじめて可能とされる。ホッブズは国家の魂を主権においたが、ロックにおいてはホッブズの考えるような抽象的な絶対主権ではなく、人権保障機構としての「立法府」が国家の魂であるとみた。

こうしてイギリスにおいては「王権神授説」と対決する中で「立法府」に主権が与えられ、議会主権が確立する。このように見ると、ロックの分立論では、議院内閣制は許されるが、国家権力を、立法、執行、司法の三権に厳格に分けるモンテスキューの分立論の下では当然に否定されよう。この両者の違いは、その後、イギリス型議院内閣制へ発展する道とアメリカ型大統領制へ発展する道の分岐点となった。

しかし、ここで気をつけなければならないのは、ピューリタン革命後の共和制、そしてその後のクロムウェルによる独裁の誕生である。もし人民が政治的に未成熟であると、革命政府ができても、持続しないで衰退するか、このように独裁的になりかねない。これが人民主権の行きつくところだとすれば、名誉革命の終着駅は、むしろイギリスの伝統的な議会主権型の立憲主義により、自然状態—社会契約—社会状態という近代革命の図式を擁護する方がより現実的である。これが名誉革命を弁護し、革命後の政治体制を正当化しようとしたロックの考えであったと思われる[8]。

---

(8) それから半世紀以上も経った1762年に、ルソーは「社会契約論」（『社会契約について、もしくは政治的権利の原理』の短称。Du Contrat Social ou Principes du droit politique、例えば井上幸治訳、中央公論社、1974年を参照）を著わしているが、そこでは自然状態から社会の成立原理を説き、人民主権など民主主義理論による社会契約説を説くものであり、かつ国家の意思を一般意思と呼び、共同体の人民が市民として各人の合意で形成したものと主張されている。

6 ロック型社会契約説の伝播

アメリカにおいて，近代成文憲法は，1620年にイギリスのプリマスを出航し，アメリカ大陸に移住して新国家を建設しようとした植民者（ピルグリムとして知られる宗教グループ）たちが，上陸前にメイフラワー号において締結した植民契約に端を発している。彼らは国王とは無関係に植民したため，政体を定めた国王からの特許状をもっていなかった。そこで何らかの統治組織を自分たちの手により作らねばならなかった。それが1620年の「メイフラワー協約」（Mayflower Compact）であり，その中で彼らは「神と各自相互の前で，共同の秩序と安全の増進のために，厳粛かつ相互に契約し結合して政治団体を作る」と契約したのである。こうして「ロックが『統治二論第二篇』を著すはるか以前に，彼らは，社会と政府の形成について」[9]近代的憲法思想に近似する政体を作っていたのである。

しかし，最初の成文憲法である1776年6月29日のヴァージニア憲法は，ロック流の社会契約説に基づいて作られ，その後の7月4日のアメリカ独立宣言（The Declaration of Independence 1776）も，まさにロックの社会契約説によりジェファソン（Jefferson, Thomas: 1743-1826）によって起草されたものである[10]。今，ロック定式で，1776年7月4日のアメリカの独立宣言をみてみよう。独立宣言は次のように主要な3つの骨子に基づいて宣言されているのが分かる。

① 「われわれは自明の真理として，すべての人が平等につくられ，神によって一定の奪い難い天賦の権利を付与され，その中に生命，自由，及び幸福の追求の含まれることを信ずる」
② 「政府の正当な権力は被治者の同意すなわち信託による」
③ 「いかなる政治の形態といえども，もしこれらの目的を毀損するものとな

---

(9) ベネディクト（常本照樹訳）『アメリカ憲法史』（北海道大学図書刊行会・1994年）。
(10) 独立宣言は，トーマス・ジェファソンが起草し，ベンジャミン・フランクリンとジョン・アダムスが若干の加筆修正して6月28日に大陸会議に提出されたものである。ついで7月4日に大陸会議は独立宣言として全国に公表した。

った場合には，人民はそれを改廃し，新たな政府を組織する権利を有する」

すなわち，①は自由・平等・独立の理性ある個人の自由，②は理性を持つ個人が個々に社会契約を交わし，自らの自由を保障するために，信託により政府を設立した，そして③でもしその政府が人民の信託に背いた場合は，それを倒して新たな政府を組織するという革命権を主張していることが分かる。すなわち，それは，ロック流のイギリスの政治思想が「アメリカ的環境においていわば精神的風土化したものを実現したもの」[11]であった。

また，ヴァージニア権利章典も同様で，それはジョージ・メイスン（George Mason）によって起草されたとされる。彼は，ジェファソンらとともに，ヴァージニアにおける急進派で，起草にあたっては，イギリスの権利請願，権利章典によりつつ，自然法思想を成文化したのであった[12]。

ところで独立戦争で特筆されるべきことは，フランスがアメリカを支援したことである。1778年にフランスとアメリカの間に同盟が成立し，フランスは独立戦争中，アメリカを支援した。このことが後に帰国したフランス人が，今度はフランス革命の時に，人権宣言を起草する際，アメリカの独立宣言に影響を受けて，まさにロック型の自然法思想に立脚したのである。

フランスにおいて，革命の理念は，1789年の人権宣言（正確には，「人及び市民の権利宣言」），1791年の憲法を経て，1875年の第三共和国憲法においてようやく安定した。ロックの思想は，すでに1691年にフランス語に訳され，やがてルソーの社会契約説やモンテスキューの権力分立論を生み出す原動力となった[13]。とくにフランスの人権宣言は「かならずしも（フランスの）独創ではな

---

(11) 高木ほか編・前掲書113頁。
(12) 独立宣言より前で，およそ人権宣言の先駆といわれている1776年6月12日のヴァージニアの権利章典（The Virginia Bill of Rights，これと6月29日に採択した憲法の両者を合わせてヴァージニア憲法と称される）を読んでもロックの思想が反映している点は全く同じである。高木ほか・前掲書109頁を参照されたい。なお，合衆国憲法の中で採用されている権力分立は，執行部が立法部に従属するまさにロック型の権力分立であるが，1780年のマサチュセッツ邦憲法では，執行部の長は直接に国民の選任するものとなり，そこでの分立論はモンテスキュー型の権力分立として合衆国憲法にも受け継がれた。
(13) 大槻春彦『イギリス古典経験論と近代思想』（中央公論社・1968年）48頁。

く，アメリカの独立宣言および諸州の憲法における権利宣言を典拠としていることは今日常識となっている」(14) と言われる。諸州の憲法，とくに上述した1776 年 6 月 12 日のヴァージニア権利宣言がもっともフランスに強い影響を与えたとされる。なぜなら「(これら各種の) 宣言がとくにアメリカ独立戦争に従軍した人々により持ち帰られ，フランスの人々を魅了し，多くの翻訳が行われた」のであり，「革命の人々がこれらの翻訳を手掛かりに権利宣言を起草したことは疑いない」。このように考えるとフランス人権宣言の思想的根底には「17 世紀以来の植民者または清教徒の自由独立の要求につらなり，それは遠く中世以来のイギリスの自由主義的伝統」とりわけロック定式の自然法思想にあるともいえよう。

---

(14) 髙木ほか編・前掲書 128 頁。

第4章　近代的市民憲法の特徴と発展
――18世紀憲法からリベラル的憲法へ――

1　18世紀憲法（近代的市民憲法）の3つの特徴

　名誉革命によってもたらされた近代的市民憲法[1]は，18世紀の中葉まで展開したので，"18世紀憲法"と称しうるが，いくつかの観点からその特徴を述べてみよう。1つは，三者の均衡に立つ均衡憲法であること，2つ目は，実態的には地主階級を主要な担い手とする憲法であること，3つ目は，党派的にはホィッグ支配の憲法であること，である。次にそれらを分説してみよう。

1.1　三者の均衡に立つ"均衡憲法"

　1688年の名誉革命の後に制定された「権利章典」は，最終的な国家の意思を決定する主権者は国王でなく議会であることを明確に規定し，いわゆる議会主権体制を確立した。この憲法体制は，18世紀の中葉まで展開したので，"18

---

[1]　杉原泰雄は「近代には，社会のどのような立場の者が主要な担い手となったか，したがって近代化をどのようにおこなおうとしたかによって，三つの型の憲法（憲法についての考え方）があった」として，第1に，ブルジョワジーを主要な担い手とする「近代立憲主義型の市民憲法」，第2に，上からの近代化により登場する「外見的立憲主義型の市民憲法」，第3に「民衆解放のための憲法思想」を挙げる。杉原泰雄『憲法の歴史――新たな比較憲法学のすすめ』（岩波書店・1996年）29頁以下参照。第二の型はドイツや日本のような後発資本主義国においてみられた。うち，イギリスの憲法は第一の型に属すと考えられるが，本書で述べるように，ブルジョワジーを主要な担い手とする場合，名誉革命後の地主ブルジョワジーから，産業革命後の産業ブルジョワジーの台頭までの長い立憲主義の発展をみなければならないであろう。さらに，1949年の議会法（Parliamentary Act 1949）は，金銭法案以外の法案について，もしそれを継続した2つの会期で庶民院が可決したら，貴族院はそれを一年引き延ばすことができるだけとなって，庶民院の優越が一層強固なものになった。

世紀憲法"と呼びうるが，名誉革命以後，主権が君主から議会へ移ったとはいえ，君主制そのものは廃止されたわけでなく，議会主権の下で，確実に生き延びた。さらに言えば，イギリス国教会も依然として国家体制の中心に置かれたままであった。しかも，主権を奪われたはずの君主は相変わらず主権をもつ議会の一角を占め，議会は，選挙で選ばれる「庶民院」と世襲で議席を得る「貴族院」と貴族の中の貴族である「国王」の三者から成る「議会における国王」(King in Parliament)と呼ばれた。その意味で，この時期のイギリス憲法は，主権がこれら三者のバランスの中に配分される「均衡憲法」(balanced constitution)であった。要するに，名誉革命後，主権が国王から議会に転移したといっても，18世紀の憲法はこの三者のバランスで均衡しているだけで，新しい議会主権体制を無条件に近代的なものと評価するのは早計であった。

1.2 "地主階級"を主要な担い手とする憲法

　主権をもつ議会に依拠しつつイギリスという国を現実的に支配していたのは，要するに"地主階級"であった。彼らはおおまかに言えば，"爵位のある"貴族と"爵位のない"ジェントリに大別され，前者はどちらかというと貴族院を構成し，後者は庶民院と地方自治の中核である治安判事（Jusutice of the peace）(2)という2つの方向に住み分けたにすぎなかった。国王が地主の中の地主であるとすれば，イギリスの政治の担い手はまさに'地主階級'の手中にあったと言ってもよい。とすれば，この時期，すなわち18世紀の憲法体制は，地主ブルジョワジー支配の憲法と呼んでよいであろう。

　事実，18世紀の「均衡憲法」の下では，ともすれば，国王は，残存する国王大権に基づき，大臣らを任命して議会を牛耳り，また貴族は貴族で大地主として，議会選挙区のいくつかで，影響力を行使できた。したがって，彼らは，庶民院に選出される議員を通じて，自己の提案に対する支持をとりつけることが十分に可能であった。また，内閣（Cabinet）は存在したが，それは議会で

---

　(2)　治安判事は，現在，非法律家の中から大法官によって任命される裁判官で，軽微の事件を処理する任務を負う。だが，中世以降，司法的な機能のほか，地方行政を遂行する任務およびその他の行政的任務も遂行した。現在は司法的機能に限定されている。

なく国王にのみ責任を有していた。こうして国王は国王で議会に影響力を持ち続け，自ら任命した大臣を通してなお国政をリードできたのである。

　すなわち，1707年から1801年までの約1世紀，庶民院の議員の数は558名のままであった。その間（1832年の選挙法改正まで），選挙区に人口の変動があっても，議席の再配分というものはなされず，多くの腐敗選挙区（rotten boroughs）とかポケット選挙区（pocket boroughs）と呼ばれる選挙区が存在した。腐敗選挙区では，有権者がごく少数しかいないのに，庶民院議員をウェストミンスターに送り出す特権に浴していた。有権者が少ないので，そこでは一握りの選挙民が，賄賂や任官を武器にいとも容易に買収され得た。

　また，ポケット選挙区では，誰が議員として選ばれるかは，その選挙区の大地主である貴族の統制下におかれた。脅し，好都合な約束，賄賂などが，その選挙区における影響力行使のための手段であった。その見返りとして，年金，名誉職，あるいは政府の官職であったりした。

　1793年に「人民の友協会」が報告したように，事実上の任命制が行われ，わずか162名の特定の人間が，513人の庶民院議員のうち303人を選出していたと言われる[3]。しかも，選出される議員の大部分は地主階級であった。このようにして，イギリスの政治は，名誉革命後も，議会を通して，人々は地主支配体制の下におかれ，近代革命はなお無条件に評価する体制になかった。

1.3　ホィッグ支配の憲法

　また，この時期の憲法はしばしばホィッグ版憲法（Whig version）とも呼ばれることがある。この時期の政治の主要な担い手は，上述したように，地主階級であるが，地主階級である貴族とジェントリは，次第に政治的に，「より進歩的なホィッグ」と，「より保守的なトーリー」に発展していく。そしてウィリアム3世治世の時には，すでにホィッグ（Whig）とトーリー（Tory）いずれか中心の政党政治に近い形態に落ち着きつつあったとされている。それは，1702年にウィリアム3世が死去して，ジェームズ2世の王女でイギリス国教

---

(3)　デレック・ヒーター（田中俊郎監訳）『統一ヨーロッパへの道——シャルルマーニュからEC統合へ』（岩波書店・1994年）141頁参照。

会のアン（Anne：在位1702-14）が女王として即位したとき，女王自身はトーリーの政策に心を寄せていたが，人気の高いマルボロー公（Duke of Marlborough）率いるホィッグの単独内閣を組織せざるをえなかったことでも分かる。

1710年には，当時，戦争に疲弊し切っていた選挙民がトーリーを勝利させ，今度はトーリー派内閣（ハーレー＝セント・ジョン政権〔Robert Harley＝Saint John〕：1710-14）を誕生させた。トーリー政権は，庶民院議員の選挙権資格である財産資格を厳格化して庶民院におけるホィッグの影響力を抑えようとした。しかし，1714年，アン女王が死去すると，トーリー派は王位継承を巡って内部分裂する。というのも，アンには子種がなく，トーリー内の復古派（Jacobites）は，王位継承者にジェームズ2世の長子であるジェームズ・エドワード（James Francis Edward STUART："オールド・プリテンダー"，"Old Pretender"と呼ぶ）を擁立しようとしたからである。

結局，ホィッグの画策により，プロテスタントであるドイツのハノーヴァー選帝侯夫人で，かつ，ジェームズ1世の孫娘であるソフィア（Sophia, electress of Hanover and granddaughter of James I）へ王朝が移ることになった。しかし，ソフィアは，アン女王が死去する2ヶ月前，不運にも即位することなく死去したため，1714年9月，ソフィアの子，ジョージ1世（1714-27, Brunswick-Luneburg，一般的にハノーヴァー選帝侯と称される）がイギリスの新しい国王として王位を継承した。これにより，1714年から60年に続く，長いホィッグ優越（Whig Supremacy）の時代が始まる。こうして，18世紀のイギリス憲法は，しばしば「ホィッグ憲法」と呼ばれるのである。

2 「リベラル的憲法」（19世紀の憲法）へ

ところで，18世紀のイギリス政治を支配していたのは，前述したように，地主階級であった。しかし，次の世紀に，地主支配体制を打破して新たに政治の主要な担い手に踊り出て来るのはいわゆる産業ブルジョワジーであった。この挑戦を通じて，イギリスは，次第に地主階級主導の18世紀的均衡憲法から産業ブルジョワジーを主要な担い手とする「リベラル的憲法」（Liberal constitution）へ移行していく[4]。

リベラリズムとは，そもそも産業革命により進出する産業ブルジョワジー[5]が，地主階級の政治支配を打破して，自由放任主義の下，すべての経済活動に対して国家の干渉を廃し，政治的にはみずからの階級的利害を貫徹しようとするものである。ここでの自由主義は，もともと，前世紀のロックらの古典的リベラリズムに端を発するが，ジェレミー・ベンサム（Bentham, Jeremy: 1748-1832）の功利主義らによる改革を通して，産業革命のもたらした新しい社会変動に適応しようとする。

2.1　議院内閣制の発展

19世紀につながる意味で，前の18世紀に，すでに憲法上の重要な発展があった。それは首相の出現と内閣の発達，それにつれて，発展する「議院内閣制」の萌芽である。

1714年に即位したドイツ・ハノーヴァー出身のジョージ1世は英語を理解せず，また即位した時，王はすでに54歳であり，またイギリスの政治状況にうとく，閣議があってもほとんど出席しなくなった。また，1727年に即位したジョージ2世（George II：在位1727-60）も，父と同様ドイツ生まれであり，イギリスの政治に適応せず，ほとんど閣議に出席しなかった。この歴史的偶然がその後の近代的「内閣制度」の発達を促し，内閣が国王に代わって国政を指導する契機を導いた。このように，イギリス憲法は，先に普遍的な憲法原理があって，それに基づいて憲法が展開したというより，歴史的偶然や実際の経験を通じて，後に，憲法原理を形成していくケースがしばしば見られる。

1720年8月，全国的な株式投機ブームが崩壊し，一挙に恐慌状態に陥った。南海泡沫事件（South Sea Bubble）である。内閣はこのスキャンダルに巻き込

---

(4)　イギリスでリベラルな憲法（Liberal constitution）が成立するのは，19世紀になってからであるが，名誉革命によってスチュアート絶対王政を倒し，個人の自由を普遍的価値とみなすような社会契約の観念に基づくロックの政治理論などは，明らかにリベラリズムの前提となるものである。その限りで言えば，イギリスの立憲主義の伝統，あるいはロック，アダム・スミス（Smith, Adam: 1723-90）に代表されるようなホィッグ的リベラリズムは，19世紀の「リベラリズム（自由主義）」に対して「古典的なリベラリズム」との名で呼ぶことができるであろう。

(5)　もちろんこのとき，同時に，中産階級および労働者たちも次第に勃興していく。だが，彼らが政治の主要な担い手になるのはまだ先のことである。

まれ、ジョージ1世はここでサー・ロバート・ウォルポール（Walpole, Sir Robert: 1676-1745）を第一大蔵卿（First Lord of the Treasury）に任命し、この大混乱の収拾にあたらせた。ウォルポールの政治力は実に巧みで、国王の信頼はもちろん、議会をも掌握し、以後、彼は、1721年から1742年まで21年間も政権を維持し、史上、イギリスにおける最初の「首相」（Prime Minister）と呼ばれる栄誉を獲得した。

　首相という言葉は最初、閣内で同僚の上にそびえる意味として、むしろウォルポールを非難する言葉として使用されたとされる。しかし、その後1783年に小ピット（Pitt the Younger）が首相になる頃には"同輩中の首座"として一般に承認される言葉となった。こうして内閣は国王に代わって政治を指導するようになり、内閣は次第に国王でなく、議会に信任を仰ぐようになる。また、内閣の発達は、まだ完全ではないものの、国王を"君臨すれども統治せず"という現代立憲君主制の成立を促す基となった。

　政権の末期、ウォルポールは、1740年、オーストリア継承戦争（War of the Austrian Succession, 1740）に巻き込まれ、1741年の総選挙で勝利はしたものの、その勝利は僅差に過ぎず、庶民院における多数の支持を得られない状況になってしまった。そこで、彼は、なお国王の信任は十分であったが、1742年2月に自ら辞任した。そのことが、内閣は、国王でなく、議会に責任を負うという議院内閣制を形成していく契機となった。

2.2　ジョージ3世の専制政治と政治的民主化の要求

　ところで、18世紀末から19世紀初頭のヨーロッパでは、人民主権という新しい政治原理を打ち立てたフランス革命（1789年）が勃発し、内にあっては、産業革命（1760-1850）が進行し、またアメリカ植民地の独立戦争（1775-83年）へと、イギリス政治は内外からインパクトを受けた。世界的な政治における民主化要求のインパクトであり、それは産業革命による選挙法の改正へのインパクトとなってあらわれた。

　ところが、このような内外における変革の時代に即位したのがジョージ3世（George III：在位1760-1820）であった。彼は、祖父および父、すなわちジョージ1世、ジョージ2世がともにドイツ生まれで、イギリス国王になってもイギ

リスの政治に強い関心が持てなかったのと違い，イギリス生まれのイギリス育ち，大いにイギリスの政治に関心を持ち，世界の変革期にあって，ひたすら王権の復興につとめ，議会軽視の専制政治を行った。しかも，1760年に即位してから，その治世も半世紀の長期に及んだ。その中で，対内的には，個人の権利の伸長を抑え，対外的には植民地の反感を買う政治を行ない，植民地であったアメリカをイギリスから独立させてしまった。

2.3 産業革命の進行と1832年選挙法の大改正

その間，イギリスは，時あたかも産業革命[6]が進行中であり，各地に産業都市が生まれ，都市人口に大きな変化をもたらした。しかし，そうした人口移動は，現実の選挙区に少しも反映されなかった。けれども，都市人口が増大すれば，その不当性は白日の下にますます明らかになり，選挙権の拡大を求めて選挙法を改正すべしとする声が一段と高まっていった。

前述したように，1832年に選挙法の大改正があるまで，庶民院は，腐敗選挙区などを通じて，地主階級の支配する中にあった。例を見てみよう。たとえば，腐敗選挙区として，ウィルトシャー（Wiltshire）のオールド・セーラム（Old Sarum）は，いくつかの田園地帯からなる選挙区で，そこには実際にはだれも居住していないのに，議員選出の特権が与えられ，ウェストミンスターに2名の議員を送っていた。また，サファークのダンウィッチ（Dunwich）は，地形の変化に伴い海底に沈んでしまったにもかかわらず，やはり議員選出の特権が与えられていた[7]。そこで選出される人は後援者・有力者の指名による

---

(6) イギリスの産業革命は，18世紀後半から19世紀前半にかけて，生産活動の機械化・動力化，工場制の普及，その結果としての工業都市の成立，産業資本家層と都市労働者の階層の勃興など，農村社会から資本主義的工業社会へドラスティックに転換を遂げたことを意味する。その原因として，イギリスは，17世紀から18世紀にかけて世界の海上権を握り，広大な海外市場を獲得したこと，この間，ギルド制に縛られない問屋や工場制手工業（マニュファクチァ manufacture）が発達し，大資本家が誕生し，企業を興したこと，さら農地の囲い込み enclosure が行われ，資本家が耕作技術を改良し，大規模農場を営むなかで，多くの農民が土地を失い，農業労働者として雇われ，あるいは都市に流入し労働者となったこと，である。こうして，イギリスは多くの資本と労働力を保有し，工業生産の拡大が行われた。これらの国内，国外の事情が相乗して産業革命が起こったのである。

(7) 中村英勝『イギリス議会史』（有斐閣・1973年）。

もので，彼は，その指名に従わなければならなかった。また，いくつかの議席は，公開の場で売買されることもあった。ところが産業革命により，マンチェスター，バーミンガム，リーズといった産業都市では人口が急速に増加しつつあった。たとえば，マンチェスターの人口は，繊維産業の影響により1770年から1820年の50年間に4倍以上に膨れ上がり，10万人以上もいたにもかかわらず[8]，こうした産業都市には1人の議員も配分されなかった。

　こうした中，1830年までに，議会の改革のため，選挙法の改正を求める声が，あたかも革命前夜のように，次第に高まっていった。ホイッグ政権はこうした声に応えるべく1832年に選挙法改正案を議会に提出するが，保守主義の色濃い貴族院で否決されてしまった。これを受けてグレイ首相（Grey, Earl：首相1830-34）は，議会を解散し，見事，総選挙で返り咲いた。しかし，再び改正法案を提出し庶民院で可決するが，またしても貴族院の否決に会う。ついにウィリアム4世（William IV：在位1830-37）は，グレイに，法案を貴族院で通過させるだけの必要な新貴族を創設する約束をし，組閣を命じた。貴族院はこの約束の脅しに屈し，1832年7月に第一次改正選挙法（First Reform Act 1832, or The Representation of the People 1832）はついに両院を通過し可決された[9]。

　この結果（1832年の選挙法改正により），貴族に支配されていた腐敗選挙区は廃止され，国王と貴族院との関係でいえば，著しく庶民院の力が向上した。適正な選挙区の中から適正に選出された議員からなる庶民院はますます市民の代表として発言権を増していったからである。すると，国王と密な関係にあった内閣と庶民院の関係に変化が生じた。次第に内閣が国王から独立していき，国王への責任から庶民院への責任に転換していくからである。その結果，庶民院の信任を失えば，内閣は解散か総辞職しなければならなくなるという原則がで

---

(8)　ヒーター（田中監訳）・前掲訳書142頁。
(9)　しかし，当時のイギリスの政治と法のあり方（とくに不合理な判例法主義）に批判を加え，功利主義の下，立法改革を唱え続けたジェレミー・ベンサム（Jeremy Bentham, 1748-1832）ではあったが，彼の立法改革の提案は当時，必ずしも受容れられなかった。しかし産業革命の進行する中，イギリス社会は工業化社会へ大きく変転し，議会による立法改革が迫られていく。その一環として制定されたのが，選挙法の大改正である。しかし，ベンサムはこの大改正の可決を知ることなく1832年この世を去った。功利主義については第16章を参照。

きあがった。こうして次第に責任政治（responsible government）が確立する環境が整っていく。

3　大臣助言制と立憲君主制の発展

　内閣が，その責任を国王でなく，庶民院におくようになると，行政権の主体も，国王から，内閣の手に移っていく。その中で，イギリス国王の持っていた広範な大権は形式的には国王に所属しながら，実質的には内閣によって行使されるようになってゆく。いわゆる大臣助言制の誕生である。大臣助言制が誕生することで「君臨すれども統治せず」という現代的な立憲君主制も確立する。しかし，現実に立憲君主の模範とされるのは，どの国王からであろうか。それはヴィクトリア女王（Victoria: 1837-1901）を経て，一般的にはジョージ5世（George V: 1910-36）の時に完成したと言われる。イギリスの現代立憲君主制の姿を理論づけたのはバジョット（Bagehot, Wlater: 1826-77）[10]であるが，彼がそのことを『イギリス憲法』（The English Constitution, 1867）の中で叙述した時のモデルはヴィクトリア女王であったが，実際のところ，女王はまだ政治にしばしば介入したのであり，ジョージ5世の時になって，立憲君主のモデルは完結したといわれる。

4　自由貿易と穀物法の廃止

　ところで，1832年の改正法前は，成人30名に1人しか投票権を有していなかったが，改正後，有権者の数は約35％増え，1831年に22万人の有権者数にすぎなかったのが，1833年には72万人になった。この改正により，直ちに台頭しつつある産業ブルジョワ階級の地主ブルジョワ階級に対する勝利をもた

---

(10)　Butterwoths の *Biographical Dictionary of the Common Law* によれば，バジョットは，もともとジャーナリストであるが，政治的関心が高く，1965年に "Fortnightly Review" 上で有名な『イギリス憲法』の発表が開始され，本として出版されたのは1867年であり，1872年に第2版が出ている。選挙法の改正以後のイギリス憲法の発展を誠にウィットに富んだ筆致で描き，立憲君主制の真髄は，現代的君主制における国王の機能が尊厳的部分に限定されつつあることを説いた。

らしたわけではなかったが，この改正がブルジョワ階級を含む中流階級に選挙権が拡大された画期的な議会の改革であったことは疑いない。もちろん，この改正により，地主階級の政治的基盤が急激に弱まる契機となったことはいうまでもない。

　また，地主階級にとって農業こそ最大の産業であり，また農業を保護することによって政治支配の経済的基盤としたいわけであるが，いまや「穀物法」(Corn Law) こそ，地主階級にとって，輸入農産物に対する関税を課し自国農業を保護し，自らの階層の利益を守るための最後の砦であった。しかし，自由貿易を政策とする産業ブルジョワ階級からすれば，穀物法もまた廃止されるべきであると考えていた。

　かくして穀物法論争 (1813-15年) は激化した。このとき，穀物法を擁護しようとするマルサス (Malthus, Thomas R.: 1766-1834) に批判を加え，穀物の自由貿易の漸次的移行を唱えたのが，有名な古典派経済学者リカード (Ricardo, David: 1772-1823) であった。1839年，マンチェスターで反穀物法同盟が結成され，反穀物法の社会的機運は盛り上がった。1843年頃，ちょうど天候不順で国内の穀物の生産は大打撃を受けた。ついに地主階級の政治基盤であるトーリーのピール政権は穀物法廃止の方向へ傾き，1846年6月に，穀物法廃止法案は議会へ提出された。それを契機としてトーリーは内部分裂を招いたが，ついに穀物法は廃止され，ここでも産業ブルジョワ階級は地主階級に対して最終的な勝利を得た。

第5章　議会の民主主義的発展
　　　──真の国民の代表機関へ──

1　ヴィクトリア朝時代
　　　──選挙法のさらなる改正とデモクラシーの発展

　1832年の第一次選挙法の改正から数年後の1837年，ヴィクトリア女王[1]が即位する。それまでの国王のなかで64年の長きにわたる同女王の治世はヴィクトリア朝時代と称され，世界各地を植民地化・半植民地化して繁栄を極めた大英帝国を築くイギリスの黄金時代である。この時期，第一次選挙法の改正を実現する上で大きな役割を演じた選挙法改正の運動は，産業ブルジョワジーと労働者階級の連携を基礎に行われ実現したが，この大改正で選挙権を付与されたのは主として産業ブルジョワジーだけであった。
　というのも，以上の第一次選挙法改正と穀物法の廃止をもってして，イギリス議会が直ちに産業ブルジョワジー層の議員によって占められたわけではないからである。庶民院において，産業ブルジョワ階級の議員の数が地主ブルジョワ階級のそれを上回っていくのは，それからずっと後の1880年代以降のことである。
　しかし，産業革命の進展がもたらす社会の変化は，確実にブルジョワ階級（産業資本家）の政治的基盤を押し上げ，さらに労働者階級の不断の成長を生み出していった。とくに産業ブルジョワ階級の台頭は，これまでのホィッグとト

---

(1)　1714年に即位するジョージ1世に始まるハノーヴァー朝は，6代目の君主，ヴィクトリア女王をもって幕を閉じる。ただし，ヴィクトリア女王の血統が断絶したわけではないので，1717年に即位したジョージ5世はドイツ姓を嫌ってウンザー朝を名乗るが，いずれもハノーヴァー朝の継続と見なされうる。

ーリーという2大政治の潮流を，19世紀の中頃までに「自由党」と「保守党」という近代政党へ転化させていく。とくに1865年から1886年までの約20年間，自由党のグラッドストン（Gladstone, William E.: 1809-98）と保守党のディズレーリ（Disraeli, Benjamin: 1804-81）を党首とする両党が，入れ替わり政権を担当し，これまでの「ホィッグ＝トーリー」の時代から「自由党＝保守党」という近代的な二大政党の時代の到来を促した。

　このように，これまでのホィッグとトーリーをそれぞれ近代政党へさらに発展させていくのは，1832年の選挙法の第一次改正を皮切りに，1867年の第二次改正（The Second Reform Act 1867），1884年の第三次改正（The Third Reform Act 1884）へと続く一連の選挙法の改正であった[2]。これによりもたらされたのは，史上かつてないデモクラシー（民主主義）の発展である。この結果，13世紀に誕生したイギリス議会は，600年以上の時を経て真の国民の代表機関へと大きく成長した。こうして19世紀中葉以降，イギリスはまさに議会の世紀を迎え，議会制民主主義の著しい発展をみるが，これは明らかにイギリス憲法が19世紀的な「リベラル的憲法」から新しい19世紀後半から20世紀的「リベラル・デモクラティック憲法」（Liberal Democratic Constitution）に発展したことを意味していた。

2　チャーチスト運動と人民憲章

　しかし，ブルジョワ階級の台頭に比べて，労働者階級の立場は先の選挙法改正によっても著しく疎外されたままであった。19世紀中葉に入ると，次第に工業化の矛盾，資本主義発達の矛盾が露呈していき，労働者の労働条件はますます悪化していく。普通選挙権獲得のためのチャーチスト運動（Chartist Movement）はこうした背景の中で起きていった[3]。やがてチャーチスト運動

---

(2)　選挙権の拡大に加えて，さらに1872年の無記名投票法，腐敗選挙慣行を抑制する立法などにより，確実に政党が不断に成長する諸条件が整った。
(3)　ドロシィ・トムスンは「おそらく，チャーティズムは19世紀第2四半期のイギリス勤労民衆のあらゆる経験のうちの政治的側面であった，とみなされてよいであろう」と述べた。さらに，ドロシィは「1838年から1848年までの10年間にわたって，イギリスの当局は，近代における運動の

のリーダーのうち，ウィリアム・ラヴェット（Lovett, William）とフランシス・プレイス（Place, Francis）は，1838 年に，人民憲章（People's Charter）を起草した⁽⁴⁾。それは 6 点からなる要求を掲げるものであった。①成人男子普通選挙権，②無記名投票，③平等選挙区制，④議員に対する歳費支給，⑤議員の財産資格の撤廃，⑥議員の毎年改選の 6 つである。

この運動は全国的な会議を組織し，1839 年のロンドン会議で，上の人民憲章が採択され，100 万人以上の署名を集めて議会に請願された。チャーチスト運動は，その後新たに議会請願という形で 1842 年に再び高揚したが，1848 年の議会請願をもって，次第に労働運動のエネルギーは失われていった⁽⁵⁾。

しかし，1918 年までに，彼らの革新的な要求は，議会の毎年総選挙を除き，1867 年の第二次選挙法改正，1872 年の投票法（Ballot Act 1872），1883 年の腐敗・違反的慣行法（The Corrupt and Illegal Practices Act 1883），1884 年の第三次選挙法改正を経て，すべて立法化されていった。

すなわち第二次選挙法改正では，都市の労働者に戸主選挙権を保障し，約 100 万人の選挙権者を増加させた。また，第三次選挙法改正では，農村の労働者に戸主選挙権を保障し，1872 年には無記名投票を認める投票法が議会を通過した。1883 年の腐敗・違反的慣行法により選挙における賄賂や他の腐敗的慣行を刑事犯罪とした。1884 年の選挙法（Franchise Act 1884）は多くの成人男子に選挙権を与えた。しかし選挙権は一年の居住資格を有する者に限定された。また，居住している選挙区以外の選挙区の大学生，および土地もしくは営業所を所有している者は，両方の選挙区で投票権を付与された。

さらに 1918 年の人民代表法（Representation of the Peoples Act）は 21 歳以

なかでもっとも大衆的反乱に近い様相を呈した一つの民衆運動に直面した」とも述べている。ドロシィ・トムスン（古賀秀男・岡本充弘訳）『チャーティスト――産業革命期の民衆政治運動』（日本評論社・1988 年）1 頁参照。

(4) 「チャーティスト」という言葉は，人民憲章である "People's Charter" の Charter に由来している。

(5) ドロシィは「チャーティスト運動は，1848 年に他の多くのヨーロッパ諸国の政府を転覆した運動よりもはるかに大規模なものであったが，結局のところ当局がぐらつくことはなかった。イギリスに特有の環境は，大陸ヨーロッパの主要諸国でみられたものよりも広範な民衆運動を生み出したが，それと同時に，より安定した権力構造をも生みだしていたのである」と述べている。ドロシィ（古賀・岡本訳）・前掲訳書 iv 頁参照。

上の成人男子の普通選挙権を認めるとともに，30歳以上の女子に対し選挙権を認めたのである。また居住資格が1年から半年に短縮された。

しかし，21歳以上の成人男女の普通選挙権が認められたのは，それから10年後の1928年のことである。他方，1949年人民代表法（The Representation of the People Act 1949）により居住している選挙区以外の選挙区の大学卒業生，および土地もしくは営業所を有している者に対する複数選挙権は廃止された。同時に半年の居住資格も除去された。1969年に，最低投票年齢は21歳から18歳の男女に縮減された。イギリスのデモクラシー，とくに議会制民主主義はこの時点でほぼ完成したといえよう[6]。

3 労働党の誕生と新しい二大政党

ところで1883年にイギリスでは初めてのマルクス主義団体である社会民主連盟が結成された。同年にはマルクス主義によらない別の社会主義団体としてジョージ・バーナード・ショウ（Shaw, George Bernard: 1856-1950）らの手によりフェビアン協会（Fabian Society）が作られた。しかし特筆すべきは，1893年に独立労働党（Independent Labour Party, ILP）が誕生したことである。これは今まで労働運動が自由党との連携（Lib-Lab alliance）の中で行われたのに対し，労働者階級独自の政党をめざした。1900年にそれは先の社会民主連盟やフェビアン協会とともに労働代表委員会を結成し，労働者階級の代表者を議会に送ることを決めた。同年の総選挙で，2名の議員を議会に送り，また1906年の総選挙では，53の議席を獲得した。彼らは，1906年以降，自らを労働党（Labour Party）と名乗るようになった。

第一次世界大戦が終わると，ロシア革命，最終的には挫折したドイツ革命を生み，イギリスにおいても著しい社会不安を招くことになった。自由党のロイド・ジョージ（George, David Lloyd：首相1916-22）は，保守党との連立内閣で

---

(6) さらに1985年と1989年の人民代表諸法（The Representation of the People Acts of 1985 and 1989）により，外国に居住する多くのイギリス市民に投票権が付与された。すなわち前者により，イギリスを離れて5年の間外国に居住しているイギリス市民に，また後者により，イギリスを離れて20年の間，外国に居住しているイギリス市民に，選挙権が拡大された。

この難局に何とか対処しようとした。しかし間もなく保守党が連立政権から離れ，1920年の初頭には保守党単独による政権が誕生した。だが，1922年，23年に連続して行われた総選挙で顕著になったのは，自由党のかつてない凋落と労働党の躍進であった。1922年11月の選挙では保守党に代わって，労働党が第2党となり，翌23年12月の選挙では，自由党の協力を得て，ついにイギリス史上はじめて，マクドナルド（MacDonald, James Ramsey：首相1924,29-31）労働党政権が誕生した。以後，イギリスの二大政党は，「自由党と保守党」という体制から「保守党と労働党」へと移り，今日に向けて定着していく。

4 政党の発達と国民主権への道

このようにして，イギリスにおける今日的な近代政党は，すべて出そろい，定着していった。近代政党は単に地方や閉鎖的な利益グループの代表でなく，組織政党として全国規模で戦う。そして政党の支持なしでは議会へ代表は送れなくなくなってくる。すると候補者は次第に党議にしばられる。強い党議拘束は，内閣に対する庶民院の影響力を弱め，選挙で多数となった政党のリーダーが内閣を形成し，内閣が政党の議員を支配できるようになる。多数支配は，信任投票による制裁の痛みを失わせ，いまや投票は，国会における選挙より，総選挙における投票の方が重要になった。なぜなら後者が前者を条件づけたからである。ダイシーが主権を法的主権と政治的主権の2つに分け，前者を議会に，後者を国民に振り分けることができたのも，このような政党政治が発達したためである。また，イギリス憲法が名誉革命以来，つねに議会主権を中心に発展してきたが，実質的には議会主権から国民主権へ移行しつつあることを物語っている。これについては後述しよう（第9章5参照）。

5 貴族院の改革と庶民院の優越への道

ところで選挙法の改正はイギリスにデモクラシーの発達をもたらしたが，まだ議会の改革の仕事が残されていた。議会の改革とは，端的に言えば，貴族院の改革であった。1906年の総選挙で自由党が多数を占め，いくつかの改革立

法を通過させたが，貴族院は保守党で占められ，しばしば否決する立場をとっていた。自由党のロイド・ジョージは「貴族院はもはや憲法の番人ではなく，（保守党の前首相である）バルフォア氏のプードルにすぎない」と主張した。

庶民院と貴族院の衝突はロイド・ジョージが1909年の6月に議会に対して増税を含む予算を提出したときピークに達した。この増税は，金持ち，とくに大地主に負担となるものであった。そこで庶民院がこの増税を承認したにもかかわらず，貴族院はこれを350対75の多数で否決した。1910年の総選挙で自由党のアスキス（Asquith, H. H.：首相1908-16）は財政法案について庶民院の優位を図り，法案（Parliament Act Bill 1911）を議会に提出したが，またしても貴族院で否決された。そこでアスキスは即位して間もないジョージ5世に，議会の解散を要求し，もし政権に返り咲けば，貴族院で改革法案に賛成するに足るだけの新しい貴族を創設することを約束させた。この脅しにより，貴族院は131対114で改革法案を可決することを余儀なくされた。ここにおいてこの法案は1911年議会法（Parliamentary Act 1911）として貴族院に対する庶民院の優位の原則を確立したのである。

こうして貴族院の権限を縮小する1911年議会法が成立したわけであるが，この議会法によれば，①庶民院の議長に何が財政法案かを決定する権限を与え，②庶民院が財政法案を可決して貴族院がそれを拒否しても，貴族院はその決定をわずか1ヶ月遅らせることができるだけで法となる，③他のすべての法案は，庶民院が継続した3つの会期で可決した場合には，貴族院の拒否にもかかわらず2年引き延ばすだけで法となる，とした。さらに，1949年議会法（Parliamentary Act 1949）は，金銭法案以外の法案について，もしそれを継続した2つの会期で庶民院が可決したら，貴族院はそれを1年引き延ばすことができるだけとなって，庶民院の優越が一層強固なものになった。

この結果，貴族院に対する庶民院の優越が確定したのである。日本国憲法に規定される「衆議院の優越」もそのルーツはここにある。

6　英米憲法と日本国憲法

ところで，英米，とくにイギリス憲法の日本への影響について一言述べてお

きたい。明治憲法は，英米流の近代的立憲主義を斥ける形で外見的立憲主義の色濃いドイツ憲法を範として制定された。

しかし，明治憲法が範とした君権主義の濃いドイツの憲法体制は，第一次世界大戦と革命とによって崩壊し，1919年のドイツ共和国憲法（ワイマール憲法）が誕生する。しかし，それからわずか14年にしてそれはナチス・ヒトラーによって蹂躙され（33年ナチスの政権掌握），第二次世界大戦とともに，わが国の明治憲法も含めて，崩壊する。

第二次世界大戦後，わが国に，今度は，ドイツ経由でなく，アメリカを直接経由して，英米型の憲法思想が入ってきた。それは，イギリスを発信源とする自由主義の色濃い憲法思想，中でもこれまで概観してきた法の支配の思想の流入を意味する。わが国の現行憲法を解釈するにあたっては，何より，わが国憲法の近代的憲法思想のルーツが，ヨーロッパなかんずくイギリスの立憲主義の長い歴史の中にあることを，常に意識の中におくべきである。もっとも，イギリス憲法の発展は以上で終わらず，さらに現代まで続くが，それについては，次の部で述べることにしよう。

【参考文献】

メイトランド，F. W.（小山貞夫訳）『イングランド憲法史』（創文社・1981 年）
── （森泉章監訳）『イングランド法史概説』（学陽書房・1992 年）
小山貞夫『イングランド法の形成と近代的変容』（創文社・1991 年）
マッケクニ，W. S.（禿氏好文訳）『マグナ・カルタ──イギリス封建制度の法と歴史』（ミネルヴァ書房・1993 年）
城戸毅『マグナ・カルタの世紀──中世イギリスの政治と国制』（東京大学出版会・1995 年）
ホゥルト，J. C.（森岡敬一郎訳）『マグナ・カルタ』（慶応義塾大学出版会・2000 年）
八代崇『イギリス宗教改革史研究』（創文社・1979 年）
浜林正夫『イギリス名誉革命史（上・下）』（未来社・1981 年）
松下圭一『ロック「市民政府論」を読む』（岩波書店・1987 年）
── 『市民政治理論の形成』（岩波書店・1966 年）
杉原泰雄『人民主権の史的展開』（岩波書店・1978 年）
── 『憲法の歴史』（岩波書店・1996 年）
バターフィールド，H.，（越智武臣ほか訳）『ウィッグ史観批判』（未来社・1967 年）
戒能通厚「イギリス憲法の実像──その歴史的文脈」法律時報 83 巻 1 号～86 巻 8 号
グランヴィル（松村勝二郎訳）『中世イングランド王国の法と慣習』（明石書店・1993 年）
モートン，A. L.（鈴木亮ほか訳）『イングランド人民の歴史』（未来社・1982 年）
トレヴェリアン，G. M.（大野真弓監訳）『イギリス史』1～3 巻（みすず書房・1986 年）
Taswell-Langmead's., *English Constitutional History*, 11th ed., 1960
Plucknett, T. F. T., *Concise History of the Common Law*, 5th ed., 1956
Keir, D. L., *The Constitutional History of Modern Britain 1485-1937*, 1938
Adams, G. B., *Constitutional History of England*, 1921.
Bogdanor, V., *The British Constitution in the 20th Century*, 2003
Allison, J.W.F., *The English Historical Constitution* 2007

第II部　イギリス憲法の基本的特徴

第6章　イギリス憲法と連合王国の形成

1　連合王国と憲法

1.1　イギリスなる国名と連合王国

そもそもイギリス憲法というときの「イギリス」とはどのような内容を表す国名であろうか。

> 「われわれ日本人は"イギリス"という奇妙な日本語を作り出し，その言葉で時には"連合王国"や"グレート・ブリテン"を，時には"イングランド"を指しながら，"イギリス"というあの小さな島国には，日本と同じように，昔から単一の国家が存続してきていると思いがちである。」[1]

しかし，イギリスは，もともと単一国家だったわけでなく，歴史的な成り立ちから見ると，かなり複雑である。それに応じて，"奇妙な"日本語であるイギリスという言葉も多義に用いられてきた。しかし，本書では，そのうち，イギリスという言葉を，狭い意味の「イングランド」（England）でなく，後述するように，イングランドはもちろん，ウェールズ，スコットランドおよび北アイルランドを含めた，もっとも広い地域を包み込む主権国家としての「連合王国」[2]，すなわち，"United Kingdom"（UK）と同義語として用いたいと思う。

連合王国といういい方は，イギリスの正式名称である「グレート・ブリテンと北アイルランドの連合王国」（the United Kingdom of Great Britain and North-

---

(1)　青山吉信『実像のイギリス』（有斐閣・1984年）168頁。
(2)　O. H. フィリップスは，連合王国は，しばしば不正確に，しかし親しみを込めて，"ブリテン"，"グレート・ブリテン"あるいは単に"イングランド"を指すものとして用いられることが多いと述べる。See Phillips, O. H., *Constitutional and Administrative Law*, 7th ed., 1987, at p. 17.

ern Ireland，以下，単に「連合王国」と称する）の略称である。後述するように，10世紀後半には統一イングランドが成立し，ウェールズは，歴史の早い段階に，そのイングランドに征服・統合されてイングランドと一体化していった。次いでそれは18世紀にスコットランドと合併して，グレート・ブリテンを形成するようになった。その後，19世紀に突入してまもなく，グレート・ブリテンは，アイルランドと合併して「グレート・ブリテンとアイルランドの連合王国」となった。しかし，20世紀初頭，アイルランドにイギリスから独立しようとする気運が盛り上がるのを見るや，イギリスは北アイルランドを分離する形で住民投票を実施させた。投票の結果，北アイルランドの多数住民は，このままイギリスへ残留する道を選んだ。以来，イギリスは「グレート・ブリテンと北アイルランドの連合王国」となったのである。

1.2　連合王国とイギリス憲法

　イギリスが，このように，正式には，連合王国だとしたならば，イギリス憲法をさす場合も，それに応じて，「連合王国憲法」と呼ぶ方が正しい。しかし，本書では，「イギリス」を「連合王国」と同意語として使うので，以下，「連合王国憲法」と言う場合も「イギリス憲法」と呼ぶことにしたい。

　主権国家としての連合王国とは，このように，イングランド，スコットランド，ウェールズそれに北アイルランドの4つの地域[3]を含めた広い領域をさす[4]。これらの地域からなる連合王国をイギリスと呼ぶにしても，それは，アメリカ合衆国と異なり，決して連邦国家ではない。にもかかわらず，イギリスは，連合王国という主権国家の中に，4つの独特の地域を持ち，少なくとも，3つの異なった法制度が存在するきわめて特異な国家である。

　連邦国家でないのに，1つの主権国家の中に，このように，3つもの法制度

---

(3)　これら4つの地域は，歴史的には国であった。したがって，イギリスではこれらの地域を今もしばしば4つの"countries"すなわち「国」と呼称することが多い。
(4)　連合王国は，さらに，ジブラルタルやフォークランド諸島など世界各地に多くの植民地を保持する。これらには，国王の代理である総督と何らかの形の議会がある。植民地が植民により獲得された場合には，植民者は，コモン・ローをそこに持ち込む。その場合，国王大権は，その植民地で政府を築き，裁判所を設置する権限に限定される。しかし，植民地が，征服や割譲によって獲得された場合，国王は，より広範な大権を行使でき，その地を統治し，法を作る権限をもつ。

が存在することはきわめて珍しい。3つの法制度とは，イングランド法，スコットランド法(5)，それに北アイルランド法(6)である。たとえば，北アイルランドの土地法という場合，それはイングランドのそれとも，スコットランドのそれとも異なるからである。ただし，ウェールズ法なる現行法は存在しない。なぜなら，イングランド法は，今ではウェールズを含む法とみなされるようになっているからである。

それはそれとして，イングランドやスコットランド，そして北アイルランドが主権国家でもなく，連合王国がアメリカ合衆国のように連邦と州(7)の関係にないとすれば，イギリス憲法をいおうとして，"イングランド憲法"という言葉を用いるのは厳密には正しくないし，"スコットランド憲法"という言い方も存在しない。あるのは"連合王国憲法"すなわちイングランド，スコットランド，ウェールズ，それに北アイルランドに共通の"イギリス憲法"ただ1つだけである。

イギリス憲法の下では，統治機構として，イギリス議会（Westminster）とイギリス政府（Whitehall）があり，名誉革命により，主権はこの議会にあるとされた。ごく最近，スコットランド，ウェールズにそれぞれ自治議会が設置されたとはいえ，イギリスは，現在ではかなり強い中央集権国家となっている。

しかし，そのことでイングランドをとりまく地域住民の民族意識が潰えたわけでなく，イングランドに対する対抗意識は，歴史的節目に，何らかの形で，あたかも打ち来る波のように，高まりを見せるときがある。したがって，イギリス憲法を，不用意に狭い言い方，すなわち"イングランド憲法"的な言い方をすると，少なくとも，スコットランド側から，不穏当，不適当というそしりを受けないとも限らない(8)。かつてエディンバラ大学の憲法学者であったミッチェル（Mitchell, J. D. B.）(9)や元教授のマンロー（Munro, C. R.）らは，そう指摘することを忘れない(10)。そして，そう指摘する裏には，スコットランド

---

(5) 例えばステアー・ソサエティ編（戒能通厚ほか訳）『スコットランド法史』（名古屋大学出版会・1990年）を参照のこと。

(6) 例えば，ディクソン・ブライス（拙訳）「北アイルランド法制度1〜7完」駿河台法学3巻2号（1990年）-7巻2号（1994年）を参照。

(7) アメリカには1つの連邦憲法と50州に50の州憲法がある。

人の民族感情に対する細やかな配慮があるのであり，それは，後に述べる，スコットランドへの地方分権 (devolution) の動きとも密接に絡んでいるので注意を要する。

しかし，連合王国の中に3つの法制度があることから，一定の共通の連合王国司法部はあるにしても，すべての地域に共通の統合的な連合王国司法部があるわけではない[11]。

要するに，こうである，イギリスには，共通の連合王国憲法はあっても[12]，その下で共通の民法や刑法などというものはない，あるのは，イングランド法，スコットランド法，そして北アイルランド法だけである。このように，イギリスが連邦国家でないのに主権国家の中に複数の法制度があるのは，イギリスの政治的歴史的背景のなせるわざ[13]である。イギリスは，冒頭の引用文にあるように，昔から単一の国家だったわけではない。そこからスタートしてイギリスを考えれば，一見矛盾した物事も，大いに理解できる。そういうわけで，次に今日の単一国家に至る連合王国の歴史を簡単に見てみよう。

---

(8) "The United Kingdom Constitution" に代えて "the British Constitution" を使う場合もある。確かに，連合王国憲法をさすのに，"British Constitution" という言い方を使用することは多い。しかし，"British" という言い回しにも注意を要する。それはイギリスをあらわす便利な言葉ではあるが，本来，北アイルランドはもちろんスコットランドを含まない言葉だからである。他方，"Great Britain" はスコットランドを含む広義の呼び名であるが，やはり北アイルランドを含まない。したがって，ウェールズを含めた4つすべて領域を示す言い方は連合王国しかないということになる。

(9) Mitchell, J. D. B., *Constitutional Law*, 2nd ed, 1968. を参照。拙稿「J. D. B. M ミッチェル，その軌跡と所説について」中京大学社研5巻2号55頁（1980年）参照。

(10) Munro, Colin R., *Studies in Constitutional Law*, 2nd ed., 1999, at p.15.

(11) たとえば，スコットランドにおける刑事事件の終審の裁判所は，ロンドンの貴族院でなく，スコットランドにある "the High Court of Judiciary" である。もっとも，民事事件の終審の裁判所はロンドンにある貴族院である。

(12) また，憲法にしても，公権力としての警察権限や治安維持などという側面になると，イングランド，スコットランド，あるいは北アイルランドで，それぞれ少しずつ異なっている。

(13) Munro・前掲書 16 頁。

2 連合王国を形成する地域

2.1 イングランドの成立と連合王国への道

　イギリスには，紀元前より，先住民であるケルト系民族（ブリトン人と呼ばれていた）が住んでいた。しかし，紀元前 55 年および 54 年にかけて，シーザー（またはカエサル，Caesar, Julius）率いるローマ軍がブリタニア（当時のイギリス）に遠征し，後のブリタニア征服の基盤を作った。紀元後 43 年，第 4 代ローマ皇帝クラウディウス（Claudius：在位 41-54）がブリタニアの恒久的な支配に乗り出すや，ブリトン人は，300 年以上に渡って，ローマの支配を受けることになる。

　しかし，その後，長いローマ帝国の支配にも，次第に，衰退の兆しが見え始め，やがて崩壊し，409 年に，最後のローマ軍がブリトンを撤退した。先住民であるブリトン人は諸手をあげて喜んだが，それは少々早とちりであった。というのは，今度は，ローマ人に代って大陸からゲルマン民族の一派がブリテン島に大挙して移動してきたからである。ゲルマン民族の大移動の始まりである。ブリトン人は，またしても，他民族の支配下に置かれることになった。ブリトンにやってきたゲルマン民族の一派とは，アングル人（Angles），サクソン人（Saxons）およびジュート人（Jutes）であった。彼らは主としてドイツの北西部ユトランド半島にかけて居住していた民族で，勇猛果敢であった。今日，イギリス人をしばしばアングロ＝サクソン人と呼ぶが，それは，イギリスの中核イングランドを築いたのが彼らアングロ＝サクソン人だったからである。

　しかし，彼らが統一イングランドを打ち建てるには，それから数世紀もの時間を要した。先住民であるケルト系住民を北と西の辺境に追いやり，さらには数世紀にわたるデーン人（Danes，いわゆる北からのバイキング）の侵入にも耐えねばならなかった。やがて，彼らは，いくつかの王国を築き，次いで，歴史

---

(14) イースト・アングリア（East Anglia），エセックス（Essex），ケント（Kent），サセックス（Sussex），ウェセックス（Wessex），ノーサンブリア（Northumbria），およびマーシャ（Mercia）である。

に名高い七王国（Heptarchy）角逐の時代(14)を迎える。しかし，9世紀前半，その中のウェセックス（Wessex）王エグバート（Egbert：在位802-39）が7王国時代に終止符を打ち，一時的にイングランドを統一した。しかし，それ以後もデーン人の侵入により，しばしば分立状態になり，最終的に，統一イングランド王国が成立したのは，10世紀後半のことだったと言われている。しかし，今日のイギリスに発展していくイングランドは，1066年のノルマン征服に由来することをとくに留意したい(15)。

その後，13世紀までに，徐々にウェールズを併合して，広い意味でのイングランドまたはブリテンを形成することになった。次いで，1603年，処女王エリザベス1世が子種を残すことなくして死去したので，当時，独立の王国であったスコットランドの国王ジェームズ6世がイングランド王の血を引くという理由で，両国は，同君連合を敷くことになった。それから，100年有余の間，両国は，さらに関係を深め，1707年，ついに，対等合併して，グレート・ブリテンを形成した。

さらに，1800年，イギリスは，アイルランドと連合王国を形成したが，1916年の"イースター蜂起"（Easter Uprising 1916）(16)を契機として，アイルランドは，イギリスのくびきから脱し，独立の道を歩み始めた。ところが，プロテスタント系住民の多い北アイルランドだけは，1921年，住民投票により連合王国に残留する道を選択した。これに対して，南アイルランドは，これを拒否したため，イギリスは，今日のように「グレート・ブリテンおよび北アイルランドとの連合王国」に落ち着いたのである。

2.2　ウェールズ

領域的には，20,761 km²，連合王国全体で4.6％の人口（300万人）をもつ。

---

(15) イングランドは，その後，1066年に，フランスの北部ノルマンディ公国のウィリアム1世（征服王，William the Conqueror）により征服された。いわゆるノルマン人のイングランド征服（Norman Conquest）である。1066年以前をアングロ＝サクソン時代と呼び，征服以後，ノルマン王朝は，強力な中央集権化を図り，今日へ続くイギリス憲法史の扉を開くことになる。

(16) ダブリンを中心にアイルランド共和国の樹立を目指して愛国者たちが蜂起した。蜂起そのものは自殺行為だったが，その後，南アイルランドの独立を促す原因となった。

ウェールズ（Wales，ウェールズ語でCymru）なる語は，イングランドから見て「異邦人の地」を意味する言葉である。ウェールズは，11世紀頃，いくつかの小部族王国の集合体であった。しかし，1282年，そのうちの比較的大きな王国のルウェリン公（Prince Llewellyn the Last）の時，イングランド軍に敗退した[17]。これがきっかけとなり，ウェールズは，全体的にイングランドに征服された形になったようである。その後，ウェールズは，1284年のウェールズ法より，イギリス法，すなわちコモン・ローに従属することになった[18]。しかし，ウェールズ語，ウェールズの慣習法が，それにより，直ちに消滅したわけでない。それ以降も，イングランドの言語，法などと併存していたようである。しかし，両国は，バラ戦争の終結する1485年以降，次第に統合されて行った。その背景には，バラ戦争後に即位したヘンリー7世が，ウェールズ人の血を引いていたからとも言われている。

　最終的に，両国は，ヘンリー8世の治世下，1536年，合併法（Act of Union 1536）により，永続的に統一された。これにより，ウェールズにはイングランド式の行政制度が導入され，ウェストミンスター議会へ代表を送る権限が与えられ，また，英語がウェールズの公用語となった。これにより，ウェールズ語は公式には使用が禁止されたが，1536年，エリザベス1世が，聖書のウェールズ語訳を命じたので，かすかにウェールズ語は残存できた。イングランド式の行政制度とは，州（シャイア）を行政単位とするイングランドのシステムのことである。さらに，ウェストミンスター（ロンドン）で作られる法律はすべてウェールズに拡大したとみなされた[19]。さらに，1830年，単一の裁判制度が導入された。

　しかし，19世紀から20世紀にかけて，ウェールズの中に，強いナショナリズムの高揚が見られ，ウェールズの利益を求める要求が高まった。このナショナリズムは，ウェールズの場合，自治政府，自治議会を求める政治的な意味合いよりも，教育制度の改革やウェールズ国教会体制の廃止を求める宗教的な問

---

(17)　Munro, *op. cit.*, at p. 19.
(18)　たとえば，Barnett, H., *Constitutional and Administrative Law*, 1995, at p 52.
(19)　同上書。また，グラッドストンは，「わが国の憲法にとって，イングランドとウェールズの区別は，……トータルにみて，不知である」（Bogdanor, Varnon, *Devolution*, London, 1979.）。

題と絡んでいることに主な特徴がある[20]。とくに，後者の問題は，特定の教会だけが特権を与えられていることに対する不満の表れであり，結局，1914年，ウェールズ非国教法（Welsh Disestablishment Act 1914）が制定され，ウェールズの国教会は非国教化された。しかし，1925年，ウェールズ語の促進，さらなるウェールズの利益，ウェストミンスター議会への代表などを求めてウェールズ国民党（Plaid Cymru）が設立され[21]，ナショナリズムの高揚も次第に政治的・文化的意味合いと結びつくようになった。

しかし，政治的な地方分権あるいは自治権移譲が現実化するのは，第二次世界大戦後のことである。1949年，労働党，自由党，あるいは保守党を含めた党派的な形で，ウェールズ自治総会の設置を求める運動が起こり，ウェストミンスター議会にそうした請願書も提出されたこともあるのである。

これにも増してナショナリズムの進展を導いたのは，ウェールズ語への高揚である。ウェールズ語を使用する住民は，これまでウェールズの北部と西部地域にかぎられていたが，1962年，BBC（ラジオ）で，「ウェールズ語の将来は自治よりも重要で，ウェールズ語のみがウェールズの政治やナショナルなイデオロギーの基礎をなす」[22]と説かれた。次いで，1964年，ウェールズ語によるBBCテレビ放映も開始された。1967年，英語とウェールズ語を同等に扱う「ウェールズ語法」（Welsh Language Act 1967）が制定され，ウェールズの公文書および裁判所におけるウェールズ語の使用に関するこれまでの制限を除去した。これにより，たとえば，ウェールズにおけるいかなる訴訟においてもウェールズ語の使用が許されることになった。

1951年，政府行政部門にウェールズ関係局が設置され，さらに，1964年，ウェールズにおける国家政策の執行を監視する責任を持つ最初のウェールズ大臣が任命された。

---

(20) 同上。
(21) 同上。
(22) 同上書182頁参照。

2.3 スコットランド

スコットランドは，広さにして，78,772 k㎡，イングランドの5分の3であり，人口は，連合王国の8％（520万人強）である。

スコットランド国旗は青字に白のななめ十字架，すなわち守護神 St. Andrew's Cross で，国花はあざみで有名である。

ローマ時代，スコットランドは，ブリタニアの北部，すなわちカレドニアにあり，そこには先住民としてピクト族（Picts）が割拠していた。紀元後6世紀，アイルランド（スコット人の地を意味するスコッティアとも呼ばれた）からケルト系スコット人（Scots）が移住してくる。彼らは，先住民ピクト人と対抗しつつ，後のスコットランド王国の母体となった。また，カレドニア南部からイングランド北部にかけて，北上するアングロ＝サクソンに追われたブリトン人が住みついた。9世紀，スコットランドの各地のケルト系住民は，バイキングの侵入に結束して戦った。さらに，10世紀以後，スコットランドは，北上するイングランドに一体となって対抗する勢力となり，次いで，11世紀，マルコム2世（Malcolm II：在位1005-34）およびその孫ダンカン1世（Dancan I：在位1018?-40）の頃，すべてのスコットランド王として支配権を確立する。

以後も，イングランドとの闘いは続くが，中世時代に，スコットランドの独立戦争は，1314年の"バンノックバーンの闘い"（Battle of Bannockburn）で最高潮に達する。この闘いで，スコットランド王ロバート・ブルース（Robert Bruce）は，イングランド王エドワード2世率いるイングランド軍に輝かしい勝利を収めた。また，これを契機に，スコットランド人は，イングランドよりも，ヨーロッパ大陸，とくにフランスおよび他の大陸諸国[23]（the Low Countries）に目を向けるようになって行く。このプロセスを通じて，スコットランドは，次第に，ローマ法に起源を有する大陸法を採用するに至った[24]。同時に，スコットランドは，中世時代を通じて，イングランドの征服の試みによく耐え，独立を保った。

---

(23) 主としてオランダ，フランダースなど。これらの諸国の大学で，多くのスコットランド学生がローマ法を学び，帰国してスコットランドへ大陸法をもたらした。
(24) Blackburn, R. & Plant, R., *Constitutional Reform*, 1999, at p.000.

第6章　イギリス憲法と連合王国の形成　87

　2つの王国を1つに結び付けようとする力は，1503年の，スコットランド王のジェームズ4世とイングランド王ヘンリー7世（Henry VII：在位1485-1509）の娘であるマーガレット（Margarett）との婚姻であろう[25]。この試みは，それから100年後に花咲く。というのも，1603年に，エリザベス1世が子種なくして死去したとき，ヘンリー7世の孫であるスコットランドのジェームズ6世がジェームズ1世としてイングランドの王位に就くことになるからである。いわゆるイングランド・スコットランド両王国の同君連合（royal unification）の成立である。

　しかし，これによっても，両国は，この段階では，それぞれ別個の憲法と議会を持ち，宗教上の違いと経済上の対抗関係により，両国はさらにもう1世紀，別個のままとどまった[26]。この1世紀は，両国をさらに強固にするに十分の時間を与え，1707年，両国は，条約を締結して，合併することに合意した。この合意は互いに自発的であり，ウェールズやアイルランドとの合併の場合とはかなり異なる。この合併により，それぞれの議会は，互いの主権的議会を廃止して，ウェストミンスターに新しいグレート・ブリテンの議会を設置することにしたのである[27]。さらに，合併法は，私法と裁判所組織に関して別個のスコットランド法制度を保障し，また，長老教会（Presbyterian Church）[28]を維持することを約した[29]。しかしながら，共通の議会，共通の国旗，租税，および貨幣を諒承したのである[30]。

　合併後，スコットランドの裁判組織は，民事事件については，Court of Session[31]が，また，刑事事件については，High Court of Justiciary[32]が，ス

---

(25) Barnett, *op. cit.*, at p. 54.
(26) *Ibid.*
(27) ウェストミンスターの新しい議会の貴族院には，16名のスコットランド貴族が，また，庶民院にはスコットランドに45議席が与えられた。
(28) カルヴァン派の系列に立つプロテスタント教会の一派。
(29) 「合併法は，スコットランドに多くの異なった特徴を残すことを許した。スコットランド教会の地位，スコットランド法の永続的な自律性と法制度，地方政府の組織（Royal Burghs），異なる教育制度はすべて維持された。」（Blackburn & Plant, *op. cit.*, at p 252）
(30) Barnett, *op. cit.*, at p. 56.
(31) その下にSheriff Courtがある。民事事件は，さらに，Court of Sessionからロンドンの貴族院に上訴できる。

コットランドにおける最高の裁判所となった。しかし，民事事件に関しては，Court of Session が終審であるのに対し，刑事事件については，High Court of Justiciary から，さらにロンドンの貴族院（イギリスの最高裁判所で，同時に議会の上院）に上訴できるものとされた。

　行政レベルでは，最初，スコットランドの利害は，スコットランド国務大臣によって代表されていたが，やがて，それは，法務総裁（Lord Advocate）の職責にとって代わられた。しかし，1885 年，スコットランド大臣省が設置され，1928 年には閣僚としてのスコットランド国務大臣が担当ポストに就くことになった[33]。さらに地方分権法としての 1998 年スコットランド法が成立するに及び，現在ではスコットランド自治政府がこの機能を継承している（後述第 8 章の地方分権を参照のこと）。

　2011 年 5 月のスコットランド自治議会の選挙で，スコットランド国民党（SNP）は，連合王国からの分離独立を問う住民投票を公約に掲げて単独過半数を勝ち取った。2014 年 9 月 18 日にイギリスからの分離独立を問う住民投票が行われた。この行方と問題点については同じ第 8 章の地方分権（スコットランドの項）で詳細を述べたので参照されたい。

2.4　北アイルランド

　北アイルランドは，ブリテン島の西隣りに寄り添うような形で位置するアイルランド島の北部にあり，人口 170 万人，面積にして約 13,000 km^2 の領域をもつ。南のアイルランド共和国の首都がダブリン（Dublin）であるのに対し，北アイルランドのそれはベルファースト（Belfast）である。

　国旗は，英国旗ユニオン・ジャックの一部を構成している St. Patric cross 旗，すなわち白地に赤の斜め十字である St. Patric Cross である。

　北アイルランドの成立史は，17 世紀に，ジェームズ 1 世の下で行われた各層プロテスタントによる大規模な「アルスター植民」[34]に端を発する。この植

---

(32)　その下に，Sheriff court と district court が置かれる。
(33)　スコットランドへの行政権の分権は，農業，漁業，地方行政，刑務所，健康保険および教育を執行するために創設された複数の委員会（Boards）を含んでおり，これらはスコットランド国務大臣の監督に下で機能を果した（Barnet, *op.cit.*, at p 56）。

民は，先住民たるアイルランド人にとって容赦のない「原住民の追い立て―清掃（クリアランス）を伴う」[35] ものであって「出発の日を限られ」[36]，彼らは，結局，西方の岩質の多い土地に行くしかなかった。宗教的にはカトリックを信奉し，「劣悪な条件[37]の地域に追い込められ」，やがて，プロテスタント系移民（3分の2の多数派）の小作人になる以外に道はなかった。今日も，彼らが経済的に低い階層に置かれているのは，こうした歴史的事情によるものなのである。そして「若干の例外を除けば，良好な土壌に恵まれた地域」[38]に定着したプロテスタント系住民は，どちらかというと，今も経済的に優位な立場に置かれていると言われている。

アルスター（Ulster）とは，アイルランド全島を4区に分けたうちの北部を指す。4区とは，東部レンスター，西部コナハト，南部マンスター，および北部アルスターであり，全島で32県をうちにもつ。そのうち，北部アルスターは，本来9県から成っているが，南北アイルランドが分割される際，プロテスタント系住民の少ないキャバン，ダニゴール，モナハンの3県は除かれ，アントリム，アーマー，ダウン，ファーマナー，ロンドン・デリー，およびティロンの6県だけが，北アイルランドを形成するに至った。

(1) 南北分断の歴史

アイルランドにおける1782年から1800年までの時代をしばしば「グラタン議会時代」[39]と呼び，イギリスの統治下でも，かなり自治権の行使ができた時代であった。しかし，同時に，アイルランド人の民族意識に対するイギリスの

---

(34) アルスター移民は，この地で，プロテスタント系住民が多数派となるまで，続けられたのである。エイダン・クラーク「アルスターの植民地化と1641年の蜂起（1603-90）」（ムーディ，T. W.，マーチン，F. X. 編著〔堀越智監訳〕『アイルランドの風土と歴史』〔論創社・1982年〕213-28参照）。
(35) 大野真弓編『イギリス史』（山川出版社・1984年）431-6頁参照。
(36) 同上書34頁。
(37) 松尾太郎『アイルランド問題の史的構造』（論創社・1983年）193頁参照。
(38) 同上書192頁。
(39) 従来のアイルランド議会は，イギリスに議会主権が確立して後，法案は，ポイニング法（Poyning's Law）に基づき，すべてイギリス議会の承認を必要としていた。しかし，1782年から8年間のグラタン自治議会（Grattan's Parliament）の下では，イギリス議会の承認を得るという

弾圧は一層強化され，1800年，ついにアイルランド議会はみずから解散を決議した。こうして，アイルランドはイギリスに併合され，「グレート・ブリテンおよびアイルランドの連合王国」が成立した。

しかし，1916年，アイルランドで革命の萌芽とも言うべき「イースター蜂起」が生じた。蜂起そのものは，イギリス政府により，直ちに鎮圧されたが，その2年後，すなわち1918年，ウェストミンスター議会の総選挙が行われ，アイルランドの民族主義政党であるシン・フェイン党（Sinn Fein）は大勝利を収めた。この勝利を機に，彼らは，ウェストミンスター議会への出席を拒否した。次いで翌1919年，アイルランドにおいて「国民議会」を召集し，4つの決議を行った。1つは，アイルランド統治に関する5ヶ条から成る「国民議会憲法」の公布，2つは，連合王国からの独立を宣言（ここでは，1916年のイースター蜂起の時に宣言された共和国を国体とするものであった），3つ目は，各国への独立の承認を求めること，そして4番目に，「民主化計画」を盛り込む4つの決議を行ったのである。

(2) 北アイルランドの成立とストーモント自治議会

アイルランドが北と南に分断されたのはこの時である。イギリスは，この状況に至るや，1920年，議会において「アイルランド統治法」(the Government of Ireland Act 1920) を成立させ，南北それぞれに，自治政府と自治議会を認めようとした。北部アイルランドとは，事実上，アルスター地域のことで，その地で多数派を占めるプロテスタント系住民は，もしアイルランド全土が独立すれば，少数派に陥るところから，従来通り，イギリスとのユニオン（結合）を望むものであることは言うまでもなかった。この結果，北アイルランドは，先の「アイルランド統治法」を受け入れ，翌1921年，北アイルランド自治政府とストーモント自治議会[40]は成立したわけである。しかし，アイルランド島32県中，カトリック系住民から成る26県が，南アイルランドを形成し，「ア

要件が除去されたのである。なお，グラタン（Henry Grattan, 1746-1820）は，アイルランドの政治家であり，1775年にアイルランド議会の議員となった後，1782年から1800年まで，彼のリーダーシップにより，事実上のイギリスからの独立を勝ち取った。

イルランド統治法」を拒絶し，イギリスからの完全独立を宣言した(41)。イギリス政府は，ついにイギリス＝アイルランド条約（Anglo-Irish Treaty）の締結を余儀なくされ，1922年，南は「アイルランド自由国」(42)（Irish Free State）としてイギリスから自治領の地位を獲得していった。

他方，北アイルランドは，その後，50年にわたって，連合王国の下で，自治機能を享受してきた(43)。しかし，1968年，2軒の公営住宅へ不法入居しているとの理由で立ち退きを強制された困窮カトリック家族の扱いをめぐって，カトリック系住民の激しい公民権運動に発展していった。そのような中，1972年1月30日のいわゆる「血の日曜日」事件を契機として，北アイルランドの自治政府は遂に崩壊し，それに代わってイギリス政府は直接統治に乗り出した。もちろん，これにより北アイルランド自治議会も廃止された。

1972年3月8日，北アイルランドの地位を問う住民投票が行われ，60％が今後とも連合王国内にとどまるとの結果が出された。これを受けて，1973年，北アイルランド総会法（Northern Ireland Assembly Act 1973）が制定され，北アイルランドに新たな自治議会が設置された。旧議会が二院制をとっていたのに対し，新しい議会は一院制となった。さらに，1973年北アイルランド基本法（Northern Ireland Constitution Act 1973）が制定され，1条において北アイルランドが女王陛下の自治領（dominion status）とされ，この地位は北アイルランド住民の多数の意思によるとした。また，これにより，1974年1月1日，北アイルランドは，イギリスによる直接統治を脱してプロテスタントとカトリック両派の権力分担型宥和政府を打ちたてることに成功した。しかし，この宥和型政治は5ヶ月後に崩壊し，再度イギリスの直接統治を招くことになった。

(40) 当初，北アイルランドのベルファースト（Belfast）設置されたが，1932年からは，Stormont に設けられ，ストーモント自治議会と称されている。二院制で，下院は52の議員，上院は24名の議員から成る。一方，北アイルランドは，ウェストミンスターに12名の国会議員を送ることが出来た。国会自体は，一定の事項，すなわち，国防，外交関係，郵便およびコイン鋳造などが留保され，その下で，北アイルランド自治議会は自治立法を制定できた。
(41) 首都をダブリンとし，当初，そこに議会を設置した。
(42) アイルランドはその後1937年にみずからをアイレ（Eire）の国名による独立国家と宣言し，憲法を制定した。その後，アイレは，1949年，国名をアイルランド共和国とした。これとともに，イギリスは，同年，ようやく，議会制定法により，アイルランド共和国を独立国家として承認した。
(43) ダブリンに自治議会を設置した。

その後の発展は第8章を参照されたい。

2.5 連合王国と海峡諸島およびマン島

イギリスを地形的に見るとき，2つの特異な地域，すなわち，マン島（Isle of Man）と海峡諸島（Channel Islands）について言及しておかなければならない。前者は，ブリテン島とアイルランド島との中間に浮かぶマン島であり，後者は，イギリス海峡の南部，フランス北岸近くにある海峡諸島である。これら2つの諸島は，正式には，連合王国を構成しないが，かといってイギリスの植民地の扱いとも違い，女王陛下の自治領（dominion）とされている。自治領なので，そこには，女王陛下の代理人である総督（Governor-General）がいる。しかし，イギリスという場合，その中には，しばしばこれら2つの諸島が含まれることに注意しよう。さらに，これらの諸島は，いくつかの法の中で，イギリス（連合王国）の一部となる場合もあり，ユニークな存在である[44]。

マン島の文化・伝統は，ノルウェー王の支配下にあった時代に遡る古いもので，そこには今も多くのスカンディナヴィアの慣習が残る。マン島の議会（Manx Parliament）は，"ティンウォルド"（Tynwald）と呼ばれ[45]，ブリテン諸島ではもっとも古い議会である。防衛，国籍など重要な事項については，ウェストミンスター議会が立法権を行使するが，課税権など，一定の事項については，マン島議会が立法権をもつ。ただし，それには女王の同意を要するとされている。また，司法権は，"ディームスター"（deemster）と呼ばれる裁判官によって行使され，マン島からの上訴は，イギリスの枢密院司法委員会に対してなされる。

他方，海峡諸島は，フランス北海岸に近く，かつてはノルマンディ公領だったところであり，英語はもちろん，フランス語も使用されている。海峡諸島のメインランドであるジャージー島（Jersey）とガーンジー島（Guernsey）には，それぞれ議会があり，そこでの立法についても，女王の承認を得ることが要求

---

(44) de Smith and Brazier R., *Constitutional and Administrative Law*, 7th ed., 1994, at p. 59. 1981年の国籍法の下では，海峡諸島とマン島は連合王国としてとりあつかわれている。

(45) 両院をもち，そこで作られる法は，毎年7月5日（Tynwald Dayという），ティンウォルドの丘（Tynwald Hill）で，英語とマン語で，公布されて始めて法になるとされている。

されている。

3 イギリス連合（コモンウェルス）とは

　前2節において，イギリス，すなわち連合王国とそれを構成する各地域（歴史的には国）がどういうものか，述べてきた。第3節，第4節においては，イギリスの内でなく，外との関係で，「イギリス連合」(the Commonwealth of Nations) について述べることとする。イギリス連合とは，イギリス本国を中心に，かつて存在した「大英帝国」(the British Empire) が解体して後，イギリス本国とかつて大英帝国のもとにあった地に打ち立てられた諸国の大部分との国家連合を指す。大英帝国の解体の後，成立したという点で，大英帝国は，イギリス連合の前身であるといえよう。ちなみに，大英帝国は，イギリス本国と自治領・植民地からなり，帝国主義に基づき，7つの海を支配し，19世紀中頃までに，ピークに達したとされる[46]。

　"イギリス連合"（コモンウェルス）という言葉は，聞きなれない言葉である。それは，しばしば「イギリス連邦」と訳されることが多い。しかし，法的には，少しも連邦でなく，国家連合 (association of nations) にすぎない[47]。イギリス連合を構成する国は，連合王国すなわちイギリス自身と，かつて大英帝国の一部であった領域で，現在では，大英帝国から独立した諸国から成る。

　それらの諸国で，現在，イギリス連合の一員である国は，2つのカテゴリーに分類されよう。1つは，形式上，自治領と呼ばれている構成国で，これらの諸国は，1931年ウェストミンスター法 (Statute of Westminster 1931) によって，連合王国議会から独立を認められた国々である。カナダ，オーストラリア，ニュージーランド等の国々がそうである[48]。

---

(46) もっとも，イギリスは，20世紀に入っても，植民地獲得にしのぎを削り，とくにアフリカが主要な目標とされた。
(47) 田中英夫『英米法総論上』（東京大学出版会・1986年）341頁以下参照。
(48) ここで自治領とされたのは，カナダ，オーストラリア，ニュージーランド，南アフリカ連邦，アイルランド自由国およびニュー・ファウンドランドの6つだけであった。このうち，今日でもイギリス連合の一員となっているのは，カナダ，オーストラリア，ニュージーランド，それに，一たん脱退したが再び加入した南アフリカ共和国だけである。

もう1つは，1931年のウェストミンスター法以降に，連合王国議会の特別の法律により，独立を取得した国々である。例えば，1947年のスリランカや1960年のナイジェリア[49]，あるいは1981年のベリーズがそうである[50]。

これら2つのカテゴリーのうち，前者に属す諸国は，1931年のウェストミンスター法により独立した後も，イギリスと行政上の何らかの繋がりを有している。この点，憲法上の問題として把握しておく必要があろう。すなわち，カナダやオーストラリアやニュージーランドのような国は，今もイギリスと同じ立憲君主制の国であり，その場合の君主は，イギリスの君主と法的には別人格であるが，同一人物である。しかし，それらの国では，君主の代理として総督（Governor-General）が置かれる。総督は，行政部の長であり，憲法習律では，その国の首相の助言により，国王が任命することになっている。もっとも，この場合の任命とは，イギリス国王の任命をいうのではなく，その国自身の国王として任命するのである。

しかし，イギリスの国王がこれら自治領の別個の国王であるといっても，イギリス本国において王位継承や退位のような事態が生じた場合，自治領がまったく無関係な立場ではいられない。したがって，例えば，1936年，イギリスの国王エドワード8世（Edward VIII：在位 1936.1-36.12）が，離婚歴のあるアメリカ女性（シンプソン夫人）との結婚をめぐって，国論を賑わせた時，結局，国王は結婚の道を選んで退位したが，その背景には，イギリス連合諸国，とくにカナダ，オーストラリアなどの諸国からの厳しい声があったことは見過ごせない。同様に，イギリスのチャールズ皇太子に，将来，王位継承という問題が生じた場合も，ダイアナ元妃との離婚の経緯もあり，これらの諸国からいかなる意見が出さるか，関心が持たれるところである。現在，イギリス連合への加盟国は，54ヶ国[51]である。

かつてはイギリス連合においては，互いに最恵国待遇やポンド決済圏として

---

(49) ナイジェリアは，民主制を欠き，また人権も無視する政策を行っているとの理由により，現在，イギリス連合の成員としての資格を停止されている。See Bradley and Erwing, *op. cit.*, at p. 368.

(50) 逆に，例えば，南アフリカ共和国のように，アパルトヘイト政策を国際社会に非難された結果，1961年に，イギリス連合から脱退した国もある。ただし，南アフリカ共和国は，その後，30年を経て，アパルトヘイト政策を止めたので，1995年，イギリス連合に復帰した。

の実質的な意味があったが，現在ではそれらの実体はなくなった。しかし，文化的・政治的な観点から見れば，構成国のほとんどに，英米法すなわちコモン・ローが定着し，言語的にも英語が公用語として残存するなど，共通の文化的・歴史的刻印が残っていることに留意しよう。

4 イギリス連合の特徴

4.1 平等の地位

1920年代までに，大英帝国内の自治領は，次第に，国家としての骨格を備えるようになって行った（A. W. Bradley and K. D. Ewing, *Constitutional and Administrative Law*, 12th ed., 1997, at p. 364）。そこで，1926年に，帝国会議（Imperial Conference）が持たれ，次のような宣言がなされた。

> 「大英帝国内の自律的な共同体は，地位において平等であり，国内もしくは国外的な地位において，他に従属することはない。ただし，それぞれは，王冠に対する共通の忠誠心によって結ばれており，イギリス連合（The British Commonwealth of Nations）の成員として自由に連合するものである。」

これにより，イギリスと自治領は，事実上，互いに平等な地位に置かれたが，改めて，イギリス議会は，1931年のウェストミンスター法を制定し，この宣言の内容を公式のものとした。これを受けて，同法第4条によれば，イギリス議会の将来の法律は，自治領が，明確に，そのように要求しない限り，法の一部として，自治領に及ばない，と規定した[52]。

4.2 （イギリスの）女王である首長

1931年法が定められる前，1919年，イギリスの枢密院司法委員会は，「王冠

---

[51] カナダ，オーストラリア，ニュージーランドはもちろん，インド，マレーシア，シンガポール，ガーナ，ケニア，ドミニカ，トンガ，ツバルなどである。詳細は，田中英夫編『英米法辞典』（東京大学出版会・1991年）巻末の「コモンウェルス構成国」の表を参照のこと。2002年改正法により，カメルーン，モザンビークが新たに加盟。

[52] しかし，イギリス議会の影響は，その後も続いた。例えば，カナダの憲法的地位にあたるものは，1967年にイギリス議会が制定した「北アメリカ法」が存在したが，その後，1982年に，再び，イギリス議会はカナダの憲法（Canada Act 1982）を制定したのである。

は、「大英帝国において一つであり，不可分（indivisible）である」と述べた（*Theodore v Duncan*〔1919〕AC 696, at p. 706）。1931年法では，前文で，王冠が，イギリス連合の成員の自由な結合の象徴であり，成員は，王冠への共通の忠誠心によって連結されるものであること，と規定され，やはり，王冠は1つであり，不可分のものと考えられていた。しかし，「王冠が法的に政府の具現者であるとするならば，多くの植民地の責任政府，あるいはカナダおよびオーストラリアの憲法に照らして，（王冠による）結合性は，維持できないものであった」(53)。

さらに問題になったのが，1947年8月のインド独立であり，1931年体制を変更せざるをえない事態となった。というのは，インドは，独立するに当たって憲法を制定し，共和国に移行するとした。しかし，他方で，同国は，憲法制定後も，イギリス連合の一員としてとどまりたい旨を表明したからである。これは，あきらかに，1931年体制に反する。なぜなら，イギリス連合へ加盟することは，王冠に対する共通の忠誠によって結合されねばならないからである。

そこで，1949年，構成国首脳会議が開かれ，解決がはかられることになった。その会議は，ロンドンで開かれたので，そこでの宣言を"ロンドン宣言"と呼んでいるが，「王冠は，イギリス連合を構成する諸国家の自由な結びつきの象徴であり，そのようなものとして，イギリス連合の首長（Head of the Commonwealth）である」ことを宣言した。重要なことは，イギリス連合への条件が王冠に対する共通の忠誠から，単なる"首長"としての地位に変更されたことを意味する。これにより，インドは，共和制国家となったが，王冠への忠誠を前提とせず，単にイギリス連合の首長であることを認めれば，連合の一員にとどまることが可能となったのである。こうしてアジアの大国の1つであるインドもイギリス連合の一員となっている。

また，王冠は不可分のものから可分のものとなり，イギリスの国王とカナダ，オーストラリアの国王は，同じ人物ではあるが，法的には別人格のものとなった。さらに，アジアのブルネイや太平洋上のトンガのように，独自の国王を君主とする国も，加盟できるものとなっている。

---

(53) Brandley & Ewing・前掲書366頁。

なお，この時より，イギリス連合は，"The British Commonwealth of Nations" から，単に "The Commonwealth of Nations" と呼ばれることになった。こうして "British" はとれたが，ここでは，従来通り「イギリス連合」のままとする。前のコモンウェルスを「第1次コモンウェルス（イギリス連合）」とするならば，1949年以降のコモンウェルスを「第2次コモンウェルス（イギリス連合）」と呼ぶ言い方もできよう。

4.3　枢密院司法委員会への上訴

もともと，イギリスの枢密院司法委員会（Judicial Committee of the Privy Council）は，海外の属領の裁判所からの上訴を受理して判決を下してきた。これは，国王大権に基づくもので，枢密院司法委員会が国王に代わってこの大権を行使してきたのである。

この管轄権を，イギリス連合を構成する国が，廃止していれば別であるが，これを維持している場合がある。その場合は，今も，構成国の裁判所から，イギリスの枢密院司法委員会に上訴されうるのである。

第7章 イギリスとヨーロッパ

1 ヨーロッパ連合（EU）

1.1 はじめに

　第二次世界大戦後のイギリスは，みずからをヨーロッパの中でどのように位置づけるか苦悩しているように見える。1946年，ウィンストン・チャーチル (Churchill, Winston：首相1940-45, 51-55) は，廃墟と化したオーストリアのチューリッヒ大学で，"ヨーロッパ合衆国のようなもの"（a kind of United States of Europe）を作らねばならないと呼びかけた[1]。しかし，その後のヨーロッパの統合論は，2つの道に分かれた。1つは，国家主権の制約を伴わない「ヨーロッパ自由貿易連合」（EFTA）であり，もう1つは，国家主権の制約を伴う「ヨーロッパ共同体」（EC/EU）であった。2つのうち，イギリスは，ヨーロッパでの位置づけを，前者すなわち「ヨーロッパ自由貿易連合」に加盟する道を選択した。

　しかし，大英帝国は潰え，また戦後多くの植民地が独立する中で，イギリスはこれまでの経済的繁栄を失い，ずっと経済的不況（しばしば"イギリス病"と呼ばれる）から立ち直れないでいた。他方，ヨーロッパ共同体（EC）は，黄金の60年代といわれる繁栄を見せていた。遂に，イギリスは，ヨーロッパ自由貿易連合を離れ，また，オーストラリアなどイギリス連合諸国との経済的紐帯をも断ち切って，ヨーロッパ共同体（EC）へ加盟する道を選ぶことにした。

---

[1] チャーチルは，この中で，フランスとドイツとの間のパートナーシップが不可欠であると付け加えている。See Alder, J., *Constitutional and Administrative Law*, 1999, at p 174.

1.2 イギリスのEC加盟

　1950年，フランスの外務大臣であったロベール・シューマン（Schuman, Robert: 1886-1963）は，ジャン・モネ（Monnet, Jean: 1888-1979）の協力を得て，シューマン・プラン（*Schuman* plan）を発表した。それによれば，独仏和解の上で，西ヨーロッパの石炭および鉄鋼産業を統合して，最高機関の管理のもとに置こうとした。当時，石炭・鉄鋼といった独仏国境沿いにある資源は，独仏のみならず，ヨーロッパ戦争の火種になっていた。戦後，独仏の和解を前提に，これを共同管理の下に置いて，これらの産業に対する各国の軍事的野心を除去し，西ヨーロッパに平和をもたらそうというものであった。こうして，ベルギー，フランス，西ドイツ，イタリア，ルクセンブルグ，およびオランダの6ヶ国が，1951年，最初の共同体であるヨーロッパ石炭鉄鋼共同体（ECSC）を設立するパリ条約に署名した。条約は，各国議会により批准され，翌1952年に発足した。

　次いで，6ヶ国は，さらに，1957年，もう2つの共同体，すなわち，ヨーロッパ経済共同体（EEC），それにヨーロッパ原子力共同体（EURATOM）を設立するローマ条約に署名した。その後，3つの共同体にそれぞれ存在する諸機関を機関統合して共通のものとし，さらに，3つの共同体は，"EC"すなわち「ヨーロッパ共同体」という総称で呼ばれるようになった。

　1973年，イギリスは，デンマーク，アイルランドとともに，当時の拡大ECに加盟した[2]。加盟にあたっては，それぞれ加盟条約に署名すると同時に，個々の共同体を設立した3つの基本条約の効力を国内に及ぼさなければならない。この場合，もし，憲法が，条約に対して，一元論（条約を締結すると，その効力が国内へ及ぶとする憲法の立場）をとっていれば，条約の効力はそのまま国内に及ぶが，二元論（条約を締結してもその効力は国内に及ばないとする憲法の

---

(2)　その後，1981年にギリシャが，1986年にはスペインとポルトガルが，1995には，スウェーデン，オーストリアおよびフィンランドが加盟し15ヶ国となる。続いて，2004年に次の10ヶ国，ポーランド，ハンガリー，チェコ，スロヴァキア，スロヴェニア，エストニア，リトアニア，ラトヴィア，マルタおよびキプロスが加盟して20ヶ国に，さらに2007年にブルガリアとルーマニア，そして2013年にクロアチアが加盟するに及んで加盟国は28ヶ国となり，現在に至っている。

立場) をとっていれば, 改めて立法措置をとらねばならない。この点, イギリスの憲法は, 厳格な二元論の立場をとっているので, ヨーロッパ共同体に加盟するため, ウェストミンスター議会は, 共同体諸条約を国内法化する必要性に迫られた。こうして, イギリスは, 1972年,「ヨーロッパ共同体法案」(European Communities Bill 1972) を議会に上程した。

1.3 1972年EC法と議会主権

同法案は, 僅差で議会を通過し, 国王の裁可を得て,「1972年ヨーロッパ共同体法」(以下, 単に「1972年EC法」と称する) となった。この法は, イギリスのヨーロッパ共同体への加盟を承認し, 共同体法の効力をイギリスの国内に及ぼす法である。議会が作ったという意味で形式的には, 法律であるが, 内容を見れば, 法律というレベルを超えて, 憲法レベルのものと考えるべきである。というのは, この法により, イギリスの統治機構全体が, 共同体に大きな影響を受け, かつヨーロッパ共同体の立法部が作る共同体法を将来にわたって, イギリスの国内法とすることを, あらかじめ受け入れる内容を含んでいるからである。かくして, 1972年法は, イギリスの重要な憲法の1つと考えるべきである。また, このように, 議会が憲法事項まで踏み込むことができるのは, 後述するように, イギリス議会が主権を有しているからである。

しかし, ことはそれほど簡単ではない。というのは, EU司法裁判所が, いくつかの判例で, ヨーロッパ統合法の直接適用性と, 国内法に対する優位性を確立しているからである。議会が1972年EC法を制定して, これらの判例をも受け入れなければならないとするならば, 困難な問題を呈することになる。というのは, イギリスの議会は, 上述したように, 主権を有し, 国内法体系の中で, 議会の作る法が最高位の効力を持つとしている。したがって, 1972年法を制定することで, ヨーロッパ統合法の優位性をも認めたとするならば, 議会は, 自らの主権を自ら放棄したかもしくはそれに近い制約を受け入れたと捉えられかねない。しかし, 議会主権はイギリス憲法を支える主柱である。だとすれば, イギリスは, ヨーロッパ連合 (EU) に加盟している中で, ヨーロッパ統合法の優位性と, イギリス議会の作る法の優位性という互いに矛盾する問題を抱えたまま加盟していることになる[3]。これについては, 議会主権のと

ころで，改めて考察する。

1.4 イギリスとヨーロッパ合衆国への道

1970年代に，世界不況の波を受けて，一時，ヨーロッパ統合は停滞したが，1980年代に入り，単一ヨーロッパ議定書により，ヨーロッパ統合は，再発進することになった。かくて，1992年末までに，人，もの，サービスおよび資本が自由に移動する単一の域内市場（internal market）が形成された。さらに加盟各国によりマーストリヒト条約（Maastricht Treaty，正式には，EUもしくはヨーロッパ連合条約）が署名され，そこでは，ヨーロッパ統合が，ユーロという単一通貨を発行する金融通貨同盟（EMU）にまで発展した[4]。さらに，統合の方向は，これまで経済的側面のみにとどまっていたのが，その範囲を超えて政治統合を包含する段階へ大きく進展した[5]。これにより，ヨーロッパ統合は，ヨーロッパ合衆国をめざす方向にまた一歩進展したとも言えるかもしれない。

このように統合が進展していけばいくほど，各構成国の主権はますます制約され，これまで各国にあった政策立案の主導権は一国の中央から超国家としてヨーロッパ連合の中央へ，すなわち，イギリスの視点でいえば，それはロンドンからブリュッセルへとますます移って行く。そのような状況下で，イギリス憲法，なかんずく議会主権が何らの影響を受けることなく，統合が進んでいくことなどいよいよ難しくなっていくであろう。イギリスにおいて，国家主権の制約は，即議会主権の制約へつながる問題であり，法的に無制約の主権を持っていたウェストミンスター議会は，EUとの関係に関する限り，大きく変容を迫られているといってよい。

1997年5月に行われた総選挙で，長期にわたり政権を担当してきた保守党

---

(3) スカーマン卿（Scarman, Sir Leslie）（田島裕訳）『イギリス法──その新局面』（東京大学出版会・1981年）は，「この（ヨーロッパ）共同市場は，わたくしが検討したいと思う国際的挑戦の第二のものである」と述べている（24頁参照）。See Scarman, Sir L., *English Law-The New Dimension*, 1974, at p. 21. 1977年以降，Lord Scarmanとなる。
(4) もっとも，イギリスは，ポンドを棄てて，ユーロによる通貨統合までは，現在のところ，認めていない。
(5) 島野卓爾・岡村堯・田中俊郎編著『EU入門』（有斐閣・2000年）参照。

が惨敗し，ブレア率いる労働党政権が誕生した。保守党惨敗の理由は，党内に，新たなヨーロッパ統合，とくに先に述べた通貨同盟や社会憲章[6]に対して合意を得られず，内部分裂していたことが大きな原因の1つだったとされている。このようにイギリスがヨーロッパ統合とどう関わっていくかの議論を一歩でも誤れば，国民の大きな反発に出食わすことになるのは避けられない。その意味で，イギリスの未来，とくに議会主権をはじめとする今後のイギリス憲法の青写真をどのように描くか，いま多くの国民から注目を浴びている。後述する。

2 イギリスとヨーロッパ人権条約

1948年，国連は，世界人権宣言を採択した。ヨーロッパ理事会（Council of Europe）は，ヨーロッパに，そこで宣言された人権の実効ある救済機構を作ろうと，人権条約の草案を起草はじめた。それは，第二次世界大戦後中，一国の主権により行われたホロコーストなどに見られる極限の人権侵害に対して，他国がその救済に無力であった反省が背景にある。戦後，西ヨーロッパは，一国内の人権侵害を，国際的に救済するシステムを構築する必要性を感じたのである。

草案は，1950年に完成し，イギリスは，ヨーロッパ人権条約（European Convention on Human Rights 1950, "ECHR"と短称で呼ばれる）の最初の批准国[7]となった。にもかかわらず，イギリス国民の市民的自由については，すでにコモン・ロー体系の下で，保障済みであるとして，同人権条約を国内法化する手続をとらなかった。このことは，上述したように，イギリスが，1973年に拡大ECに加盟するにあたって，共同体諸条約を実施するため，1972年のヨーロッパ共同体法という議会制定法を成立させたのと著しく対称的である。

ヨーロッパ人権条約を国内法化しないことで，同条約の効力は，イギリス国内に及ばず，したがって，個人は，イギリス国内の裁判所で，同条約に直接依

---

[6] イギリスは，マーストリヒト条約を批准する際に，通貨同盟の最終段階（第3段階）に移行しなくてよい適用除外などを勝ち取った。

[7] イギリスは1951年に批准。同条約が，必要な各国の批准を得て，実際に発効したのは，1953年である。

拠できないわけである。しかし，同条約 25 条によれば，個人は，もし，同条約により保障されている人権が締約国である自国で救済されない場合(8)，その締約国が，別途，自国を相手として個人からの訴願を受理するヨーロッパ人権委員会（および人権裁判所）の管轄権を受諾していれば，国を相手方として同委員会に侵害事件の申し立てを提起できることになっていた。

　イギリスは，当初，そのようなヨーロッパ人権救済機構(9)における個人の申し立て権を受理する制度を受諾しなかったが，1966 年，同人権委員会の権限を認める宣言を行った(10)。すると，イギリス政府の意に反して，この宣言以降，イギリス国内の個人から，人権委員会へ申し立てする件数が増加した。

　これは，イギリス憲法の伝統に反する事態であり，先に述べたスカーマン卿も，これを海外からの挑戦と題して，イギリス憲法への影響を指摘したことでも知られている(11)。

　同人権委員会で解決できない場合は，さらに，ヨーロッパ人権裁判所に事件は移送される（後述するように後に改正される）。人権委員会の段階で，場合により，友好的解決（条約 28 条）をはかり，それに基づいて締約国政府が，当該国の国内法が人権条約の規定に反していることを認めて，法の修正がはかられ，事件が解決することも可能である。

　しかし，この手続きは，個人にとって，複雑で長い(12)。イギリス人にとって，当面大事なことは，やはり，EU の場合のように，条約の内容を，出来る限り，早く国内法化することである。

　しかし，国内法化するに当たって，どのような方法をとるのか，長い論争が続いた。もし，国内法として制定されれば，1689 年以来の，新しい権利章典

---

(8)　人権委員会に申し立てるには，まず，自国の裁判所で，すべて可能な救済の道をし尽くすことが要求されている。
(9)　人権委員会および人権裁判所は，フランスのシュトラスブールに置かれている。シュトラスブールは，独仏の国境近くのアルザス地方にあり，そこは，ドイツ領になったり，フランス領になったり，住民にとって，ある意味で，悲劇の土地であった。
(10)　それ以降も，イギリスは，承認の宣言を更新してきた。
(11)　スカーマン（田島訳）・前掲訳書 15 頁以下参照。
(12)　「その手続きは，遅くて，費用が高く，やっかいである。」(See Alder, *op. cit.*, 2nd ed., at p 322.)

となり，大いに期待された。この期待は，長い論争を経て，ブレア労働党政権の誕生により実現された。憲法改革の一環として，1998年人権法（Human Rights Act 1998）が制定されたからである。

　もっとも，法典化されたといっても，これは，一般的な議会制定法の形で制定されたに過ぎない。したがって，議会主権からすれば，理論的に，この「人権法」の改廃に対する特別な防波堤を持たないが，イギリス国民にとって，人権法が制定された意味は大きい。というのは，これまでの伝統的な人権救済の上に加重された意味をもつからである。詳細は，章を変えて後述する（第23章参照）。

第8章　イギリスの地方自治と地方分権

1　イギリスの地方自治の憲法上の位置づけ

1.1　議会主権と地方自治

　イギリスは，長いこと，地方自治の母国であると語られてきた。歴史の早い段階から，住民に直接選ばれた自治団体を通じて，コミュニティの諸問題を民主的に処理してきた。しかし，名誉革命により，議会主権が確立されると，とくに19世紀以降，イギリスの地方自治は，議会制定法を通して，中央政府による地方へのコントロールの強い国の１つになってきたことは否めない。

　事実，議会主権とは，議会の至上性をいい，事項を選ばず立法できることを意味するので，地方自治に対しても，議会が，その生殺与奪権を握ることとなった。その意味で，イギリスの地方自治は，成文憲法におけるような憲法上の保障はなく，憲法的チェック・アンド・バランスを失えば，時として地方住民の意思とはかかわりなく，強権的に地方自治体を新しく設置することも，廃止することも不可能ではないのである。

　とりわけ，能率と民主という概念で地方を眺めた場合，「能率」を強調しようとすれば，出来る限り単層で，広域をまかなう地方自治体を志向する結果，必然的に地方政府の数を少なくすることの必要性を主張する。他方「民主」を強調すれば，より狭い地域における基礎的地方自治体はもちろん，その上層にさらに広域の地方自治体を要求することになる。この２つの概念のどちらを強調するかによって地方構造を単層制にするか２層制にするかという地方政府改革についての対立を生む。

　この観点から眺めるとき，1979年に政権に就いたサッチャー（Thatcher,

Margaret：首相 1979-90）保守党政権以降，イギリスの自治体に生じた改革の際立った特徴は，自治体の数が他のヨーロッパの単一国家に比し[1]，きわめて少なくなってきたことである。事実，イギリスは，1972 年の地方行政法（Local Government Act 1972, 1974 年施行）により，従来の3層制を，効率という観点から2層制に再編したが，保守党政権の下，1985 年の地方行政法により，1層制と2層制の混在した制度とし，さらに 1992 年以後，イギリス全土について1層制に再編しようとした。

これに対して，たとえば，同じヨーロッパの単一国家で，しかも，ほぼ同規模の人口をもつフランスにおいては，1982 年の地方分権化法に基づき，全国をレジオン（region, 州），デパルトマン（départment, 県），コミューン（commune, 市町村）の3層制に整備されているのである[2]。

このように，長い保守党時代，中央が，ともすれば，議会主権を盾に，地方住民の団体自治をしばしば危険にさらしたが，さらに，公共支出を出来る限り抑制しようとする中央政府の地方税財政に対する締め付け[3]も重なって，イギリスにおける地方自治の古き良き伝統は，多くの住民から，極めて危ういものと感じられるようになっていた。

---

(1) 「フランスやイタリアに代表されるように全土で3層制を採用している国と，スペインやオランダに代表される二層制国家とがある」（下條美智彦『イギリスの行政』〔早稲田大学出版部・1997 年〕21 頁）ようだが，イギリスの地方制度のここ数十年の傾向を見ると，3層，2層そして単層の国家へと変質してきているのである。

(2) 同上22頁。それによれば全国を 22 のレジオン，96 のデパルトマン，36, 527 のコミューンに整備した。

(3) グレーター・ロンドン参事会の廃止に象徴される保守党政権下の憲法上の変革は，地方税制にも及んだ。その1つが，公共支出抑制のため，地方自治体による支出の上限を中央政府が定めるといういわゆるキャッピング制度（支出に"cap"を被せる）が導入されたことである。これにより，地方参事会（Council）と中央とくに環境省との間に軋轢を呼んだが，中央政府は最終的に議会主権を行使して強権を発動できた。しかし，このキャッピング制度も，1997 年に政権を取ったブレア政権により廃止された。さらに，前保守党政権は，従来の地方税（すなわち rate）に代えてコミュニティ・チャージ（community charge）という悪しき人頭税を導入した。が，しかし，住民の反発により 1993 年に廃止を余儀なくされ，結局，現行のカウンシル・タックス（council tax）に落ち着いた経緯を持つ。

1.2　グレーター・ロンドン参事会（GLC）の廃止

　このように，保守党政権下で，自治体数が次第に減少していく中で，1986年，それまで32のロンドン・バラ参事会の上層に存在していたグレーター・ロンドン参事会（Greater London Council，以下 "GLC" と称する）が廃止されたのは，象徴的な出来事であった。これにより，イギリスの地方自治には，住民自治があっても団体自治はないことが，痛いほど認識された。

　さらに，1972年の地方行政法の下では，首都ロンドン（グレーター・ロンドン）のほか，6つの大都市（Metropolitan County）(4)においても2層制をとっていた。すなわち，これら6つの大都市において，上層に広域自治体として6つのMCC（Metropolitan County Council，大都市議会）が，その下層に36のMDC（Metropolitan District Council，大都市地区議会）があった。

　しかし，1979年に登場したサッチャー保守党政権は，行政改革の名の下，広域のグレーター・ロンドンおよびメトロポリタン・カウンティを廃止したのである(5)。

　ともかく，1985年のロンドン政府法（London Government Act 1985）によって，翌年，上層のGLCは廃止された。この結果，広域化する首都ロンドンの政治は，下層自治体である32の小さなロンドン・バラ・カウンシル（London Borough Council，以下，"LBC" と称する）のみによって遂行されねばならなくなった。これまでGLCに委ねられていた一定の権限は，これら32のLBCへ下ろされ，それ以外のゴミ，消防，運輸などの諸権限は，LBCの代表からなる共同委員会へ移された。しかし，庶民の不安は，広域レベルの行政について，これでは，これらLBCや委員会への民主的コントロールが欠如することになりはしないかという疑問であり，保守党政権の進める地方自治政策に対して彼らの不満は次第に募って行った。

---

(4) グレーター・マンチェスター（Greater Manchester），マーシサイド（Merseyside），南ヨークシャー（South Yorkshire），タイン・アンド・ウィア（Tyne and Wear），西ミドランド（West Middland），および西ヨークシャー（West Yorkshire）の6つである。
(5) 保守党はこれまで，地方議会および行政を，非効率，あるいは説明責任の欠如という理由でしばしば批判してきた。廃止の理由も表向きはそうであったようだが，実際は，ロンドンのGLCをはじめ，大都市のそれは労働党の勢力が強く，労働党議員が多数を占めていたからだと言われている。つまりは，地方自治の本旨から廃止したわけではないのである。

一般的に，イギリスの地方自治体としてのカウンシルは，市議会と執行部を兼ね備えたもので，カウンシルによって指名される市長または知事（Lord Mayor）の地位は，単に儀礼的な存在にすぎないものであった[6]。

1.3　憲法改革と新しい GLA の誕生へ

その意味で，1997年5月に誕生したブレア労働党政権の憲法改革構想の中に，地方自治改革の一環としてグレーター・ロンドンに選挙による史上初めての市長（Mayor）と戦略的当局（Greater London Authority）の設置をうたったことは注目される[7]。また，サッチャー政権により廃止された GLC を姿をかえて GLA として復活しようとする動きは住民投票でも支持され，保守党政権下で中央と地方の関係について中央集権化されつつあった傾向に一定程度歯止めがかけられたとも言えよう。

すなわち，1998年の「グレーター・ロンドン当局（住民投票）法」〔Greater London Authorities (Referendum) Act 1998〕により，去る1998年5月7日に住民投票を行った。それによれば，「あなたは選挙による市長と選挙による別個の諮問総会（elected assembly）からなるグレーター・ロンドン当局設置の政府提案に賛成しますか」という問いかけに対し，賛成 123万票（72％）の多数で提案が受け入れられた。こうして1986年に廃止された GLC は，2000年7月，新たに GLA という形で再生されたのである。

さらに，イギリスで初めて住民より直接選出された公選の市長が誕生した[8]。こうして地方参事会と市長が，イギリス地方自治史上，初めて機能分離したのである。これまでイギリスの地方自治が，市参事会の内部の委員会制によって執行されてきたことは大方の知るところであるが，少なくともロンドンについては自治体の意思決定機関である市参事会から，市長職を切り離して，

---

(6)　また，32 の LBC においては，1人の市長と一定の数の議員からなるが，そのうちロンドン市 (the City of London) の場合は，古くから市としての法人格を取得し，そのような歴史的経緯もあり他の自治体とは異なる組織になっている。

(7)　労働党白書 "Modern Local Government, in Touch with the People" を1998年6月に発表。

(8)　さる2000年5月4日に，初のロンドン市長（the Mayor of London for GLA）選挙が行われ，ケン・リビングストン (Ken Livingstone) が選出された。2000年5月6日付読売新聞参照。

それを公選制にしたこと，執行権を公選の市長に委ねたこと，および，中央に内閣制度も導入しようとすることなど，改正点の意義は大きい。これにより，ロンドン市の行政責任が委託した住民からすると明確に示されたことになり，今後の地方自治のあり方に大きな影響を与えることになろう。

2　憲法改革と地方分権

2.1　連合王国とウェールズ，スコットランドのナショナリズム

　連合王国を構成するウェールズ，スコットランドおよび北アイルランドに住むケルト諸族の末裔は，もともとイングランド人に追い立てられるようにしてこれらの地域を形成した経緯を持つ。したがって，これらの地域は，時として，イングランドに対抗する強いナショナリズムを高揚させることがある。しかし，ナショナリズムの度合いは，これら3つの地域で，必ずしも同一ではない。というのは，イングランドとの歴史的かかわりがそれぞれの地域で異なるからである。

　そのうち，ウェールズのナショナリズムはもっとも穏やかなものかもしれない。というのも，ウェールズは，早くからイングランドに征服され，最終的に，両国は，ヘンリー8世の治世下，1536年，合併法により，永続的に統一された経緯をもつからである。さらに，18世紀中頃までには，「イングランドとはウェールズを含む」とみなされるに至った。かくして，ウェールズに残されたアイデンティティは，言語や生活様式などわずかな分野に限定されることになった[9]。

　これに対して，スコットランドは，一度もイングランドに征服された歴史を持たない。スコットランドは，みずからの制度および伝統を残しながら，互いに条約を結んで，1707年，イングランドと対等合併したのである。したがって，彼らは，これら独自の制度や伝統（司法制度，教育制度，長老またはプレスビテリアン教会）をたえず維持・強化しようとするし，また，「自国の繁栄や独

---

(9)　したがって「ウェールズのナショナリズムは，連合王国という統合の下で，ウェールズの文化や言葉を保持しようとする防御的性格が濃厚」（青山・前掲書171頁参照）とされる。

自性の保持のためならば，合併の解消を厭いはしない」(10)という強いプライドをもっている。

　他方，北アイルランドの多数派プロテスタント系移民の末裔と少数カトリック系先住民の末裔との歴史的対立は，まことに根深い。また，このような民族対立を生み出したイングランドに対し，カトリック系住民や南の共和国住民のもつ憎悪や防御本能は，並大抵のものではない。アイルランドは，1800年の合併法により，連合王国に組み入れられ，さらに，1920年，北だけが，南より分断され，連合王国に踏みとどまった。このように，ウェールズ，スコットランド，北アイルランドのもつナショナリズムは，それぞれ，歴史的経緯が異なっており，分権の度合い，あるいは，創設されるそれぞれの議会の権限も，それに応じて違っている。

　保守党は，従来，ウェールズやスコットランドへ議会を創設し，それへ一定の権限を分権することは，国家の分裂につながると考えてきた。これに対して，労働党は，前述のように，長い保守党政権の下で，相当試行錯誤し，これらの両地域へ地方分権することで，選挙公約を掲げ，政権に返り咲いたのである。

　イギリスにおける地方分権とは，現在，（連合王国）議会によって行使されている諸機能を，地理的要素に基づき，従位的議会に移譲することとされている。議会によって行使されている諸機能とは，立法権と行政権の双方でありうる(11)。かくして，ウェールズのように，スコットランドよりナショナリズムが穏健である場合，行政権のみを移譲するのか，立法権も含めて移譲するのか，微妙である。

　ウェールズとスコットランドへの地方分権は，1978年にも高揚したが，住民投票で，実現を見なかった。現在，進行している地方分権は，1997年に政権を担当することになったブレア労働党政権の憲法改革の一環であり，選挙戦における公約でもあったが，それを見る前に，これまでの経緯を見てみよう(12)。

---

(10) 同上。
(11) See e.g., Parworth, N., *Constitutional and Administrative Law*, 2000, at p. 131.

2.2 ウェールズの地方分権への道——1969-73の憲法に関する王立委員会

　1966年，ウェールズ国民党（Plaid Cymru）から最初の下院議員が誕生した。また，翌67年，スコットランドでも，スコットランド国民党（SNP）が補欠選挙で勝利した。これら，国民党の進出をみて，イギリスの二大政党も，これら地域のナショナリズムに対応せざるを得ない状況になった。かくして，1969年，労働党ウィルソン（Willson, H.：首相1964-70, 74-76）内閣は，憲法に関する王立委員会（Royal Commission on the Constitution）[13]を設置し，ウェールズ，スコットランド両域に，より一層の分権が必要であることの勧告（1973年10月に報告書が出された）がなされた。ただし，この中で，スコットランドおよびウェールズの独立は否定され，さらに連邦国家の可能性をも拒否された。

　しかし，この間にも，1974年までに，スコットランド国民党は，スコットランドで，第2政党へと成長した。事実，1974年の総選挙で，同党は11議席を獲得したし，ちょうどこの頃，北海油田が発見されるなど，嫌が上にも，スコットランドのナショナリズムは高まった。

　1974年，労働党政権は，王立委員会の多数が勧告した分権を主張し，「民主主義と地方分権——スコットランドとウェールズへの提案」と題する白書[14]を公表した。その中で，白書は，スコットランドに，立法権を有する議会を提案する一方，ウェールズには，上述した王立委員会の提案とは異なり，立法権でなく，行政権を有する議会の設置を提案した。つまり，ウェールズの地方分権の特徴は，自治議会を設置するにしても，これまで中央政府がもっていた行政権のみ与えるのか，それとも，連合王国議会がもっていた立法権まで与えるのか，大いに注目されたところだが，この白書においては，行政権のみ付与さ

---

(12) 松井幸夫「イギリスにおける『地方分権』」憲法理論研究会編『国際化のなかの分権と統合』（敬文堂・1998年）第1部参照。

(13) 委員会の後半段階においては，委員長は，スコットランド出身の判事キルブランドン卿（Lord Kilbrandon）が就任し，キルブランドン委員会と呼ばれた。

(14) Cmnd.5732. もっとも，1975年，労働党は，もう1つの白書「変化する我々の民主主義：スコットランドとウェールズへの地方分権」（Our Changing Democracy: Devolution to Scotland and Wales, Cmnd. 6348）を公表したが，そこでは，一定の立法権をもつ議会の設立が提案された。他方，経済事項，財政，産業，エネルギーおよび農業などは連合王国議会に留保されるべきであると主張された。

れるべきであると提案されたのである。これは，ある意味で，ウェールズ住民の自治意識の高まりが，スコットランド人のそれと比較して，歴史的に弱いことを物語っている。これは，もちろん，前述したように，イングランドとの政治的対抗の歴史的違いによる。

以上の観点に立って，労働党は，1976年11月，「スコットランド・ウェールズ法案」（Scotland and Wales Bill 1976）を議会に提案した。両法案は，1977年2月，一度，廃案となったが，1977年11月に，再度，議会に提案され，1978年7月に国王の裁可を得て1978年ウェールズ法（Wales Act 1978）および1978年スコットランド法（Scotland Act 1978）として成立した。しかし，上述の白書の勧告通り，「ウェールズ法案」によれば，80名の議員からなる自治総会（Assembly）を設置するが，それは，結局，立法権でなく，行政権のみを有するとされた。1978年，スコットランド法案がウェストミンスター議会を通過したが，それによれば，一定の立法権を有する145名から150名の議員からなるスコットランド自治議会（Scotland Assembly）の設置を規定していた。

ただし，これら両法が発効するには，それぞれの地域の住民投票で，賛成多数（最低40％の支持を必要）により支持されることが，条件となっていた。しかし，両地域での住民投票ではこの条件を満たす賛成を得られず，ウェールズ法も，スコットランド法も，国会で可決されたにも関わらず，事後的に否決され，廃案となった[15]。

これを契機として，1979年の総選挙で，労働党は敗退し，政権は，サッチャー率いる保守党へ移り，長い保守党政権の始まりを迎える。しかし，保守党は，その長い政権下でも，必ずしもスコットランド人の地方分権の要求に十分に応えようとしたとは思えない。事実，バーネットは「1987年の総選挙で，保守党政権は，イングランドでは多数を得たにもかかわらず，スコットランドでは，72議席のうち，10議席しか獲得できなかった。1992年に，政権党としては幾分改善したと言っても，なおスコットランドの意見は代表されていると

---

(15) ウェールズにおける得票は11.9％が賛成，46.5％が反対，棄権41.7％，また，スコットランドの住民投票においては，賛成32.5％，反対30.4％，棄権37.1％と振るわず，有権者の多数の賛成という制定法上の条件を充足しなかった。

は言えない」[16]という。保守党は，それだけスコットランドにおいて支持されていなかったのである[17]。さらに1995年5月における補欠選挙は，国会の保守党議員の死亡により起きたが，スコットランド国民党の勝利に終わった。このように，保守党政権は，総選挙でも，補欠選挙でも，北の支持はなく，この保守党の"民主的欠落"(democratic deficit)がスコットランドへ一層の分権を求める要求という火に油を注ぎ続けたのである。

1997年5月に総選挙が行われる以前，労働党が野党でいる間に，ブレア率いる労働党は，保守党から政権を取り戻そうと，新しい党の姿勢をニュー・レーバーと位置づけ，ウェールズおよびスコットランドへの地方分権に積極的に取り組み始めた。総選挙で，保守党に勝利し，政権に就くと，「ウェールズのための投票——ウェールズ自治総会（Welsh Assembly）のための政府の提案」[18]と題する白書を公表するとともに，「1997年の住民投票（スコットランド・ウェールズ）法」[Referendums (Scotland and Wales) Act 1997]の制定を議会に上程した。これを受けて，同年夏に住民投票が行われたが，この住民投票で，ウェールズに自治総会（Assembly）を設置する提案に対して住民の賛成票が50.3％でわずかに反対票を上回り[19]，ついに，行政権のみ自治権（executive devolution）が移譲されるウェールズ自治総会の設置が決定された。スコットランド自治議会（Parliament）の設置に対しては，スコットランド住民の74.3％が賛成したのと比べると，いかにも，ウェールズ住民の自治意識は弱いように思えるであろう。

ウェールズ住民の移譲される行政権は，これまで中央のウェールズ大臣(the Secretary of State for Wales)に与えられていた権限が主なものとなるはずである。また，議会は，自主的な立法権は持たないが，連合王国議会の授権に基づく従位的立法（subordinate legislation）を作る権限は有するとされてい

---

(16) Barnett, *op. cit.*, at pp.57-8.
(17) *Id.*, at p.58.
(18) "Assembly"は，あくまで"Parliament"ではなく，日本語としては，「（諮問）総会」と訳す方が正しいが，ここでは，一応「議会」と訳しておく。
(19) Munroは，「（この結果は）…穏健な提案に対するあいまいな承認」と表現している。Munro, *op. cit.*, at p. 46.

る(20)。この点，ウェールズ自治総会が"Assembly"と称され，一定の自主的な立法権を持つスコットランド自治議会が"Parliament"と称されるのと比べて対照的である。さらに，スコットランド自治議会のそれと異なり，ウェールズ自治総会には，税率変更権のようなものは与えられていない。

かくして，ウェールズ統治法案（Government of Wales Bill）が議会に提出され，1998年7月，可決された。可決された1998年ウェールズ統治法（Government of Wales Act 1998）によれば，ウェールズ自治総会は，正確には，英語で，"the National Assembly for Wales"と称されるが，ウェールズ語では"Cynulliad Cenedlaethol Cymru"と命名された。この点は，ウェールズの民族のアイデンティティが，当面，ウェールズ語の復権にあると述べたが，そのことを如実に示している。なお，ウェールズ自治総会は，60名の議員から成るが，内訳は，40議席のウェールズ自治総会選挙区と，20議席のヨーロッパ議会選挙区である。前者は，従来どおり，1人1区の単純多数決制（simple majority system）なのに対し，後者は，注目されるように，比例代表制（additional member system of proportional representation）を採用している。

最初の選挙は，1999年春に行われ(21)，労働党が28議席を獲得して，最大の議席を持つ政党となったが，単独で過半数を得ることができなかった。しかし，議会の選挙では，労働党のアラン・ミッシェル（Michael, Alun）が第一大臣（内閣の首相に匹敵する）(22)に選出され，彼の任命する他の大臣とともに，少数政権を担当することになった。なお，先の1999年の選挙において，ウェールズ国民党は17議席，保守党9議席，自由民主党6議席という内訳であった。

---

(20) もっとも，この法では，一定の分野で，歴史的に悪名高い"ヘンリー8世条項"が認められた。See e.g., Munro, *op.cit.*, at p. 47.
(21) See e.g., *The Times*, May 8, 1999.
(22) ここでは，中央の内閣の代わりに，「執行委員会」（executive committee）が行政権の主体となる。それ以外に，多くの"subject committee"が作られ，与野党の議員の政策の立案に参加できる仕組みになっている。

2.3 スコットランドの地方分権（含む，分離独立の住民投票）

(1) スコットランド自治議会の成立

1928年，スコットランド国民党（National Party of Scotland, NPS）が作られ，イングランドからの完全独立をめざした。しかし，この国民党とは別に，より穏健な国民党も現れた。結局，1934年に，両者は合同して，スコットランド国民党（Scottish National Party, SNP）が作られ，スコットランドの政治的自立をめざすこととなった。戦後，とくに1960年代から70代にかけて，スコットランド・ナショナリズムは高揚し，総選挙での得票数を伸ばすなど，党勢に勢いを増した。それにつれ，イギリスの既成政党である，労働党，保守党にインパクトを与えた。その結果，ウェールズの項で述べたように，ウェールズ，スコットランドへの地方分権に熱意を示さざるを得なくなった。さらに1980年代，サッチャー率いる保守党政権下，地方税改革の名の下に導入されようとした人頭税（poll tax）をきっかけに，これらの地域でナショナリズムが高揚したとされる。

労働党は，長い野党の時代に終止符を打ち，1997年5月の総選挙において政権に復帰した。総選挙で公約にしていた1つが，地方分権であった。政権に返り咲くや，すぐ白書を公表し，1997年住民投票（スコットランド・ウェールズ）法を議会に提出した。成立したこの法の下，同年9月に，スコットランドで住民投票が行われた。投票率60％の中で，スコットランドに自治議会を設けるべきかどうかに，74.3％の住民が賛成[23]し，また，同自治議会が地方税を増減する権限を持つことに，63.5％が賛成[24]した。これにより，政府は，スコットランドに自治議会を設置する法案を提出。それは1998年のスコットランド法（Scotland Act 1998）として成立した。

同法によれば，スコットランド自治議会は，129の議員から構成され，そのうち73議席は，従来通り，一人一区の少数選挙区より選出されるが，残り56議席は，長いこと論議されてきた比例代表制を採用して，スコットランドを8区に分け，政党ごとの名簿に基づいて選出される。これにより，1999年5月，

---

(23) 25.7％が不賛成。
(24) 36.5％が不賛成。

選挙が行われたが，労働党が56議席を獲得して，第1党になったものの，過半数を得られなかった。そこで，17議席を獲得して，第4党となった自由民主党と連立し，執行部を形成した。中央政府のスコットランド大臣であったドナルド・デウォー（Dewar, Donald）が大臣を辞任し，スコットランド自治政府の首相[25]となった。

スコットランド自治議会は，ウェールズ自治総会と違って，一定の立法権を有する[26]。効力を発することなく廃案となった1978年のスコットランド法の場合と異なり，このたびの1998年法においては，国が留保する事項を列挙し，これ以外をスコットランド自治議会に分権するという内容になっている。付則第5条によれば，国の留保事項には，一般的なものと，特定されたものに類別される。一般的な留保事項に属するものとして，まず，憲法上の問題として，次の事項，すなわち，①王の王位継承や摂政を含む国王，②スコットランドとイングランドの合併，③連合王国議会，④刑事第一審および上訴審としてのthe High Court of Judiciaryの継続的地位，⑤民事第一審および上訴審としてのthe Court of Sessionの継続的地位，が含まれる。以上のほか，政党（の登録など），公的サービス，国防，外交，および反逆罪も国に留保される。

さらに，特定の留保事項に属するものとして，通貨の鋳造を含む財政および経済事項，薬物の不正使用や庶民院，ヨーロッパ議会選挙，移民および国籍問題を含む内政事項，通商産業事項，石油・ガス・原子力といったエネルギー事項，鉄道・海運などの運輸事項が，国の留保事項となる。

これら外交，国防，社会保障などの権限が連合王国議会に留保される一方，教育，地方自治，社会福祉と住宅，環境，経済開発と交通などといったそれ以外の事項については，スコットランド自治議会に分権され，第一次的立法権を有することになる。また，同自治議会は，立法に際して，国に留保されている

---

(25) 44条によれば，首相は，規定上，第一大臣（the First Minister）である。
(26) 28条1項によれば，スコットランド自治議会は，スコットランド自治議会の法律（Acts of the Scottish Parliament）として，法を定立でき，国王の裁可を要する，と規定する。
(27) 1998年のスコットランド法自体もむろん変更することはできない。もっとも，スコットランドの法（Scots law）を変更することは可能である。
(28) 29条1項。

第8章　イギリスの地方自治と地方分権　117

権限を侵害しない範囲(27)で，分権された権限を行使する(28)ことはもちろん，ヨーロッパ共同体法，1998年人権法の意味におけるヨーロッパ人権に合致することが要求される(29)。ここで興味深いのは，立法に至る前の段階で，精査が可能となっている点である。また，事後に生じる訴訟でも争うことができる。その場合，枢密院司法委員会に上訴できるが，そこでの判断は，終局のものとなる(30)。

　さらに，スコットランド自治議会は，スコットランドの納税者に対し，所得税の3％について変更できる権限（tax-varying power）(31)を有するとされた。

　ここで重要なのは，スコットランド自治議会と連合王国議会の関係である。ウェストミンスター議会は，イギリス憲法上，法的主権を有することで異論はない。したがって，スコットランド自治議会は，このウェストミンスター議会が持つ至高の立法権の下で，一定の立法権を与えられたにすぎない。そうであるとするならば，ウェストミンスター議会は，少なくとも，同議会に留保された外交，国防といった権限はもちろん，スコットランド自治議会に移譲された事項についても，理論上，なお立法する権限を保持していることになる(32)。いや，それ以上に，スコットランド自治議会そのものの廃止いかんを含めた存続可能性についても，最終的には，ウェストミンスター議会が握っていることを忘れてはならない。しかし，それは，あくまで理論であって，現実とはかけ離れた議論とも言える。Munroは主張する，「歴史的には，廃止など考えられないというのが現実であろうし，おそらく，ウェストミンスターは，委譲された事項に対しては，介入を禁止されることになる」(33)と。

(2)　UKから分離独立を問う住民投票へ

　1603年に子種なくして死去したイギリスのエリザベスⅠ世のあと，イギリス国王の血を引くスコットランド王ジェームズ6世がイギリスの国王を兼ねる

---

(29)　29条2項。See also, Munro, *op. cit.*, at p. 45.
(30)　*Ibid.*
(31)　73条以下参照。
(32)　Munro, *op. cit.*, at p. 46.
(33)　*Ibid.*

こととなり，同年，イギリスとスコットランドの両国は，同君連合を形成した。次いで1707年，両国は互いに合併条約を結んで1つの国なった。1960年代に北海油田が開発され，さらに，上述した通り，1998年スコットランド法により，翌1999年よりスコットランドに自治政府，自治議会が誕生した。奇しくもこの時自治議会の誕生を進めたのが，同じスコットランド出身の労働党のブレア首相であった。ブレア首相を引き継いだブラウン首相もまた同じスコットランド出身であった。

それから8年後の2007年5月，第3回スコットランド自治議会選挙があり，スコットランド国民党（SNP）は選挙公約にスコットランドのイギリスからの独立を掲げるなどして，第一党に躍進した。次いで2011年5月に第4回目の同自治議会選挙が行われ，同じ民族政党（SNP）は単独政党として史上初めて，自治議会の総議席数129のうち，過半数を超える69議席を獲得した。

これを受けて，2011年10月，イギリス政府（キャメロン首相 Prime Minister David Cameron）はスコットランド自治政府（サモンド自治政府首相 Scotland's First Minister Alex Salmond）と，連合王国からの分離独立を問う住民投票（Scottish referendum）の実施を巡り合意した。いわゆるエディンバラ合意である。これにより2014年9月18日に住民投票が行われることとなった。2014年を選んだ背景に，はるか昔の1314年に，ロバート1世率いるスコットランド軍が，バノックバーンでイングランド軍を破り，独立を勝ち取った「バノックバーンの戦い」からちょうど700年後の年にあたっていたからである。

もし住民投票でスコットランド独立への賛成が過半数を占めた場合，自治政府は，2016年，独立について連合王国中央政府と交渉を開始することとしていた。

果たして住民投票前の2014年3月23日，その行方を占うYou-Govによる世論調査が行われた。スコットランドは独立国になるべきかShould Scotland be an independent country?という問いに対する，2014年3月24日付の世論調査ではノーが52％，イエスが37％，分からないが11％，と反対の声が多数を占めた。ところが，住民投票直前の9月6日付の同じ問いに対する世論調査では，イエスが47％，ノーが45％，分からないが8％で，賛成が初めて反対を上回った（3月，9月とも，同日付けＢＢＣニュースに依る）。

政府のみならず野党も予想外の展開に驚いた。これを受けて，与野党党首が，もしスコットランドがイギリスに留まるという意思を表明してくれたなら，スコットランドにこれまで以上の自治権を拡大する，とのキャンペーンを張って巻き返しに乗り出した。それが功を奏したか，9月17日時点におけるYou-Govの世論調査は分離独立にノーが50％，イエスが45％，分からないが6％と若干の巻き返しに成功したようにみえる。

しかし，それでも両者の世論はほぼ拮抗しており，予断はまったく許さない状況で，9月18日，ついに32の自治体（32 council areas）において有権者登録をしたスコットランド在住の16歳以上（通常の選挙は18歳以上）の有権者約400万人により住民投票が実施された。その結果，投票率が84.6％という高さで，賛成161万票，パーセントにして44.7％，反対が200万票，その差40万票，パーセントにして55.3％との反対票でスコットランドはイギリスに留まるという結果に落ち着いた。これに伴い，サモンド自治政府首相は辞任，同年9月11日，自治政府の与党スコットランド民族党（ＳＮＰ）は新自治政府首相候補者にこれまでＳＮＰの副党首スタージョン（女性）を選出した。これにより，ＳＮＰが過半数を握るスコットランド自治議会で，同スタージョンが新たな自治政府首相に指名された。

しかし1707のイングランドとスコットランドの合併で合意された条件が必ずしもキープされていないという年来のスコットランド側の不満とともに，1999年に設置されたスコットランド自治議会への地方分権が不十分であるという不満は大きく残り，それならば，独立した場合の北海油田から得る税収，さらにはEUとの関係をより太くする方へ魅力を感じよう。今後，中央政府がスコットランドへこれまで以上の自治権を拡大しない限り，スコットランドの行方はなお予断を許さないはずである。

2.4　北アイルランドの地方分権への道

今日，ようやくウェールズとスコットランドに自治議会が設置されるようになったが，それよりずっと前，北アイルランドには，すでに立法権をもつストーモント自治議会（Stormont Parliament）が存在していた経験がある。後述するように，それは，1920年アイルランド統治法に基づく議会と，崩壊後，北

アイルランド基本法（Northern Ireland Constitution Act 1973）に基づく議会であった。この経験は，少なからず同じく立法権を持つスコットランド議会の設置に際してのよき先例になったと思われる[34]。これらは，いずれも，まもなくユニオニストとアンチ・ユニオニストとの激しい対立の中で崩壊し，北アイルランドは，中央政府による直接統治を受けるに至った。

その意味で，このたび，ブレア労働党政権の下で，再び北アイルランドに自治議会が設置されることになったことは，過去のストーモント自治議会との対比で考えても興味深い。

イギリス政府が，北アイルランドを直接統治するようになって，10年を超えた。1985年，イギリスとアイルランドは，ようやく，北アイルランドに関する対話を促進する協定を結んだ。1994年，IRAとユニオニストが停戦に合意したのを受けて，ブレア労働党率いるイギリス政府は，各政党に交渉のテーブルに就くよう求めた。その結果もたらされたのが，ベルファースト協定（Belfast Agreement）[35]なるものである。

この協定により，北アイルランドは従来通り連合王国の一部であり続けること，また，その地位は，北アイルランド住民の多数の合意なしに不変であることが確認された。さらに，アイルランドは憲法を改正し，統一アイルランドは，南北両アイルランドの住民の民主的に表明された意思により，平和的に実現するものとした。また，協定は，北アイルランドにおいて民主的に選挙された議会をもつべきこと，および南北閣僚評議会（North/South Ministerial Council），さらには，英愛評議会（British-Irish Council）の設置に合意した。かくて，イギリス議会は，ブレア政権の下，1998年の北アイルランド法（Northern Ireland Act 1998）[36]を制定し，北アイルランドへの地方分権を決めた。

北アイルランド自治議会（Northern Ireland Assembly）は，一院制で，108名の議員からなり，移譲された事項（transferred matters）について立法権（4

---

(34) Hadfield, B., *Scotland's Parliament : A Noorthern Ireland Persopective on the White Paper*, 1997 P.L. at p.660.
(35) この協定は，1998年のGood Fridayに締結されたので，"Good Friday Agreement"とも呼ばれている。
(36) 議会設置のための住民投票の結果，94.4％の賛成を得て，分権化法案を成立させた。

条)⁽³⁷⁾を有するとされた。しかし，1920年法の下で，北アイルランドがミニ・国家扱いされた結果，議会も二院制で広範な立法権を有していたのと比べると，自治の度合いは弱く，中央の権限の方が広いように思われる。

とまれ，最初の選挙⁽³⁸⁾は，1998年の6月に行われた。そこで多数党を得たアルスター・ユニオニスト党（28議席を獲得）のデヴィッド・トリンブル（Trimble, David）が第一大臣（16条）として事実上の首相となったが，自治政府（議会の内閣による）の発足はなかなか難航している。

以上が，ウェールズ，スコットランドで起きている地方分権のあらましであり，北アイルランドでの自治議会の経験および新たに設置された議会について述べた。

しかし，ウェールズ，スコットランドへの地方分権が現実のものになってくると，イングランド内部においても，これまでの地方政府とは別に，地域レベルでの民主的代表が必要であるとの要請が出てくる。そうでなくとも，ウェールズ，スコットランドに議会が作られれば，両地域の住民は，これらの議会と，連合王国議会の代表を通じて二重に意思が反映されることになるとの批判が出てくるからである。その意味で，1998年に制定された地域開発公社法（Regional Development Agencies Act 1998）はその妥協案の1つとされている。それによれば，イングランドの9つの地域に開発公社を設置することで，少しでも地域住民の声を直接的に反映させようというものである。

---

(37) ここでも，スコットランド自治議会と同様，国に属する権限を列挙した上で，それ以外を北アイルランド自治議会に移譲するというものである。付則2条および3条で，国王に関する事項，連合王国議会，外交問題，防衛問題，など国に属する事項を列挙している。
(38) 各選挙区とも定員6名，計18選挙区で比例代表制により，選挙が行われた。

第9章　イギリス憲法の基本原理
──EU法との相克の中で──

　何をイギリス憲法の基本原理とみるかをめぐっては，種々の見解があろう。しかし，ダイシー流に言うならば，1に議会主権，2に法の支配，さらに加えて憲法習律による民主統制を挙げるはずである。しかし他の憲法書においては，権力分立，責任政治をもその守備範囲に入れているのが分かる[1]。ここでは，ダイシーの掲げる基本原理より広くなるが，それらの憲法書に従い，「権力分立」，「責任政治」をも大胆に含めて，「法の支配」，「議会主権」，「憲法習律による国王大権に対する民主的抑制」について，それぞれ考察してみる。

1　権力分立

1.1　権力分立の思想と意義

　デ・スミスは，権力分立（the separation of powers）を，必ずしもイギリス憲法の中核的特徴とはみていない[2]。確かに，権力分立は，他の基本原理である「法の支配」や「議会主権」と比べると，イギリス憲法では従位的に述べられることが多い。従位的である，あるいは中核的な特徴ではない，との立場

---

[1] たとえば，オールダー，J.ほかの憲法書：John Alder, *Constitutional and Administrative Law,* 8th edn., pp137-159 (Palgrave Mac Millan, 2011), O. H. Phillips, *Constitutional and Administrative Law,* 8th edn., pp26-29 (Sweet & Maxwell, 2001), Hilaire Barnett, *Constitutional and Administrative Law,* 8th edn., pp79-105 (Routledge, 2011), を参照。

[2] de Smith, *Constitutional Law and Administrative Law,*. 7th ed., 1994, at p.18. もちろん彼は「権力分立の原理は，法の支配と同様に，統治機構の中で実現されるべき原理として常に議論はされてきた」という。しかし同時に法の支配と比べると「権力分立の効能は熱烈な合唱を引き起こさないのである」と述べている。

に立ちながら、しかし、ここでは、敢えて、権力分立を基本原理の1つに掲げて、最初に考察することにする。

一般的に、権力分立の主張は、遠くアリストテレスにまで遡る[3]。彼は、あらゆる憲法において、審議する要素、執行的要素、および司法的要素の3つ（の機能）が区分されるとした上で、政府権力は、それを行使するにあたって、階級の利益を損なわないよう、制約を受けるべし、と説いた。この場合の階級的利益とは、君主、貴族、民主それぞれの利益であろう。興味深いことに、この考えは、ある意味で、現代のイギリスの統治機構を見た場合、一部当てはまるようにも思われる。というのは、後述するように、イギリス憲法において、主権は議会にあるといっても、イギリスの議会は、今なお形式的には、選挙で選ばれる庶民院と、主として世襲制[4]による貴族院、それに君主の三者から構成され、あたかも権力がこれら三者に分立しているように見えるからである。

しかし、近代的意味の権力分立は、主としてジョン・ロックにより、『市民政府二論』（1690年）の第2論文の中で、その中核的意味が説かれた。それによれば、

「国家の3つの機関は1人の手に集中されてはならない。……法を作る権限をもつ者が、同時に、法の執行権限をも手中にし、それにより、自らを自ら作る法に対する遵守から除外し、また、制定および執行の際に、法を自己の利益のために合わせようとするのは、権力を握りたがる人間の弱さへの大きな誘惑でありうるからである。」

と説かれた。

この考えは、『法の精神』[5]の中で、モンテスキューによってさらに発展され、彼の説く権力分立の内容と、ロックのそれと必ずしも同一ではないが、その中核的意味は同一である。それにしても、モンテスキューがそれを今日的意義にまで発展させた意義は大きい。彼はいう。

「立法権と執行権が、同一の者あるいは同一の機関に結合されていたら、そこ

---

(3) Aristole, Politics.
(4) 近時、貴族院改革が実現されたので、第12章を参照されたい。そこでは世襲制よりかなり大幅な任命制が採り入れられている。
(5) 『法の精神』（*De L'Esprit de Loi*）、1748を参照。

に自由はありえない。……さらに，もし司法権が立法権および執行権から分立していなければ，やはり自由はない。」

また，続けて彼は言う。

「もしそれが（司法権が）立法権と結合したら，臣民の生命と自由は，恣意的な抑制に曝されるであろう。また，もしそれが執行権と結合したら，裁判官は，暴力と圧政に合わせる態度をとるかもしれない。これら3つの権限，すなわち，法を制定し，公的決定を執行し，個々の事件を審理する権限を，同一の者またはそれが貴族のそれであろうと，人民からのそれであろうと，同一の団体が執行することは，すべての終わりとなるであろう。」

こうして権力分立の原則は，次々と個人の自由権を保障する各国近代憲法に受け入れられ，重要な統治システムの基本原理の1つとなった。

モンテスキューの唱える厳格な権力分立の思想は，周知の通り，アメリカ憲法の中で開花した。これに対して，イギリスは，同じく権力分立を前提としながら，それを修正して議院内閣制を発展させ，自由権の保障をさらに強化する道を選んだ。

モンテスキューは，権力分立の考えの基礎を，18世紀初頭のイギリス憲法に置いたといわれる。しかし，彼が垣間見たイギリス憲法の状況は，彼の認識より少し先に進んでいたかもしれない。というのは彼が滞在していた当時のイギリスでは，すでに，名誉革命が終わり，権利章典の制定とともに，国王に対する議会の優位（主権）が確定していた[6]。のみならず，この時，イギリスは次第に議員内閣制をも発達させていた。ところが，モンテスキューは，当時，イギリスにおいて「執行権は，まだ，国王によって行使されていたと考えていた」[7]ふしがある。

モンテスキューの思いに反して，イギリスでは，その時すでに「内閣制度が確立しており，国王は，内閣制度の下，議会のメンバーであり，議会に責任を

---

(6) ジェニングスによれば，「モンテスキューがそこに滞在した1732年，あるいは『法の精神』が刊行された1748年において，たいていの他の諸国よりも（イギリスが）はるかに自由であったことは疑いない。モンテスキューはルイ14世がフランスに確立した専制政治と戦うことに関心をいだいていた」（括弧筆者）という。ジェニングス，W. I.（中山健男・奥原唯弘共訳）『イギリス憲法――その由来と現状』（白桃書房・1970年）19頁参照。

(7) Bradley and Ewing, *op. cit.*, at p.90.

有する大臣を通してのみ，政治を行う」(8)（同上）システムへ移行していたのである。すなわち，執行権は，国王の手から議会に責任を有する内閣の手に移っていた。

　したがって，モンテスキューの考える厳格な権力分立は，当然ながら，イギリス憲法において，当時もまた，現在でも，その通りの形では当てはまらない。周知の通り，イギリス憲法上，立法権，行政権，司法権，就中，立法権と行政権は，互いに融合し合っているからである。

　にもかかわらず，モンテスキューの唱える権力分立の思想は，イギリス憲法を離れて，世界各国の憲法に影響を及ぼした。とくにそれは1787年のアメリカ合衆国憲法の中で採用され，フランス人権宣言とともに，近代憲法を推し量るリトマス試験紙のような役割を演じるようになった。

　一般的に，モンテスキューの説く権力分立は次のように要約されよう。

①統治機能には，立法，行政および司法という３つの機能がある。

②これら３つの機能は，立法部，行政部，司法部という３つ機関のいずれか１つに集中して与えられるべきではないし，互いにオーバーラップすべきでもない。それらは，互いに，他方を抑制し均衡（check and balance）し合うべきである。

③１つ以上の機能をいずれかの機関の１つに集中させることは，個人の自由権に対する脅威である。

　このように権力分立の原理に従って，国の統治機構を立法部，行政部，および司法部に分立させ，例えば，新しい租税を導入する法律を作るのが立法部の機能であり，その法律に従って課税し，収税の執行を担当するのが行政部の機能であり，納税者と法の執行担当者である収税税吏との間の紛争を，法律に照らして解釈し，決定するのが司法部の機能である。そしてこれらの機能を国の３つの機関のいずれか１つに集中させてはならず，互いに抑制と均衡に立たしめようとするのが分立の思想であろう。

---

(8)　*Ibid.*

1.2 イギリス憲法と権力分立

上述したように,現代イギリスの憲法学者であるデ・スミスは,権力分立は,現在の統治制度の中で,必ずしも中核的特徴ではないと考えた。ダイシーも,イギリス憲法の基本原理として「法の支配」と「議会主権」を掲げる一方,特別に「権力分立」には言及していない。これに対して,ディプロック(Lord Diplock)最高裁判所判事は,「(それは)イギリスの不文憲法の中で展開されてきた基本的な観念である」[9]と主張する。

このように,権力分立をイギリス憲法の中核的特徴と見るかどうかについて見解は必ずしも一致しないが,前述したように,「権力分立」は,イギリス憲法においても,厳然として存在するし,イギリス憲法を理解する上でも重要であることに疑いはない。イギリスにおいて,立法的機能,行政的機能,司法的機能は,広い意味で,明確に区分され,議会は法律を作り,行政部(「王冠」の名で代表される中央政府)がそれを執行し,司法部は法律を解釈し適用することで紛争を解決するのである。

しかし,すでに述べたように,モンテスキューの言うような「厳格な権力分立」はイギリス憲法においては決して採用されていない。なぜなら,「わが国の憲法のプラグマティックな歴史により,それらの機能が多々融合している」[10]からである。

そのことを知るために,以下に立法部と行政部,司法部と行政部,立法部と司法部の関係についてそれぞれ検証してみることとしよう。

1.3 立法部と行政部との関係

同一の者が,立法部と行政部の一部を形成している例として,国王が挙げられる。国王は行政部の長であるが,同時に立法部の不可欠の要素でもあるからである。しかし,この関係は,国王大権が形骸化している現在では,実質的なものではない[11]。

---

(9) *R v Hinds* (1976) 判決の中で。さらに,ディプロックは,別の判決の中でも「……イギリス憲法は,大部分不文であるが,権力分立に基本を置いている……」と述べている。See *Duport Steels Ltd v Sirs* (1980) 1 WLR 142 per Lord Diplock.

(10) Alder, *op. cit.,* at p 55.

より重要なのは，首相および行政部を構成する諸大臣は，憲法習律によれば，同時に議会の上下いずれかの院の議員でなければならず，閣僚外の大臣もまたそうである点であろう[12]。

これは，イギリス憲法が，18世紀までに，イギリス型の緩やかな権力分立を象徴するものとして，議院内閣制を発達させた結果である。総選挙で，下院の多数の議席を得た党の党首が首相となり，首相が内閣を構成する結果，立法部と行政部が，融合または一体化するわけである。

しかし，両者の関係には，一定の緊張関係がある。すなわち，内閣は，議会の支持を失えばたちまち存立の基盤を失うが，それに対し，内閣は，解散権を国王に助言することによって，議会の不信任決議案に対抗できるからである。

しかし，今日，議会と内閣の力学的関係は，政党の発達により，議会優位から内閣優位に変った。内閣は，議会の多数を占めている与党議員を通じて議会を支配できるからである。

さらに「議会は究極的には（確かに）法定立者であるが，稀にしか自らのイニシアティブで法を作ることをしない」[13]。なぜなら「行政部が法案を提出し，政策を作りまたそれらを履行する」(Alder) からである。また，今日，大臣は，膨大な量の委任立法を作ることによって，立法的機能をも果たすようになった。このように考えると，現実には「（行政部が）イニシエーターであり，（法の）履行者」(Alder) であるという言い方もできる。

しかし，だからと言って，議会の行政部に対する抑制力を過小評価して考えることは正しくない。議会における与野党党首同士のクエスチョン・タイム[14]の時や，各種委員会における議論の中で，法案や政策の執行について，議会は，内閣や大臣に対する抑制力を発揮しようと思えば十分発揮できるからである。このような中で「大臣は，議会で自らを防御しなければならない」し，結局のところ「彼らの政治的生き残りは，選挙民の支持に存立基盤を置いている議会の支持に依拠し」なければならないのである。

---

(11) Munro, *op.cit.*, at p. 322.
(12) これに対して，日本では，過半数が国会議員でなければならないとされているに過ぎない（憲法66条1項）。
(13) Alder, *op. cit.*, at 56.

また，今日，法案はほとんど内閣のイニシアティブによるとはいえ，理論的には，議会のいかなる議員も法案（議員立法）を提出できる。しかし，今日，現実には，議院立法は極端に少なくなっている。というのは「議会の日程が，政府によって抑制されており，結果として政府のイニシアティブの方が優先的に扱われる」（Alder）からである。

確かに法案は政府の支持なしに成立は難しい。しかし，議員立法がまったく無意味であるというわけではない。なぜなら「不成功に終わっても，その法案はある争点に対する一般大衆の注意を引くことができ，それは，ある意味で，権力分立の反映」（Alder）ともいえるからである。

1.4　行政部と司法部の関係

司法部と行政部の関係は，立法部と行政部との関係に比べ，厳格な権力分立がもっとも適用される関係である。もっとも，三権すべての源泉とされる国王に関して言えば，前述したように，国王は行政部門の長であり，立法部の不可欠の一要素であり，かつ裁判所は，国王の裁判所であり，裁判官もまた，国王の裁判官なのである。にもかかわらず，17世紀以来，国王は，職業裁判官の裁判を受け入れ，1700年王位継承法により，裁判官は身分の保障を勝ち取っている。このように，司法権の独立（Judiciary independence）は，イギリスにおいて，世界に先駆けて確立された。

しかし，行政部と司法部との関係において，イギリス憲法上，もっとも厳格な権力分立から見て矛盾に見える点の1つは，大法官（Lord Chancellor）の存在であろう。その存在を，人はしばしば「権力分立の歩く矛盾」（a walking contradiction of the separation of powers）と呼ぶ。なぜなら，彼は，司法部と

---

(14) 1721年以来，議会における質問は，いかなる議員にも認められ，いかなる事項について担当大臣，時として委員会の委員長になすことができる。これにより，国または政府の情報を獲得でき，不当行政を明らかにし，政府に必要な行動を起こさせることが可能となる。庶民院では口頭による質問は1日1時間，しかし書面によって回答を求めることもできる。クエスチョン・タイムでは，時間が60分に限定され，担当大臣の回答は順番があらかじめ決められている。その中で首相が質問に答える「（プライムミニスター）クエスチョンタイム」はとくに有名で，毎週1回水曜日午後3時から30分間行われる。とくに2回以上，質問できるのは野党党首で，この与野党党首同士の論争は一層衆目を浴びる（Oxford Law Dictionaryより）。

しての貴族院の長，すなわち，イギリスにおける最高裁判所の長としての地位にありながら，同時に，内閣の閣僚の1人，すなわちイギリスにおける行政部の長の1人であり，かつ立法部の一院の長，すなわち貴族院の議長の地位をも占め，極めて特異な存在だからである。要するに，最高裁判所の長としての大法官は，イギリス憲法上，集中して三権の長の職責を担ってきた。しかし，2005年に「憲法改革法」（Constitutional Reform Act 2005）が成立し，上院議員の選挙で選ぶ貴族院議長（Lord Speaker）と連合王国最高裁判所が設置され，大法官は立法権および司法権における地位と権限を失い「権力分立の歩く矛盾」を解消した。

さらに司法部と行政部との関係で，厳格な権力分立が希薄とみられるのは，裁判官が行政部によって任命されることである。高等法院判事（High Court judges）は大法官の助言に基づき国王が任命し，控訴院判事（Lords Justice of Appeal）と貴族院判事[15]（Lords of Appeal in Ordinary）は，大法官に諮問した後，首相の助言に基づき国王が任命する。

治安判事（Magistrates）と巡回裁判官（Circuit Judges）は，大法官の助言に基づき国王が任命する。この場合，大法官は，司法部の長ではなく，行政部の長として助言を行うのである[16]。

しかし，裁判所は，行政部によって干渉をうけることなく司法権の独立を保持し，議会の作る法律に審査権を行使できないが，行政部に対しては司法審査権を積極的に行使してきていることは言うまでもない。

---

(15) 貴族院判事は，もちろん貴族院の一員であるが，憲法慣例により，政治的党派に偏ることを避けることを要求されている。逆に，裁判官として機能しない貴族院の他の議員は，憲法慣例により，司法部の裁判に関わることを禁止される。

(16) こうして任命されると，治安判事は，定年は72歳であるが，大法官の裁量により罷免されうるので，身分の保障はない。また，巡回裁判官は，不適格（incapacity）または不行跡（misbehaviour）を理由に，大法官によって罷免されうる。他方，上位裁判所の裁判官は，非行のない限り（during good behaviour），75歳の定年に達するまで，その職に留まることが出来る。ただし，議会の両院の合同決議に基づき罷免されうる。もっとも1830年に一度だけ罷免されたことがあるが，それ以来，非行を理由に罷免された裁判官は見当たらない。

1.5 立法部と司法部の関係

　立法部と司法部が，互いにオーバーラップする側面はほとんど見られない。とくに，下院である庶民院の場合，議員は，1975年庶民院欠格法[17]に基づき，常勤の裁判官職から除外されるであろう。また，2005年憲法改革法により，上院である貴族院の司法的機能も除去されたので，かつての貴族院判事は，独立の最高裁判所にシフトされた。したがって現在では下院議員の身分を兼ねることはない。また，前述したように，大法官は，これまで最高裁判所の長であると同時に，立法部としての貴族院の議長でもあったが，これは解消された。

　立法部と司法部との関係で，イギリスの裁判所は，アメリカ合衆国と異なり，議会主権が確立しているので，立法部の作る法律を司法審査することはできない。委任立法（delegated legislation）に対しては，権限踰越（*ultra* vires doctrine）の法理に基づき，審査権を行使できる。

2　責任政治

2.1　はじめに

　主権者としての国王が政治を行う限り，君主制の性質に鑑み，政府の行為に対する責任を確立することは難しい。しかし，中世時代に入ると，国王の意志は書類に玉璽を付すことによって表わされたが，書類に玉璽を付すのは国王の大臣の1人によってなされるという慣行が発達した[18]。メイトランドは，この慣行の中に大臣責任に関する現代の原理，すなわち，国王権限の行使に対しては，大臣が答弁する責任がある，という原理の出発点とみた[19]。

　1688年の名誉革命により，主権は，国王の手中から議会へ移転した。しかし，この時点で，議会政治というもの，あるいは，議会主権をどのように具体化するかのシステムはまだ確立されなかった。議会主権が確立されても，国政は，国王と国王の大臣たちが一体となって行っており，この時期における彼ら

---

(17)　House of Commons Disqualification Act 1975.
(18)　Bradley and Ewing, *op. cit.*, at p.114.
(19)　*Ibid*. Also See Maitland, *op. cit.*, at p.203.

の政治に対する議会の責任の追及は，大臣に対する弾劾（Impeachment）[20]という手法を通して行うしかなかった。

　しかし，18世紀初頭，ジョージ1世の時代に，国王が閣議に出席しなくなると，国王に代わって閣議を主宰する事実上の首相が生まれ，これが契機となって，内閣が，次第に国王から独立していく事態が生まれる。すると，内閣または大臣らは，国政に対する責任を，任命権者である国王に対してではなく，議会に対して感じていくようになった。こうして，19世紀の中頃までに，内閣は国王の執行権を事実上奪う形となり，行政権の主体は，新しく誕生した首相を中心とする内閣に取って替わられている。

　さらに，19世紀の中盤以降，選挙法の改正，それに対応して，デモクラシーの発達を生む。これにより，議会，中でも下院である庶民院の力が以前にも増して強いものになり，庶民院を中心とする議会が内閣の行政をコントロールする議会政治[21]，すなわち議院内閣制[22]を発達せしめた。議院内閣制の根幹は，以下の通りである。すなわち，①内閣の成員を構成するのは，国会の成員でなければならず[23]，また，②内閣は下院である庶民院の多数の支持がなけ

---

(20)　およそ1世紀にわたり，この責任は，弾劾を通じて，国会によって強行された。すなわち，国家公務員は，反逆罪（treason），重大な犯罪（high crimes）および職務執行に際して犯したと主張される非行（misdemeanours）について，庶民院の訴追に基づき，貴族院の法廷において弾劾を受ける責任を有したのである。17世紀，弾劾は，不人気な国王の政策を攻撃するために国会によって用いられる政治的武器となった。国王が1679年にダンビー（Danby）の弾劾に機先を制するために恩赦を与えたため，王位継承法は，弾劾の法廷において恩赦は主張できないと規定した。純粋に政治的弾劾が行われた最後の例は，1713年に，ユトレヒト平和条約（the Peace of Utrecht）を交渉したトーリー大臣らが，後に，ホィッグで占める庶民院によって弾劾された1件だけである。その後に行われた弾劾は2件だけである。1件は，インドにおける誤った政治により1788年と1795年の間に行われたウォーレン・ヘイスティングス（Hastings, Warren）に対するもの，もう1件は，主張された腐敗により1806年に行われたメルヴィル卿（Lord Melville）に対するものであった。

(21)　今井威『議院内閣制』（ブレーン出版・1991年）は，Parliamentary governmentに関連して，議会政治というと，漠然と議会による政治一般が想起されるので，それよりも議院内閣制という言葉の方が，parliamentary governmentの内容にふさわしいのではないか，という（56頁）。英語の用語としては，parliamentary governmentのほかにparliamentary executiveという言葉もある。そのほか，政党の発達により，国会主導でなく，内閣主導の政治という意味では，cabinet governmentという言葉として用いられている。

(22)　E.g. Alder, John, *Constitutional and Administrative Law*, 2nd edn, 1994, at. 224.

ればならない(24)，というものである。

　これを，政治の主体である内閣の側から見ると，内閣は，庶民院の多数の支持を得るのと引き換えに，議会に対する責任を果たすことが要求されている，ということであろう。これこそが「責任政治」(Responsible government) であり，こうして，「責任政治」は，議会政治の中核部分とされるようになった。このように，責任政治が発達すると，かつて行われた弾劾による責任追及という方法(25)は，次第に時代遅れになっていった。

2.2　責任政治の内容

　ブラッドリー＝アーウィングよれば，「責任政治」とは次の通りであるという。

> 「民主主義の下では，統治する者は，統治される者に対して説明責任を有している (accountable) か，または責任を有して (responsible) なくてはならない。統治する権限は，投票権者の投票に由来し，したがって，投票によって取り消されうるのである。選ばれた代表者の1つの機能は，総選挙と総選挙の間，政府に対して，継続的に，政府の行為と政策について説明を求めることである。これにより，政府は，理由を付して政府の決定を正当化することを求められ，正当化されずもしくは誤ったと思われる決定を下すような場合，批判にさらされるのである。この過程を通じて，選挙民は，次の選挙において，政府の業績がどのようであったか，情報に基づいて，評価することができるのである。その間，この過程は，政府に対する世論形成に影響を及ぼすことにもなる。」(26)

---

(23)　1975年の庶民院（欠格）法2条1項により，庶民院議員が大臣になれるの数は，95名以下とされた。

(24)　それは，究極的には，庶民院の「不信任決議」によって担保されよう。同時に，しかし，この庶民院の「不信任決議」は，政府（内閣）の「議会解散権」によって対抗されている。内閣と議会のこうした緊張関係は，通常，政府の存立が国会の信任に依存しているけれども，他面で，政府は，議会（庶民院）が本当に国民の意向を反映しているかどうかを問うために，国会を解散できるのである。したがって，「議会政治」あるいは「議院内閣制」というものは，国会と内閣の連携または融合をあらわすけれども，前述したように，お互いチェック・アンド・バランスの関係にもあるという意味で，議院内閣制は，権力分立の例外というより，権力分立を前提している，あるいは権力分立の修正と考えるべきであろう。

(25)　理論的には，弾劾の権限は今でも国会によって援用されうるであろう。

(26)　Bradley and Ewing, *op. cit.*, at pp 113-30.

さらに、ブラッドリーらは、"説明義務を有する"とか"説明責任を有する"という言葉は通常多岐の意味をもち、それに伴い、責任政治という概念も、いくつかの形態をとると言う。しかし、責任政治の中核的意味は、ふつう「大臣責任の原則」(ministerial responsibility) であることに異論はないであろう。

1990年代、説明義務の重大な失敗がいくつかあり、おそらくそのことで、責任政治の中核的意味を明確にし、かつ、それを適用する手続を強化する試みがなされた。1996年、イラクへの武器売却事件について、スコット報告がまとめられたが、その中に、政府の政策に関する議会での質問に対して、大臣の回答には、不完全かつ誤解を招くものが多々あり、それに対する批判で貫かれていた[27]。さらに、1996年、庶民院の公的サービス委員会によって提出された報告書の中で、大臣責任はイギリス憲法の中核的な原則であることが確認されるとともに、この原則に固有の諸困難が検討された[28]。

では、大臣責任[29]とは、どのようなものであろうか。マーシャル＝ムーディは、大臣責任を次のように述べている。

> 「大臣らは、政府の一般的行為に責任を有している。一般的行為の中には、君主に法的に付与されている多くの権限の行使が含まれる。その責任は、議会と党を通じて、究極的には、選挙民に負っている。」[30]

大臣の責任のうち、法的責任は、裁判所において追求されうるが[31]、政治的責任は国会において強行される。政治責任には、連帯責任 (collective responsibility) と個人責任 (personal responsibility) がある。個人責任は、当該大臣の管轄する行政部門の行為に対する責任と、政府の政策を追求するために、当該大臣の行政部門によって行使された行為に対する責任とがある[32]。しかし、ここでの責任政治は、政治的責任のうち、「連帯責任」の方を中心に議論していく。また、法的責任もここでは割愛する。

---

(27) *Ibid.*
(28) *Ibid.*
(29) 大臣責任の出現により、「国王は悪をなしえない」という原則が導かれたと言える。
(30) Marshall and Moodie, *Some Problems of the Constitution*, 5th edn, 1971, Hutchinson, Chapter 4.
(31) さらに、大臣および公務員の法的責任 (legal responsibility) もある。
(32) "Questions of Procedure for Ministers", Cabinet Office 1992.

2.3 連帯責任の意味

　連帯責任とは、どのような内容をいうのであろうか。1878年、ソーズベリー卿によって述べられたよく引用される言い回しを紹介しよう。卿は、次のように述べている。

　　「内閣を通過したすべてについて、辞任しないすべての閣僚は、絶対的に、かつ取り消しえないほど、責任を有し、後になって、ある件では妥協したが、他の件では同輩の閣僚に説得された、と言う権利はない。……絶対的責任は、ある決定が下された後、閣僚の一員として閣内にとどまっているすべての閣僚が絶対責任を有するのは、ただこの原則ゆえであり、国会に対する大臣の共同責任が支持され、議会責任のもっとも中核的な原則が打ち立てられるのも、この原則ゆえである。」[33]

　ソーズベリー卿がそう定義してから、その後、この原則の定義は次の形式をとるのが一般的になったようである。すなわち、

　　「連帯責任とは、決定に至った場合には、大臣たちは、共同戦線を維持しながら、しかし、私的には、自由に議論できるという期待をもって、彼らの見解を表明しうることを要求するものである。もう1つの側面として、連帯責任は、内閣および大臣委員会で表明された意見のプライバシーは守られるべきである、と要求する。」[34]

　以上のように定義したとしても、ブラッドリー＝アーウィンによれば、「政治的姿勢を絶対的な言い回しで抑制するのは難しい」[35]という。というのは、現実には、問題によって、閣内における政治的連帯をとることが困難である場合がありうるからである。したがって、どうしても、大臣たちの間で深刻に問題が分裂し、妥協できない時は、「一般大衆に対して、内閣の政策とは一致したくないと思う大臣は、辞任する」[36]しかないであろう。

　ところで、連帯責任には多様な側面があり、固定的に述べることは難しいが、ブラッドリー＝アーウィンは、連帯責任について、7つの側面から興味深く述

---

(33)　Life of Robert, *Marquis of Salisbury*, vol II., at pp.219-20.
(34)　"Questions of Procedure for Ministers", Cabinet Office 1992, para 18. See also Bradley and Ewing, *op.cit.*, at p.116.
(35)　Bradley and Ewing, *op.cit.*, at p.116.
(36)　*Ibid*.

べている。それらのうち、ここでは、以下の3つを紹介しよう[37]。
① 首相および他の閣僚は、国会、とくに庶民院に対して国家的問題について、連帯して責任を有する。現実には、政権党が庶民院で多数を占めている限り、首相は辞任を迫られるとか、国会を解散する可能性はあまりない。総選挙において、内閣はその政策に対する支持を新たに求めることになる。
② 大臣は、その行政部門の行為に対しては個々に国会に対して責任を有しているけれど、もし庶民院がある1人の大臣を審査しようとするなら、政府は、一般的に、その大臣のために一致して陣容を組むことになる。
③ 大臣は、閣僚でいる限り、すべての大臣の連帯責任を共有し、彼らは公の場で政府の政策を批判しえない。しかしながら、ある大臣は、内閣の決定に対して少数意見であるならば、それを内閣の私的な議事録に記録することを要求できる。しかし、それでも、その大臣は、決定された問題に対しては、議会において政府を支持することが期待されるであろう。

3　法の支配または法の優位

3.1　はじめに

H.バーネット（H. Barnett）によれば、法の支配は、憲法原理のうちもっともチャレンジングな原理の1つではあるが、様々な解釈が可能な原理でもある[38]と定義の難しさを述べている。また、近時、2005年憲法改革法（Constitutional Reform Act 2005, c. 4）1条において法の支配が明示的に規定され、これまでコモン・ローの所産に過ぎなかった法の支配の原理が制定法レベルでも明文化された。こうすることで法の支配が判例法から制定法へレベルアップされたが、しかし、法の支配の内容がいかなるものか制定法上必ずしも明確に語られているわけでない。

それはともかく、法の支配という言葉自体はギリシャ時代に遡るとされている。そのなかで今日の法の支配の原型がプラトン、アリストテレスらによりい

---

(37) Bradley and Ewing, *op. cit.*, at pp.116-7.
(38) H. Barnett, *Constitutional & Administrative Law*, 8th edn., (2011, Routledge), at p.52.

かように考えられていたか探り，他方で，ヨーロッパ大陸諸国と異なり，法の支配が中世以降イギリスにどのように独自に発展して行くか見てみよう。

(1) ギリシャ哲学における法の支配の原型

法の支配という根源的な思想自体はBC4世紀を中心とする古代ギリシャに由来しているとしばしば指摘される。プラトン（紀元前427年-紀元前347年）は，『法律』[39]において法の支配とよき人の支配を比較考察したうえで，どちらかというと（そのような人が見つかる限りにおいて）"よき人の支配"（the rule of good men）に軍配を上げた感がある。所謂プラトンの「哲人政治論」である。

しかしながら，第9巻（875d；同趣旨プラトン『政治家』293c）において，プラトンは，

「しかし，現実には，そのような，そのような能力を備えているものは，どこにも決して見いだされはしないのである。ただし，いくらかそれらしい能力をそなえているものはいるけれども。だから，それゆえにこそ，わたしたちは次善のものとしての規則や法律を選ばなければならないのである。」[40]

とし，最善とはいえぬが次善の統治手段として「法律による統治」を提唱している。さらにプラトンは第12巻第3章で，ポリスの役人は全てに関して法に従わなければならず，「もし彼らのうちの誰かが，監察官に選ばれたことに慢心し，選任されてから後に，人間性の弱さを露呈して悪しき者になったなら，誰でも欲する人は，その者を告発できるように法は命ずるべき。」[41]（947e）とし，その点でも，行政権の濫用を法で規制するという，後の「法の支配」の概念に通底する言い方をしていることが理解されよう。

これに対して，プラトンのイデア論に比し，より現実的な思考を有していた弟子のアリストテレス（紀元前384年-前322年）は，『政治学』[42]の中で，よき

---

(39) Plato, *The Laws*.
(40) プラトン（森進一・池田美穂・加来彰俊訳）『プラトン全集第13集　ミノス・法律』（岩波書店・1976年）563頁を使用。
(41) 同上訳730頁。
(42) Aristotle, *The Politics*.

人の支配の「よき人」を確保することの難しさゆえに、如何なる「人による統治」よりも、個人の情念に左右されない「法（ノモス）による統治」がより優れている[43]と次のように指摘した。「したがって法律が支配することの方が、国民のうちの誰か一人が支配するよりむしろいっそう望ましい」（アリストテレス『政治学』第3巻第16章1287a）[44]とする。

　ここでいうノモス・法律とは、成文法であれ不文法であれ、人間理性（ロゴス）に依拠」するものであり（プラトン『政治家』295a；アリストテレス『政治学』1286a)、その意味で、アリストテレス学者 Fred Miller Jr. の指摘する通り、プラトンおよびアリストテレスの考えるノモスは、いずれも理性に依拠している（プラトン『法律』644d, 714a, 645a etc.；アリストテレス『政治学』第3巻第16章1287a）。それゆえに、個人の情念の影響を受けない法の安定性という思想を有しており、二人の思想は、「法の統治論」の中核にあるといっていいのではないかと結論付けている[45]。

　しかしながら、ここでいう法の支配論は、あくまで今日の法の支配の根源的な思想ないし原型に過ぎず、近代的法システムの下で制度化され、保障された法の支配に発展するのはずっと後のことである。それではその後、それがどのように発展していくかであるが、プラトンやアリストテレス的な考えは、ヨーロッパ大陸において次第に君主が法の上に立つという考えに譲歩を余儀なくされていく。すなわち、後期ローマ時代帝政期ローマにおいては、ローマ法学者で皇帝官僚でもあったウルピアヌス（d. 228）は「君主は法から解放されている Princeps legibus solutus est.」(D. 1. 3. 31)[46]や「君主の欲するところが法としての効力を持つ Quod principi placuit, legis habet vigorem.」(D. 1. 4. 1. pr.)[47]などとしており、異教時代のローマでも君主はすでに法の上に立つとされた。このような傾向は学者によっては、「古代ローマの共和制的ではない」という意味で「ビザンツ的」とも称される[48]。さらにキリスト教隆盛の時代

---

(43)　「法による統治 (government by law) は、如何なる個人による支配よりもすぐれている。」(Aristotle, *The Politics* 参照).
(44)　アリストテレス（山本光雄訳）『政治学』（岩波文庫版・1961年）170頁.
(45)　Fred D. Miler, "The Rule of Law in Ancient Greek Thought", in M. Sellers, T. Tomasewski, The Rule of Law in Comparative Perspective, (Berlin, 2010), pp. 11-17, at 17.

になると、君主は人ではなく神に従うという考えに変化し、やがてヨーロッパ大陸諸国において君主の統治の正統性は神の王に対する俗世統治の委任、とくに近世における絶対王政の理論としての王権神授説に結実していく[49]。

(2) 法の支配のイギリスにおける発展

しかし、その中にあってイギリスでは、法の支配（the rule of law）が独自の形で発展していく。前述したように、1215年のマグナ・カルタ、および同じ13世紀、その著書『イングランドの慣習と法』の中で、ブラクトンは、「王は神と法の下にある」と述べ、中世のイギリスでは、国王さえ服従すべき高次の法あるいは根本法があるとの「法の優位」の原理を明らかにした。さらに、前述したように、ブラクトンの言葉は、1607年「国王禁止令状事件」（前述19頁）において、ジェームズ1世の主張する王権神授説と対峙した時、首席裁判官サー・エドワード・クック（Sir Edward Coke, c.1522-c.1634）によりこれに反駁する論拠として引用され、法の支配の伝統は確固としたものとして落着するかに見えた。しかし、さらにジェームズ1世に続くスチュアート諸王により、

---

(46) Brian Tierney, "The prince is not bound by the laws: Accursius and the origin of the modern state", Comparative Studies in Society and History, 5 (1962), pp.379-400; R. C. van Caenegem, Legal History: A European Perspective, (London, 1991), 'Princeps legibus solutus, pp. 122-3. しかしながら、一方で、J. I. 2. 17. 18「余は法から解放されてはいるが、法に従い生きるものである。*licet enim soluti sumus attamen legibus vivimus*」や、C. 1. 14. 4.によって、「君主は自主的に法に従う」という観念が帝政期のローマ法内で形成されていたことも忘れられてはならない。

(47) ブラクトンと当法源の関係性について、E. Lewis, "King above Law?: 'Quod principi placuit in Bracton'", Speculum, 39(1964), pp.240-69. なお、当ウルピアヌス文は、フォーテスキュー『英法礼賛』においては、大陸法が英米法と違い「中央集権的絶対王政」であることの根拠として利用された。

(48) 例えば、Dieter Simon, "Princeps legibus solutus. Die Stellung des byzantinischen Kaisers zum Gesetz", in Dieter Nörr & Dieter Simon, eds, Gedächtnisschrift für Wolfgang Kunkel, (Frankfurt a. M., 1984), pp.449-492. 本邦の古い教科書では「ビザンツ的」との表現が散見されるが、異論を提起できよう。むしろ、ギリシャ文化圏では、君主といえども法には従うべきであると思想が古代ギリシャ哲学以来連綿と続いており、それがユ帝法 J. I. 2. 17. 18「余は法から解放されてはいるが、法に従い生きるものである。」に影響を与えたとの論文がある。

(49) 例えば、A. Wallace-Hadrill, Civilis Princeps: Between Citizen and King (1982) Vols. 72 Journal of Roman Studies 32-48 at p.39.

繰り返し王権神授説が蒸し返されるや，1649年のピューリタン革命，1688年の名誉革命により，法の支配は動かざる原理として確定し，今日におけるイギリス憲法の最重要の基本原理の1つへと昇華されたのである。

ここでの法の支配のコアの部分には，法に対する人民の支持があり，法の正統性として通常裁判所の裁判官たちが蓄積した判例，すなわちコモン・ローの支配という考えに立つ。要するに，法の支配は，為政者の作る法あるいはコモン・ローの権限を恣意的に逸脱する権限の行使を排斥しようとして法曹が作り上げ，時に応じて議会がそれを補完し，人民の支持する栄光の原理であり，それはしばしば「人の支配」ないし「力の支配」と対比され，国家権力はひたすらコモン・ローに基づく統治を求められるのである。もっとも，17世紀の憲法闘争の結果，イギリスでは議会主権が確立したため，法の支配の法は，コモン・ローと議会制定法を重ね合わせた法の支配へと転換する(50)。

このような中世以来の法の支配を原理的にさらに精緻化したのが19世紀半ばのA.V. ダイシー（Dicey, Albert Venn, 1835-1922, 後述）であった。彼は1885年，『憲法研究序説』（An Introduction to the Study of the Constitution, 1885）を著わし，後に述べるように，法の支配を3つのサブ原理から成ると看取した。

彼の描いた法の支配は，主として19世紀の自由放任主義を謳歌する時代に書かれたため，個人的自由など市民的かつ政治的自由に重きを置く，伝統的・ホィッグ的な法の支配であったとされる。しかし，その後の20世紀にイギリ

---

(50) 1610年，クックによる医師ボナム事件の判決は，コモン・ローに反する制定法は無効と判示し，コモン・ロー優位の考えを提示した。しかし，1688年の名誉革命で，議会主権が確立し，コモン・ロー優位の考えは斥けられ，イギリスのコモン・ローでは今日までその考え方が主流であり違憲立法審査権は存在しない。けれども，クック流の考えに従い，アメリカにおいては，1803年のマーベリ対マディソン事件の連邦最高裁判決により，制定法に対する司法権優位が確立された。それでも，なお1610年イギリス議会（庶民院）におけるT.ヘドリー（c.1569-1637）のスピーチには耳を傾けるに値するものがある。「…なるほど議会は，コモン・ローにおけるいくつかの欠陥を見出し得る。しかし，いかなる賢明なる議会といえども，コモン・ローのような優れた法を作りえないのである。」（Thomas Hedley or Hetley, 28 June 1610 Speech in Parliament, in Elezabeth Read Foster, *Proceedings in Parliament 1610*, 2 vols., New Haven, 1966, at p.291）。Cf.思想史家ポーコック『古来の国制と封建法』（J. G. A. Pocock, The Ancient Constitution and Feudal Law, (2nd ed, CUP, 1987), p.271を参照。ただし，ここでの議論は，「コモン・ロー対制定法」による司法審査という「対立的構造」でなく，議会制定法はコモン・ローに一致するべきであると「調和的」に理解されなければならない点に留意すべきである。

ス社会が福祉国家時代に入ると，これも後述するように，自由放任主義は社会的経済的権利という観点からジェニングス（後出）らに修正を迫られる。しかしそれでも法の支配に関する彼の理解の基本的部分は，イギリス憲法の通説的解釈として今なお重要である。

3.2 法の支配の意義と法治主義

このように，法の支配の強さは，危機が訪れるたびに，臣下がそして人民が権力と闘って跳ね返した決然とした歴史に裏付けられている。もし法の支配と法治主義とを比較して，どこに違いがあるかを問われた場合，法治主義には権力による圧政に際して危機を跳ね除けた歴史にどれだけ裏付けられているかに不安があることであろう。

過去の法治主義を単に形式的意味の法治主義と捉えてこれを斥け，現行の日本国憲法の下の法治主義は，今や実質的な意味の法治主義に転換したと捉える意義はそれなりに高いかもしれない[51]。しかしながら，果たして，今後，近世的な中央集権的国家プロイセンにおける「官僚主義」，「法律による官僚行政」をその中核とする「法治国家 Rechtsstaat」論をその淵源とする所謂「実質的（修正）法治主義」に危機が訪れたとき，「法の支配」と同様に，かかる危機を跳ね返すだけの強さを発揮することができるであろうか，いささか不安が拭えないが，歴史の審判を待つのみである。

3.3 ダイシーと「法の支配」の原理

A. V. ダイシー（Dicey, Albert Venn, 1835-1922）[52]は，19世紀の後半，多くの判例を検証して「法の支配」を分析し，それはイギリス憲法の主要な柱の1つであり[53]，少なくとも3つのサブ原理から成っていると結論づけた。

それら3つの原理を考察する前に，少し，ダイシー自身について触れておこ

---

[51] 近年，法治主義を形式的法治主義と実質的法治主義に分けて考えようとする傾向がある。また，同じヨーロッパ大陸にあっても，ドイツ型とフランス型では相当違う。杉原によれば，フランス型はむしろ人権保障の立場にたち，とくにレオン・デュギー（Duguit, Leon）によれば，法は主権者に対する命令だとする。杉原泰雄「法の支配の思想」小林直樹・水本浩編『現代日本の法思想』（有斐閣・1976年）54頁を参照のこと。

う。彼は，政治的には，リベラルとされ，自由貿易を説き，個人主義を標榜する学者であった。国家の集散主義を嫌ってはいたものの，やがて，彼の生きた後半の時代は，次第に，経済活動に対する国家の規制が増大し，国家による給付も不可避の状況になって行く[54]。その意味で，「法の支配」は，彼の生きた前半，個人主義または自由放任主義の謳歌する時代の所産物であった。したがって，20世紀の憲法学者であるジェニングス[55]が，ダイシーの説く「法の支配」を，鋭く批判したのも無理はない。

その意味では，ダイシーの説く「法の支配」は，基本的に，彼の時代に則して読まれることが大切である。その前提に立ち，彼が言うところの「法の支配」を構成する3つの原理とは何かを検証する。しかし，同時にジェニングスの現代的批判も，併せて付記するものである[56]。

(1) ダイシーの第一の原理

ダイシーは，まず「政府官吏は，広範かつ恣意的もしくは裁量的権限を持ってはならない」[57]ことを主張した。すなわち，「何人も，通常の裁判所におけ

---

(52) A.V.ダイシーは，19世紀，ヴィクトリア朝期の憲法学を代表する学者で，彼が著わした『憲法研究序説 Introduction to the Study of the Law of the Constitution』（初版1885年）にみる憲法の諸原理の解釈は，「ダイシー伝統」として，今日でも権威ある理論形成の出発点として評価されている。他に『国際私法 A Digest of the Law of England with Reference to the Conflict of Laws』（1896年）ほか，政治論でもある『法と世論 Lectures on the Relation between Law and Public Opinion in England during the 19th Century』（1905年）の著者としても知られる。その生涯および業績についての代表的基礎研究として，R. A. Cosgrove, The Rule of Law : Albert Venn Dicey, Victorian jurist, (University of North Carolina Press, 1980)，ダイシー（伊藤正己・田島裕訳）『憲法序説』（学陽書房，1983年）の巻末にある訳者解題445-503頁。さらに加藤紘捷・菊池肇哉訳，A.V.ダイシーが，オックスフォード大学ヴァイナー教授位就任および離任論文として書いた2つの論文「英国法は大学で教えることが可能か？」日本法学80巻1号85-141頁（2014年）と「ブラックストンの『英法釈義』」日本法学78巻4号65-118頁（2013年）の各訳者解題を参照されたい。
(53) ダイシー（伊藤・田島訳）・前掲訳書183頁以下参照。
(54) しかし，行政需要が増大する彼の後半生において，彼も，次第に時代の変化を認識し，『憲法序説』の最後の改定版（1908年）では，率直に自説を修正している。
(55) 1929年から1940年までロンドン大学で講義，その後ケンブリッジ大学へ。"The Law and the Constitution"(1933)にてダイシーの論拠を批判。
(56) ジェフリー＝ジョエル（拙訳）「『法の支配』の現在」駿河台法学第8巻第2号43頁（1995年）参照。

る通常の法的手続きで確立された法に対する明白な違反のない限り処罰されえないし、合法的に身体もしくは財物において侵害されえない」とした上で、「この意味で、法の支配は、広範または恣意的または裁量的な権限を持つ者による権限の行使に基づくあらゆる統治制度と対立する」と述べた。これで分かることは、法の支配が、「恣意的な権限の行使と逆の、正規の法（regular law）の絶対的優位もしくは支配」を意味しているということである。裁量権があるところ、必ずや、恣意的判断の余地あり、ということであろう。恣意的判断を許せば、当然ながら、個人の自由が損なわれる余地を残す、というのである。

ジェニングス[58]（Sir Ivor Jennings, 1903-1965）は、『コモン・ローと憲法』(*The Law and the Constitution,* 5th edn., 1959) の中で、ダイシーの第一の原理について次のように主張する。ダイシーは、あたかも、広範かつ裁量的権限が濫用されており、そのような権限は、付与されるべきではない、といっているが如きに聞こえる。しかし、今日では、中央政府も地方のそれも、裁量権を有しており、他の国のように、この国でも、それは"正規の法"の一部になっている、と指摘した。その上で、ジェニングスは、次のように述べた。

　「もしわれわれがわれわれの周囲を見渡すならば、公的な機関が事実上広範な自由裁量権を保持していることに気づかないわけにいかない。ダイシーが1885年に書いたときでさえ、多くの自由裁量権が法の一部を形成していた」[59]

ジェニングスの指摘を待つまでもなく、ダイシーの第一の原理は、基本的には、今日でも主張できるが、20世紀から21世紀の今日、部分的には若干の修正が必要かもしれない。なぜならば、給付あるいは福祉国家時代に入り、法は、今や、「法への明白な違反」がないのに、政府に対して私人の財産権へ干渉する権限を与えているからである。

---

(57) 以下、ダイシーの言葉は、ダイシー（伊藤・田島訳）・前掲訳書によることとする。
(58) A. W. ブラッドレー（拙訳）「サー・ウィリアム・アイヴォア・ジェニングス：生誕百年記念論文」(A. W. Bradley, "Sir Ivor Jennings: A Centennial Paper") 早稲田法学83巻3号265頁（2008年）参照。
(59) ジェニングス（中山健男・奥原唯弘共訳）『イギリス憲法——その由来と現状』（白桃書房・1970年）51頁参照。

(2) ダイシーの第二の原理

続けて，ダイシーは言う。「われわれがわが国の特徴として"法の支配"を語る時，それは何人も法の上になく，またこの国のあらゆる者は，その者の地位もしくは身分がどうあろうと，国の通常の法に服しかつ通常の裁判所の管轄権に服するということである」と。これはとりもなおさず，法の前の平等を意味し，「いかなる公務員，それが，上が首相から下は警察官もしくは収税吏に至るまで，法的正当性なしになされたいかなる行為も，個人と同様の（不法行為上の）責任を有する」ということであろう[60]。当時，イギリスにおいて，政府官吏，警察官らのために，国の代位責任を認める行政法は存在しなかった。

第二の原理に関しても，ジェニングスは，批判を加えた。公務員の公法上の権利・義務と，一般人のもつ権利・義務とは，平等でない，ダイシーは，そのことを認識していたが，公務員に関する公法については何も言わず，不法行為上の問題のみに焦点を当てた。もちろん，公務員の不法行為上の問題では，侵害されたと主張する個人は，争うことはできる。しかし，法の支配という崇高な原理を説明する際，不法行為上の問題は，さほど重要な問題ではない，と指摘した。

今日，ダイシーのいう第二の原理は，かなり修正が迫られていよう。上のダイシーの主張の中で，「通常の裁判所の管轄に服する」という場合，現代では，どうであろうか。例えば，内国歳入庁 (Commissioners of Inland Revenue) によって課された所得税の額を争う場合の個人は，申立てを内国歳入庁自体にしなければならない。内国歳入庁での申立てはそこで最終となり，したがって，通常の裁判所への上訴の道はない。また，個人が，移民や国外追放に関して，内務大臣の決定を争おうとしても，その決定は原則として最終である。争える場合であっても，申し立ては審判員 (Adjudicator) か，移民上訴審判所へ付託されるのみである。審判員は内務大臣によって任命され，審判員または移民上訴審判所の決定に対しては通常裁判所へ上訴できないことになっている。

これらのことから個人と国家の間の争訟は，もはやダイシーの主張と異なり，

---

(60) ただし，君主はこの国の通常裁判所の管轄権には服さないという例外はある。もっとも1947年の国王訴訟手続法は国王の法的免除権や特権を一定程度削減した。

通常の裁判所で処理されるとは言えなくなっている。かりにそれができたとしても、通常の裁判所は、私人間の争いに適用されない行政法の原則を適用するであろう。ダイシーは、当初イギリスにはフランスにおけるような独立の行政法は存在しない、と指摘した。しかし、現代における状況はその主張を否定するものであり、今日におけるイギリスにおいては、行政法は、契約法や不法行為法などと同じように、独立した一団の法の部門である。もっとも、これについては、冒頭で述べたように、ダイシー自身、その晩年に、イギリスにおける行政法と行政裁判所の存在を認め、率直に自説を修正した。

(3) ダイシーの第三の原理

ダイシーが言う「法の支配」の第三に重要な点は、「イギリス憲法が、この国の通常法の結果である」とした。すなわち、「わが国の一般原則（たとえば人身の自由とか集会をもつ権利）は、通常裁判所に提起された特定の事件における私人の権利を決定する司法的判決の結果なのである」と。これに対し、「他の多くの外国憲法の下では、個人の権利に与えられる保障は、そこでの憲法の一般的原則の結果であるか、またはそうであるかのように思われる」という。

これは、いうなれば、イギリス憲法上、個人の権利は、特別の「権利章典」とか成文憲法に依拠しているのではなく、それらの権利が侵害された時の救済の仕方に強調をおいた言い方である。判例法の国から見れば、権利章典とか成文憲法というものは、いかに優れた宣言であっても、それは単なる権利の宣言にすぎない。これに対し、イギリス憲法上、言論の自由や集会の自由など市民的自由は、個々の事件における司法的判決の結果であり、そのような法の支配こそ、第三の原理の意味するところである、とダイシーは考えた。

これについても、ジェニングスは、疑問を投げかける。すなわち、国王の権限や行政当局の権限は、個人の権利によって制約を受ける。また、個人の権利も、行政権によって制約を受ける。それは両方とも、正しいのである、と。私権に対して国家の介入が必然的になった今日と、ダイシーの生きた個人主義の時代とはおのずと異なる。したがって、ジェニングスの指摘は正しい。しかし、それでも、ダイシーの第三の原理については、今日でも、かなりの部分、そのまま適用されよう。

ただし，序論で述べたように，ヨーロッパ人権条約やヨーロッパ連合法との関係で，イギリスでも，今日，新しい硬性憲法的な権利章典や成文憲法を採用すべきであるとの主張が存在することは冒頭で述べた通りである。その意味でダイシーの主張する第三の原理は将来とも変化がないとは言えない状況にあることは事実である。

3.4 "形式的"法の支配と"実質的"法の支配

Webley & Samuels(61)によれば，法の支配に関する理解には大きく分けて2つの学派があると考える。1つは，形式学派（formal school）であり，他方は，実質的学派（substantive school）であるとする。前者においては，4点を挙げ，①法が所定の手続きによって制定されること，②法は，明白であり，安定しており，かつ確実なものであること，③何人も明白な法の違反がない限り，何人も国家により処罰されないことを規定していること，④法は，その地位にかかわらずすべての者に平等に適用されるものであること，これらが満たされるのであれば，その国は法の支配に従っていると考える。彼らは伝統学派（traditional school）とも呼ばれる。

他方，後者においては，法が，これらに加えて，さらに法の内容に関してさらなる一定の条件を満たす必要があると考える。その条件とは，人権あるいは一定の道徳律（moral）をも満たさねばならないとする。たとえば，ビンガム卿元大法官（Lord Bingham）は，法の支配を構成するいくつか鍵となる原理を挙げているが，その中で特に法の支配の法は基本的人権に十分な保障を与えねばならないとしている(62)。

---

(61) L. Webley & H. Samuels, Public Law, Text, Cases and Materials, (Oxford University Press, 2009) at 82-83.
(62) Lord Bingham, The Rule of Law, (2007) 66 CLJ 67 を参照。

4 議会主権

4.1 はじめに

「議会主権」(the Sovereignty of Parliament) の原理についても，何より，「法の支配」でも指摘したダイシーを抜きにしては語れない。彼は，議会主権こそ，イギリス憲法の「かなめ石」(keystone) であると述べた。このように，議会主権は，不文憲法としてのイギリス憲法を支える主柱 (main pillar) である。この柱を取り去ってしまえば，イギリスの憲法体制は，直ちに崩壊するほど重要なものであるといってよい。

議会主権 (Parliamentary sovereignty) は，本書の憲法小史で述べたように，1688年の名誉革命で確立されたわけだが，国王から取り上げたはずの主権は，議会の一角を国王が占め，議会主権は，選挙で選ばれる庶民院と選挙の荒波を受けない貴族院と国王の三者からなる議会に分有されただけである。新しい議会主権体制を無条件に近代的なものと評価するのは早計であり，この時点で真に市民革命が目指したはずの議会主権が確立したとは言い難い（既出）。議会主権が真に確立するためには，

①君主制を廃止できないのであれば，残存する国王のもつ国王大権を限りなく形骸化すること（少なくとも，そのうち，国王の法案に対する拒否権を形骸化する必要がある）

②議会が真に国民の代表機関に成長すること（それには男女の普通選挙権の成立が必要）

③選挙で選出される庶民を選挙で選出されない貴族院より優位にすること（貴族院改革の必要）

の3つが望まれよう。

①であるが，法案に対する国王の拒否権の行使は1708年のアン女王によるスコットランド民兵法 (Scottish Militia Bill) の裁可拒否が最後といわれている[63]。以後，今日まで，一度も法案に対して国王による拒否権は行使されていない。国王の法案に対する拒否権はこうして形骸化された。こうなれば，国王の手から主権は切り離され，議会主権は，相当程度絶対的なものに近づいた

といえるかもしれない。

　②であるが，これが実現するためには産業革命（一応1760年代から1830年代までとされている）を待たねばならなかった。なぜならば，庶民院議員選出の選挙区は，地主，特に大土地所有者の貴族やジェントリに事実上握られていたからである。しかし，産業革命の結果（後述），各地に工業都市が出現し，新たな階層である産業ブルジョワおよび都市労働者が選挙法の大改正を求めていくからである。1832年，選挙法の大改正が行われた（後述）。これを契機に議会からこれまでの特権階級は次第に駆逐されていき，やがて議会は真の国民の代表機関に変貌を遂げていく。議会制民主主義の成立への道である。

　③であるが，これは①②に比べて若干遅れた。しかし，庶民院が人民予算[64]を通そうとして貴族院と衝突する1909年以降貴族院の近代化および改革が強く求められていく。

　このような時代背景をもつ1855年にダイシー『憲法研究序説』の初版が出版され，"Parliamentary sovereignty"，すなわち絶対的な議会主権が確立されたとする権威ある理論，すなわち「ダイシー伝統」Dicean traditionが形成される出発点となった。そこでのイギリス議会は形式的には相変わらず「国王における議会」ではあるが，もはや国王の法案に対する拒否権は行使できるはずもなく，「国王における…」という枕言葉は実質的にはなきに等しくなっていく。それは上で述べたように，1832年の選挙法の大改正を皮切りに，国民が代表者を選び，その国民の代表者が議会主権を行使する。ダイシーはさらにそのような中で主権を政治的主権と法的主権に分け，政治的主権は国民に，法的主権は議会にあると見て取った。その意味で，議会のもつ主権とは法的主権にすぎないのであり，議会主権はそのように理解すべきことが明らかにされた。

　しかし留意すべきは，議会主権はダイシーが打ち立て，学説として主張した

---

(63)　スコットランド民兵法案。スコットランドに民兵を認める法案だったが，アン女王は不信感を抱いたため，1708年3月11日，両院を通過した法案を女王は裁可権を拒否した。

(64)　1909/1910 People's Budget：アスキス自由党政権（Herbert Henry Asquith, 1852年-1928年）内閣の蔵相であったロイド＝ジョージ（1863～1945, 1916～22年に首相を務める）は，「貧困と悲惨を根絶するための戦争の戦費」と称して「国民予算」を議会に提出した。この予算案が上院で否決されたので（1909），下院を解散して総選挙で政権に返り咲き，1910年，再度人民予算を議会に提出。世論を背景に上院を屈服させて同予算を成立させた。

原理ではない。議会主権は基本的に 1688 年の名誉革命で落着し,それ以降,議会主権の意味と内容を通常裁判所が多くの判例を通じて徐々に形成してきた(65)。ダイシーはこれらの判例により明らかにされた議会主権を体系的に理論化し,イギリス憲法の重要な基本原理として我々の面前に解釈して見せたのである。では議会主権とは何か。ダイシーは言う。

> 「国会主権の原理の意味するところは,これ以上でもこれ以下でもない,すなわち,イギリス憲法(English Constitution)は,いかなる法を作る権利も,作らない権利も有している,さらにいえば,いかなる者も,またはいかなる機関も,議会の立法を乗り越える,または取り消すことなど,イギリス法(the law of England)において決して承認されない,ということである」(Dicey, 1915, *op. cit.*, at 37-8)。

4.2　ヨーロッパからの挑戦と議会主権の揺らぎ

　しかし,このようなダイシー伝統は今日なお,イギリス憲法の通説的理解として権威あるものと評価はされる一方で,ダイシーが『憲法研究序説』を書いてから 90 年近く経過した 1970 年代,さらに現在も,議会主権のダイシー的解釈は内外より大きなインパクトを受けている。内からの問題の一つとして,議会の持つ主権の一部が 1990 年後半にスコットランドに地方分権化(Scotland Act 1998 後述)し,自治議会が設置されたことで受けているインパクトが挙げられよう。究極的にスコットランド自治議会への分権は中央議会により取り戻せるとの奥の手の議会主権の考えはあるものの,事実上それは容易ならざることであり,議会主権がそれだけ制約されたとの主張も出てくるであろう。

　さらにまた外からの問題として,承知の通り,ヨーロッパからの大きな挑戦を受けていることが挙げられよう。ヨーロッパからの挑戦とは,一つは EU からのそれであり,今一つはヨーロッパ人権条約からのインパクトであろう。前者は 1972 年欧州共同体法(本書では折に触れ,単に「1972 年 EC 法」とも称する)により,また後者は 1998 年人権法(1998 年 HRA)によりそれぞれ効力が国内に及ぼされた。

---

(65)　See *e.g.*, Giussani, E., *Constitutional and Administrative Law*, (Sweet & Maxwell, 2008), at pp. 92-3.

1972年EC法についていえば、それにより導入したとされるEU法（直接効力のある）の優位性の原理が議会主権の原理とは矛盾することは明らかである。この関係を明確にしていかない限り、イギリスがEU法を国内法に導入して出来あがった新たなイギリス法体系に矛盾が残る[66]。これを解決する第一線は裁判所であるが、初期判例は新しいEU法秩序を形成したとされる設立条約の新規性（novelty）を評価しない態度であった。しかし、1990年代、裁判所は次第に設立条約の新規性に評価を与え、結果的に議会制定法の優位性（絶対性）より限りなくEU法に優位性を与える方向に傾きつつあった。その意味で議会主権の至高性に危機が訪れ、究極的に議会主権のダイシー伝統はある意味で崖っぷちに立たされる状況を呈してきたわけである。しかしそのようなとき、保守党政権は判例がこれ以上進むことに歯止めをかけるかのように、レファレンダム・ロック（錠前に鍵をかける）を前提とする2011年主権委譲制約法（European Union Act 2011）を制定した。これについては改めて検討するが、イギリスの議会主権がこれまでEU法の優位性からいかに特段のインパクトを受けているか窺い知るであろう。

他方、1998年HRAについてはヨーロッパ人権条約とイギリスの議会制定法が衝突したとき、EU法の場合と違い、裁判所は4条にいう不一致宣言をするしかない。EU法の法源にはEU基本権憲章があり、それには加盟各国が受け入れたヨーロッパ人権条約も含まれるので、不一致宣言を受けたとき、イギリスが人権条約上の権利を無視することは難しい。その際、結果的に議会が制

---

(66) 筆者はEU法の優位性とイギリスの議会主権との関係について、EC加盟前、加盟直後の1970年代におけるイギリス憲法学界の議論を早くから研究テーマの一つとし、結論の方向性を見出すべくイギリスにおける学界の議論、イギリスの判例の動向を探ってきた。以下の拙稿を参照：「英国の1972年欧州共同体法と国会主権」名古屋自由学院研究紀要15号25頁（1984年）、「イギリスのEC加盟10年——欧州統合の狭間におけるイギリス裁判官のジレンマ」中京大学社会科学研究4巻2号1頁（1984年）、「欧州統合の新たな展開とイギリス憲法の課題」駿河台法学4巻1号65頁（1990年）、「EC法とイギリス裁判官の解釈態度——国会主権のダイシー伝統は変容したか」比較法研究58号109頁（1997年）、「欧州統合とイギリス憲法における国会主権—判例の傾向を探る」駿河台法学17号137頁（1996年）、「イギリス憲法とヨーロッパ——L.スカーマン卿『イギリス法——その新局面』発刊30周年に際して」駿河台大学比較法文化13号35頁（2005年）、「イギリスの議会主権と議会制定法の階層化について——EC法の優位性とイギリスにおけるコモン・ローの発展」日本法学77巻2号43-82頁（2011年）ほか。

定法を改正することが求められようが，そのことをどのように理解するか，ある者は事実上人権条約に基づく司法審査制が整ったと主張する論者がいるであろうし，他の者は，いやまだそこまでには至っていない，究極的にはなお議会主権は守られていると論じることであろう。

この議会主権をめぐる現代の諸相については後に検討するが，まずはダイシーの考察する議会主権の基本的な意味を先づは見てみよう。

4.3　議会主権の通説的意味

ダイシーの述べる言説は，今日でも，ダイシー伝統（Dicey Tradition）と呼ばれ，議会主権の通説的解釈とされているので，冒頭に掲げたダイシーの考えをもう少し吟味してみよう[67]。彼の言説を一言で言えば，イギリス憲法上，議会の立法権限に対しては事項を問わず何ら法的制約は存在しない，と要約されるであろう。これをさらに簡潔に表現したものとしてよく引用されるのがスイスの憲法学者デロルム（Jean Louis Delolm, 1740-1806）の言葉である。彼は「イギリスの議会は，女を男にする，男を女にする以外に何でもできる」と評した。しかし，ダイシー伝統と呼ばれる解釈による議会主権の原理は一般的に次の2つの原則から成るとされる。

(1) 第一の原則「議会は後の議会を拘束しない」

これは，ある意味で，議会主権の消極的側面を有する原則とされるが，議会は後の議会を拘束しえない，とする原則である。ここでは過去の議会と今あるいは将来の議会とを比較して，主権は常に，古い議会より，新しい議会に与えられるということである。したがって，ある時点で，議会がある制定法を作っても，後の議会がそれに反する制定法を定立すれば，後の議会の方に主権が与えられるので，もし，前と後の制定法が矛盾していれば，後の制定法に優位性が与えられることになる。この点については，ブラックストーンも，「立法権

---

(67) A. C. ブラッドレー（拙訳）「国会主権——不朽のものか」駿河台法学第7巻第1号41頁（1993年）参照。また，1970年代に議会主権に対する関心が高まったとき，ダイシー伝統の立場から，フィリップスによって提示された諸説について，坂東行和『イギリス議会主権——その法的思考』（敬文堂・2000年）6頁以下を参照。

者は，地上において，いかなる優越者を認めない。もし従前の議会の制定法が，後の議会を拘束しうるならば，従前の議会は後の議会より優越者とならざるをえない」と述べている。

たとえば，1700 年「王位継承法」（Act of Settlement 1700）と 1936 年「国王陛下退位宣言法」（His Majesty's Declaration of Abdication Act 1936）の場合を見てみよう。議会は，1700 年に，王位継承法の中でイギリスの王位への即位を規律する法を定めた。しかし，議会は，後になって，1936 年，退位宣言法を定め，それにより前に定めた王位継承順位を変更し，退位するエドワード 8 世（本来正統な王位継承者）と，もし存在すればその子は，この後王位継承に対する如何なる権利をも有しない，と定めた。常に，古い議会より，新しい議会に主権が与えられるからである。それが「議会は後の議会を拘束しない」という意味である。

これは，いうなれば，われわれのよく知る「後法は前法を廃す」という原則でもある。さらに，「後法は前法を廃す」という原則は，後の議会制定法が，明確に前の制定法を廃止している場合と，明確に廃止とは書いていないが，法の目的に照らして，廃止している，という場合がある。前者を明示的廃止（express repeal）の原則，後者を黙示的廃止（implied repeal）の原則という。

後の議会法は，従前の議会法を明示的に修正も廃止もできるので，例えば，1932 年の *Vauxhall Estates Ltd v Liverpool Corporation* (1932) 1 KB 733 [68] において，リバプール公社は，1925 年の住宅法にも基づき，市の一定地区の改善計画を提案し，保健大臣によって認可を受けた。これにより土地が収用される原告不動産会社と被告リバプール公社の間で，支払われるべき補償金の算定基準に関し制定法解釈上の争いが生じた。すなわち，両制定法には保障金額の算定に関して矛盾抵触があったが，原告は，1919 年の土地収用（補償金算定）法によるべきであると主張し，他方で，被告は，1925 年の住宅法に拠るべきであると主張した。ところで，時間的に前法となる 1919 年の土地収用法の 7 条 1 項は次のように規定していた。「それによって土地の収用が授権される議会制定法または命令の諸条項は，……本法の定める事項に関しては，本法による

---

(68) 当該判例については英米判例百選 14 頁（1964 年）参照のこと。

ことを条件として効力をもち，それらの条項は，本法と抵触する限りにおいて，効力を失い，または，効力をもたない」と。かくして，原告は，この規定を根拠にして，後法である1925年の住宅法は，この規定（1919年法の）に反して無効であり，補償金額は，1919年法にしたがって算定されるべきであると主張した。これに対し，被告は，そのように解釈することは議会主権に反し，1925年法に従って算定すべきことを主張した。これに関し，裁判所は，補償金は，後法である1925年法に従って算定されるべきであると判示した。

もっとも，イギリスの議会制定法とヨーロッパ統合法とが抵触する場合に限り，黙示的廃止についてではあるが，前法後法にかかわらず，今日では，EU法が優位するよう解釈されるようになってきた[69]。

(2) 第二の原則「ひとたび議会が法を制定すれば，如何なる裁判所もその他の者もその制定法の正当性に対する判決を下せない」

これは，議会主権の原理から分流する第二の原則と言われ，議会主権の積極的側面を有するものであり，結論的に言えば，議会に対する裁判所の絶対的服従を意味する。むろん，この原則は，判例の中で，承認されたコモン・ロー上の原則である。たとえば，1967年の *R v Jordan* (1967) Crim. L. R. 483 で，被告は，1965年の人種差別禁止法に基づく罪により，18ヶ月の懲役刑を言い渡されたが，当該法は，言論の自由を侵害しているので無効であると主張した。これに対して，裁判所は，この主張を却下し，議会は，最高であり，裁判所には，議会制定法の効力を争う権限はない，と判示した。

アメリカや他の多くの国で，われわれは，成典憲法に基づき，ある法令を合憲か違憲かを判断する司法審査制を知っている。しかし，イギリス憲法に関する限り，如何なる裁判所にも，そのような司法審査権は与えられない。裁判所は，主権者である議会の作る法を絶対的なものとして，受け入れなければならないからである。裁判所がせいぜい出来ることと言えば，解釈権を通じて，ある程度，議会制定法を抑制することぐらいであろう。

---

[69] 拙稿「EC法とイギリス裁判官の解釈態度——国会主権のダイシー伝統は変容したか」比較法研究58巻109頁（1996年）。

たとえば，1965年の *Burmah Oil Co v Load Advocate* (1965) AC 75 と 1965 年「戦争補償法」（War Damage Act 1965）との関係を見てみよう。まずバーマオイル事件で，貴族院は，国王大権に基づいて私人の財産が奪われもしくは破壊された（交戦によってではなく，自軍の手により，予備的に破壊された）場合，当該所有権者はコモン・ロー上国王から補償を受ける権利がある，との判決を下した。ところが，議会は，1965年の戦争補償法を制定し，この判例の効力を遡及的に否定し，何人も，戦争もしくはその発生の見込みの中で，国王の合法的行為によってなされた財産の損害もしくは破壊に関してコモン・ロー上補償を受ける権利はない，と定めた。

　これは議会の作る制定法と，それに対する裁判所との関係を物語っており，議会により，先の判例はくつがえされた。このように，イギリスには，アメリカ合衆国のそれと異なり，裁判所に違憲立法審査権が存在しないことを意味する。

　イギリス憲法史上，違憲立法審査制の芽がなかったわけではない。事実，1610年の *Case of Dr Bonham* (1610), 8 Co. Rep. 113b で，時の首席裁判官であったサー・エドワード・クックは，次のように述べた。「われわれの複数の書物によれば"多くの判例の中でコモン・ローは国会制定法を抑制し，それを無効と宣言している"ように思われる」と。この傍論は，今日，違憲審査権の有力な源の1つとされている。

　しかし，名誉革命により，議会主権が確立したので，この違憲立法審査制の芽は，イギリスでは育たなかった。しかし，その発想は，英米公法の世界で消えることはなかった。その後，1803年のアメリカ合衆国最高裁判所の有名な判例，すなわち *Marbury v Madison* (1803) 1 Crunch 137 で，違憲立法審査制が確立したからである。それは，明らかに，1610年のイギリスの判例，すなわちボナム医師事件で述べられたクックの傍論の影響があったとされている。

　以上，議会主権について述べたが，ある制定法で議会主権にどのような制約を加えようとしても後の制定法でその制約は廃止されてしまう。しかし，理論上，制約する方法がないわけではない。その1つは国会制定法の範囲と事項について，もう1つは立法の方法と形式について存在すると言われている。前者についての制約の例として，1931年ウェストミンスター法が挙げられる。そ

の4条によれば，連合王国の国会制定法は，自治領によって明示的に要求されかつ同意されない限り，その自治領の法の一部としてその自治領に及ばないものとする，と規定されている。

これについて，議会主権の古典的伝統によれば，後の連合王国（イギリス）の国会は，このようなウェストミンスター法でさえ廃止することができると主張する。しかし，イギリスの国会がこれを廃止して，以後自治領側を無視してその自治領に効力が及ぶ制定法を作るなど現実的とは思えない。事実，*British Coal Corporation v R* (1935) AC 500 においてサンキー卿判事（Sankey, Sir John: 1866-1948）が述べたように「それは理論であって現実と無関係」だからである。

4.4 スコットランド学派からの反論

以上，議会主権に関するダイシーの通説的解釈を述べてきたが，これに対して，同じイギリスでも，歴史的にイングランドと長く対抗関係にあったスコットランドでの議会主権の受け取り方は，多少異なる。というのは，前述したように，スコットランドとイングランドは，1706年に合併条約を締結して合併し，互いの議会を廃止し，翌1707年より，単一のグレート・ブリテン議会を発足させた。

問題は，その際，新しいグレート・ブリテンの議会は，議会主権を引き継いだかということである。イングランドでは，両国の合併以前の1688年に名誉革命が起こり，翌1689年に，権利章典の中で，議会主権が確定したわけだが，その後のスコットランドとの合併により創出されたグレート・ブリテン議会は，当然それを引き継いだと考え，イギリス憲法上，議会主権に優位する高次の基本法などないと考える。

ところが，スコットランド側，いやスコットランドの一定の学者（あえてスコットランド学派と呼ぶことにする）たち[70]は，そうとは考えず，合併後の「新しい議会は，合併条約」の効力により，かつて持っていた名誉革命後に確立した無制約の議会主権をもたず，逆にそれは，合併条約によって制約される

---

(70) 拙稿「J. D. B. ミッチェル——その軌跡と諸説について」中京大学社会科学研究5巻2号55頁（1985年）参照。

ことになった⁽⁷¹⁾」と考える。したがって，合併条約を国内法化した1706年の「スコットランドとの合併法」(Act of Union with Scotland 1706) は，後の議会も改廃できない「基本法」であり，議会主権の通説的解釈を任ずるダイシー伝統に疑義を唱える。とくに，かつてエディンバラ大学の憲法学者であったJ. D. B. ミッチェルは，スコットランドとの合併法および1931年ウェストミンスター法は，形式的には議会制定法であるが，もはや後の議会がこれらを改廃できない点で，それはイギリスにおける「基本法」であると主張した⁽⁷²⁾。

　果たして，この議論は，どちらに分があるであろうか。O. H. フィリップスは，ダイシー伝統を擁護して言う。確かに「例の"the Union"は永遠のものであり，1706年の合併法中，一定の規定，例えば，スコットランド教会に関する規定は改廃できない，と明確に規定されていた」⁽⁷³⁾ことは疑いない，としながらも，「しかし，それらの諸規定のうち，とくに信仰告白に同意することが要件づけられていたスコットランドの大学教授に関する規定は，その後，議会の制定する"the Universities (Scotland) Act 1853"によって廃止された」⁽⁷⁴⁾と，事例を挙げて反論した⁽⁷⁵⁾。これに対しては，E. C. S. ウェイドら多くの学者も賛意を表明しており，ミッチェルのダイシー伝統に対する反論は，イギリス全体の学界からすれば，少数派であるように思われる。かくして，O. H. フィリップスは，次のように結論づけている。

　　「合併時に，イングランドとスコットランドの議会は，それぞれを消滅させ，同時に彼らの権限を，新しいグレート・ブリテンの議会に移譲したのであり，グレート・ブリテンの議会は，イングランド議会の特徴，すなわち，議会主権を含めて継承し，それを発展せしめた。」⁽⁷⁶⁾

---

(71)　Wade, E. C. & Phillips, G. G., *Constitutional and Administrative Law*, 9th ed., at p. 78.
(72)　Mitchell, J. D. B., *What do you want to be inscrutable for, Marcia?*, 5 CML Rev 112w, at pp 119-120.
(73)　Philips, O. H., *Constitutional and Administrative Law*, 7th ed., 1992, p. 64.
(74)　*Ibid*.
(75)　*Ibid*. 1706年の合併法では，スコットランドにおける大学教授は，スコットランド教会，すなわち長老教会（Presbyterian Church）の会員である旨の信仰告白を条件づけられていた。
(76)　Philips, *op.cit.*, at p.64.

4.5 一定の事項または一定の立法手続による制約論

スコットランド学派がいうように,そもそも,1707年のイングランドとスコットランドの合併により,新しいグレート・ブリテンができたが,そのとき,新しい議会は,イングランド議会がもっていた主権は継承しなかった,と考えるのではなく,議会主権のダイシー的通説的解釈をそのまま認めつつ,しかし,その範囲で,一定の制約が存在すると考える立場がある。しかも,その制約には実態がともなっており,その制約の下にある一定の制定法には,「基本法」としての地位が与えられうるとする。この立場に立つ考えは,一定の事項(some subject-matters)あるいは一定の立法手続(manner and form of legislation)による例外的制約論である。

そのような立場に立てば,上に述べたミッチェルらスコットランド学派とは違い,一定の制定法,例えば,1931年ウェストミンスター法や1972年EC法は,後の議会によって改廃を免がれうることになる。

前述したように,イギリスがEC(現EU)に加盟する際,議会制定法を作り,過去および将来作られるEC法(現EU法)の効力をイギリスの国内に及ぼした。それが1972年「欧州共同体法」(1972年EC法)と言われる議会制定法であるが,もしこの制定法を後の議会が廃止すると,イギリスはEUへ加盟している憲法的根拠を失う。したがって,この1972年EC法は,イギリスにとって,極めて重要な憲法の1つであり,何としても後の議会により廃止されないようにすべきである。

もちろん,議会主権の厳格な解釈からすれば,それは理論上不可能であると主張されよう。しかし,一定の立法手続による制約論に立てば,「1972年欧州共同体法」は通常の立法過程で作られたのではない,それは,イギリスの議会とEUの立法機関と共同で作られた制定法である,そのようにして作られた法は,通常の制定法と異なり,後の議会も廃止できない基本法となりうると主張できる。この主張は,ダイシー伝統の下でも,これまで比較的受け入れ易い議論としてしばしばイギリス憲法の実例として登場してきた[77]。

---

(77) See e. g., Philips, *op. cit.*, 7th ed., 1992, at p. 83. 一般的に,この学説は,立法の方式と形式(manner and form of legislation)による議会主権の制約論(行使に対する)と呼ばれている。

もちろん，議会主権の厳格な解釈に立つ論者からすれば，そのような立場は否定されるかもしれない。しかし，もし，この立場が有効なものとして受け入れられれば，これは，明らかに1つの解決法であり，「1972年EC法」はイギリス国法体系の中である程度，高次の基本法とみなされ，イギリスが，EUに加盟し続ける上での十分な憲法的保障を与えてくれることになろう。

他方，事項による立法上の制約論について言えば，よく例に出されるのは，1931年のウェストミンスター法である。これにより，イギリスは，オーストラリアを含む6つの自治領を認めたわけだが，その4条には次のように規定があった。

> 「連合王国議会の作るいかなる法も，自治領の明確な要求と同意がない限り，自治領の法の一部として自治領に及ばないものとする。」

このような規定があるにもかかわらず，連合王国議会に主権があるからといって，後のイギリス議会が，このウェストミンスター法を廃止できるであろうか。ダイシー伝統の厳格な立場に立つ者は，それでも理論上廃止できると主張するかもしれない。しかし，イギリス石炭公社対国王事件でサンキー卿判事が述べたように「それは理論であって，現実とは無関係」[78]と考えるのが自然であろう。このように，議会主権は，いかなる事項についても，無制約であるとされたが，それは相当にフィクションであって，現実とかけ離れている。一定の事項については，やはり，議会主権といえども，制約されるとする。そう考えれば，1972年の欧州共同体法も，立法の方式による制約論とは別に，同じ考えで，後の議会の改廃から身を守る有力な手立てがここにも存在することになる[79]。

4.6 「議会主権」とEU法との相克
——ダイシー伝統は変容したか

しかし，ヨーロッパ統合の中で，イギリス憲法の議会主権は，そもそもEU法と両立しうるかという，根源的な問題に直面している。というのも，ヨーロ

---

(78) *British Coal Corporation v R* (1935) AC 500.
(79) See Philips, *op. cit.*, 7th ed., 1992 at p.59.

ッパ統合は，もともと，国家主権を制約することから出発しているからである。しかも，イギリスで，国家主権が制約されるということは，すなわち議会主権の制約あるいは放棄に直接つながる深刻な問題となる。要するに，EU 側から見れば，ヨーロッパ統合が進展すればするほど，イギリスの議会主権は，"EU 法の優位性"の下で，それと両立できなくなるというものである。

　両立できないとして，もしイギリスが EU に加盟し続けたいのであれば，この状況下で，イギリスは，議会主権の何らかの制約または放棄さえ覚悟しなければならなくなるが，果たしてダイシー伝統からすれば，それは可能であろうか。

　前述したように，議会主権はイギリス憲法の主柱であり，これを廃止あるいは放棄するには，廃止を正当化する何らかの"法的革命"のような事態が生じ，それにより裁判所側の態度に何らかの根本的な変化が生じない限り，変更されえないものとされている[80]。それにはEU法の超国家的な意味をイギリスの裁判官たちがどのように理解するかにかかっているのである。

　その点で，イギリス法が，EC 加盟以来こうむった最近のもっとも大きなインパクトは，ファクターテイム (Factortame) 事件における貴族院判決〔*R v Secretary of State for Transport, exparte Factortame Ltd and others* (1990) 3 CMLR 375〕であろう。ヨーロッパ司法裁判所の回答を受けて，同院は，1988 年の商船法の関係規定の適用の停止を求める仮禁止命令を許可したからである。

　貴族院のブリッジ卿判事 (Lord Bridge) は，EU 法の優位性は「イギリスがＥＣに加盟するずっと前に，ヨーロッパ司法裁判所の判例の中で十分に確立されている」ことを指摘するとともに，「議会が 1972 年 EC 法を制定したとき，自らが承認したその主権に対するどのような制約も，まったく自発的だった」と述べた。このブリッジ卿判事の見解には，間違いなく，これまでの司法部に見られない議会主権に対する一歩踏み込んだ思いが見られる。というのは，その前提には，疑いなく，EU 法の超国家性に対するかつてない認識がみてとれるからである[81]。今後の議論の推移が待たれるところである。

　1990 年のファクターテイム事件貴族院判決後，2003 年のソバーン

---

(80)　*Id.,* at pp.49-50.

(Thoburn) 上訴事件判決 *Thoburn v Sunderland City Council* [2002] EWHC 195 (Admin); [2002] 3 WLR 247 において，ダイシー伝統に対してさらに画期的な判決が下された。すなわち，高等法院女王座部合議法廷における上訴審で，ローズ判事（Laws LJ）は次のように判示したからである。

「議会は，後の如何なる立法に対して構成もしくは方式に関して規定することはできない。議会は，明示的廃止（の原則）に対しても，黙示的廃止（の原則）に対しても後の議会を拘束する定めはできない。EU司法裁判所またはEUの他の諸機関のいずれにも，イギリスにおける議会の立法的優位性の条件に干渉を許し，または修正を許すようなものは，1972年EC法の中にまったくない。以上の考えが，伝統的な主権の原理であろう。」

と述べたうえで，

「しかし，このような伝統的な原理は，憲法原理と完全に一致するコモン・ローにより修正された。コモン・ローは，昨今，黙示的廃止の原則（the doctrine of implied repeal）への例外を承認し，またはむしろ創出してきた。単に行間に横たわる意味によっては廃止できない種類または型の立法というものがある。議会は，明示的にそう意図するまたは特定の規定によりそう意図する場合にのみ，そのような立法を行いうる一定の状況が存在している。」

と述べた。その上で，同判事は，

「ここにわれわれは，議会制定法の階層性（hierarchy）を認識できる。通常の議会制定法（ordinary statutes）と憲法的議会制定法（constitutional statutes）である。2つのカテゴリーは原則的な基準に基づき区分されねばならない。」

そのような基準とはどのようなものであろうか。同判事は

「私の考えでは，憲法的議会制定法を通常の制定法から区分しうるための基準は，(a)国民と国家の法的関係を条件づけるもの，(b)もう一つは基本的な憲法上の権利と考えられるものの範囲を拡大しまたは縮小するものである。その上で，通常の議会制定法は黙示的に改廃しうる。これに対して，憲法的議会制定法はそれ

---

(81) ブリッジ卿判事による。ファクターテイム事件貴族院判決 [1990] 3 CMLR375 at 380. 拙稿・前掲論文「EC法とイギリス裁判官の解釈態度」109頁参照。アロット（Allot, P.）は，ファクターテイム事件の貴族院判決を「イギリス憲法上の根本的な変革が1973年1月1日に起きたことの司法的確認」と述べたことは注目に値する。See Allot, P., "*Parliamentary Sovereignty-from Austin to Hart*," (1990) 49 CLJ 33, at p.7. もっとも貴族院自体が「法的革命が起きた」と断じたわけではない。

が出来ない。1972 年 EC 法は，コモン・ローの効力により，憲法的議会制定法だからである(82)。」
と判示した。

この判例で気づくことは，まず先に述べた議会主権のうちのサブ原理である「黙示的廃止の原則」の変更を余儀なくされ，黙示的廃止ができない一定の制定法の存在が認識されることとなった。では黙示的な廃止ができない一定の制定法の例としてこのたびの「1972 年 EC 法」のほか他にどのようなものが考えられるであろうか。同判事は以下のものを例示した。

> 「マグナ・カルタ (Magna Carta, 1297)，権利章典 (Bill of Rights, 1689)，スコットランドとの合併法 (the Union with Scotland Act, 1706)，国民代表法 (Representation of the People Acts of 1832 to 1884)，スコットランド法 (the Scotland Act 1998)，ウェールズ法 (the Government Act of Wales 1998)，人権法 (the Human Rights Act 1998)」

であり，もし「これら（の制定法を）変更または廃止する際には，議会による明確な意思によってのみ可能となる。」
としたのである。

4.7　議会による巻き返し──2011 年 EU レファレンダム・ロック法

これに対し，保守党と自由民主党両党は，政権を担当する上で，連立合意文書を作成したが，それによれば，

> 「我々は次の議会においてUKからEUへ主権または権限のこれ以上の移転はないことを確保するであろう。ある分野における権限移転を伴うような何らかの将来のEU関係条約がある場合，かかる提案をされた条約についてイギリス国民によるレファレンダム，すなわち国民投票による扉の錠前 (referendum locks) に鍵をかけることになろう。……我々は究極の権威がイギリス議会にとどまるのを明確にするためUK主権法案 (UK Sovereignty Bill) への提案を検討するであろう(83)。」

---

(82)　拙稿「イギリスの議会主権と議会制定法の階層化について──EU 法の優位性とイギリスにおけるコモン・ローの発展」日本法学 77 巻 2 号 43-82 頁（2011 年）参照。中村民雄「EU の中のイギリス憲法──「国会主権の原則」をめぐる動きと残る重要課題」早稲田法学 87 巻 2 号 43 頁（2011 年）を参照。

かくして制定されたのが 2011 年 EU レファレンダム・ロック法（European Union Act 2011）である[84]。ファクターテイム事件貴族院判決，そしてソバーン事件高等法院合議法廷判決において，議会主権が将来裁判所のこれ以上の判例によって浸食されうるという危機感のなかで，あくまで究極の権限は議会にあることを確認し，議会の権限を超えて，判例がこれ以上に進展するのにある意味で歯止めをかけたのが同法 18 条で，主権条項といわれるものである。したがってこの条項は宣言的条項（declaratory provision）とされてはいるが，議会主権の巻き返し，または議会主権の強化を図った条文と解していいであろう。同時に，同法の 2 条，3 条により，将来，新しい EU 条約または既存の EU 諸条約に重大な変更をもたらし，イギリスがこれ以上の権限の委譲を求められた場合[85]，国民的レファレンダムによってロック（鍵）をかけて，国民の声を聞き，その上で議会が動くとの趣旨である。ファクターテイム事件，あるいはソバーン事件の判決で，EU 法の優位性の原理の下，議会主権のダイシー的解釈が危機に立たされつつある中，保守・自民という連立政権の下，2011 年レファレンダム・ロック法を制定することにより，究極の主権は議会にあるとして，判例によるこれ以上の議会主権の変容に当面歯止めをかけ，議会主権のダイシー伝統の核心を保った感がある。

---

(83)　The Coalition: our programme for government. HM Government, May 2010. その中で合意されたこと：①議会を超えて主権のこれ以上の委譲はないようにすべきこと，②将来，イギリスの権限が（EU に）委譲される条約が提示された場合には，レファレンダムに服すよう 1972 年 ECA を改正すること，③連合王国主権法案が究極の権限はイギリス議会にあることを明確にしようとする根拠を検討すること。

(84)　実際には European Union(Amendment) Act 2008 を制定して，リスボン条約の効力をイギリスにもたらしたとき，レファレンダム（国民投票）を行わなかったことがこの制定法を作る動機づけにあったとされる。この法の訳は，連立政権が目指した UK 主権法案と呼んだように，主権委譲にウェイトを置いて 2011 年 EU 主権委譲制約法とするか，国民投票であるレファレンダムによるロックに重きを置いて，2011 年 EU レファレンダム・ロック法にするか，いずれでもいいと思うが，本書では後者にした。

(85)　他方で，もし権限の移譲がさほど重大でないと担当大臣が判断した場合，レファレンダムは回避される。

4.8 議会主権の廃止はありうるか

確かに 2011 年 EU レファレンダム・ロック法により議会主権は当面ダイシー伝統を温存したかに見える。他方で、議会主権をこれ以上議論する前に、現在のイギリスに EU 脱退論が起きていることも見逃せない。もし今後イギリスが EU から脱退すれば議会主権を論議する意味も失いかねないかもしれない。なるほど 2011 年以降、ギリシャを含むヨーロッパに起きたユーロ危機を契機にイギリスにおける世論調査で、EU からの離脱の回答が残留を上回っている[86]とに留意する必要がある。2014 年 1 月 23 日、保守党政権のキャメロン首相は、"In or Out?"と題する基調演説で、次の 2015 年の総選挙で保守党が勝利すれば、2017 年末までに国民投票を行う、と表明した。加えて、2014 年 5 月に行われた地方選挙（Councillors）で、EU 離脱と移民規制を掲げる連合王国独立党（UKIP）が大きく躍進したことも見逃せない。

しかしこれらイギリスの EU への近い将来に対するコミットメントが悲観論に満ちていようと、だからといって、その逆の可能性に口を閉ざすのも賢明とはいえまい。同時に、2011 年レファレンダム・ロック法の制定以前のイギリスの司法部が展開してきた近時の判例の流れは議会主権の変容を導くそれなりの方向だったようにも思われる。そしてその流れの先にさらなる議会主権の封じ込めもあり得たはずである。

ではその先の議論に何がありうるか、ありえたかであるが、ここで憲法学者のバーネット Hilaire Barnett の示唆する議会主権をより封じ込める手立て、ここでは大胆にも司法部の近時の判例の先に廃止する道もありうるという主張である。バーネットは、先に司法部による近時の判例の先にありえた議論として、議会主権に終止符を打つ道に考察を加えていたのである。そのうえで、それにしてもそのために「議会主権は、2 つの条件を満たさない限り、これを失わせられないであろう。」と述べ、「それらを満たしてはじめて失わせられることができるのである[87]」と次の 2 つの要件を掲げたことは注目に値する。し

---

(86) 2013 年 11 月に行われたオブザーバー系の世論調査では、今すぐまたは脱退した方がよいと合わせると 56 ％が脱退賛成であるという数字が出ている。

(87) Hilaire Barnett, Constitutional and Admistrative Law, 8th edn., , at p. 156.

たがってそれを以下に紹介する意味があると考えるが、それら2つの条件とは。
①第一の条件として、議会が自ら主権を廃止させるにはレファレンダム、すなわち国民投票により吟味（テスト）させ、この人民の権威に基づき、議会が（廃止する）決定をするというものである。その場合、同時に、（失わせた後の）議会の残余の権限を司法部により審査させるため、成文憲法の下に置くべきである、とする。
②第二の条件として、司法部自身が態度で「（法的）革命」を経験し、議会はもはや主権的な法定立機関ではないこと、かつ、裁判官がこれまでの忠誠心を代替しうる、または異なる主権的権力に移行すべく受諾した場合である。

これらの条件はしかし、部分的に見ると、Barnettが初めて述べたものではない、折に触れて、レファレンダム、あるいは法的革命の必要、さらには成文憲法の制定論、これらはこれまでも部分的に出されてきた条件だが、これを上のように議会主権封じ込めの2つの要件として集大成した意味は大きい。

レファレンダムについてはすでにダイシーが主権を法的主権と政治的主権に分けたときから始まる。また、法的革命論については、本書の4.5で言及したことであり、また前述したファクタテイム事件で貴族院がEU司法裁判所の判決に従って下級審である高等法院の判決を支持し、結果的に議会制定法よりEU法に軍配を上げたとき、H.W.R. ウェイドは（これを評して）「（高等法院）女王座部の方が1972年ECAのもたらした憲法上の法的革命をより理解していた」と、筆者は拙稿で指摘した[88]通りである。さらに成文憲法論議については項を改め以下に述べる。

4.9　憲法改革と成文憲法の行方

　成文憲法論議は各方面で多くの言及があることは承知の通りであり[89]、本件に即していうならば、不文憲法を特徴とするイギリスにおいて、これがもっ

---

(88)　拙稿・前掲論文「イギリスの議会主権と議会制定法の階層化について」45-46頁参照。
(89)　例えば、英米法部会ミニ・シンポジウム「イギリスにおける成文憲法典制定論議とその周辺」比較法研究56巻127-154頁（1995年）参照。

とも難儀な改革の課題となるであろう。これに関連して1997年以来労働党政権が行ってきた憲法改革の意味とその関連で成文憲法論議について触れてみる。なるほど本書の冒頭でも述べた通り、労働党による改革は、ボグダノアの評価通り、「これら憲法改革のどれ1つをとっても、それ自身、急進的な改革をなすものといえるであろう。」と述べた。しかし同時に彼は、これらの改革を憲法上の一大変革をもたらした1832年選挙法の第一次改正（大改正）、さらに貴族院の権限を制約し、庶民院優位をもたらした1911年議会法の制定による大改革と比較すると、「1997年以降の年月における近時の改革のどれも、そのような序列を持つ決定的な重要性を持つものとまではいえない」とも位置付けた。彼は何ゆえそのように評価したであろうか。1つはブレア憲法改革のあとを引き継いだブラウン政権が2010年5月の総選挙で敗退し、労働党政権が進めてきた憲法改革のゴールが見えなくなったことにも一因するかもしれない。というのもブラウン政権はブレア憲法改革のあとを憲法刷新との名でさらに憲法改革を引き継ぐはずであったからである。事実、2007年6月、政権開始時のGordon Brown's First 100 Days、さらには同年7月3日付における議会でのGordon Brown's statementにおいて、彼は完璧なイギリスの権利章典を作るか、それとも成文憲法典の制定へ向かうかの国民的論議を巻き起こそうと準備していたことが窺えるからである。後者で彼が議会で述べたstatementを見てみよう。そのなかで彼は、

　「イギリスにおいて我々は基本的には不文憲法を有している。もしこれを変えることができるならば、我が国の現行憲法体制に根本的かつ歴史的な変革をもたらすことになるであろう。したがって完全なイギリスにおける権利章典（a full British Bill of Rights and Duties）を作るか、それとも成文憲法典（a written constitution）を制定する方向に向かう根拠があるかどうか、国民をさらなる論議に関与させることはまさに正しいことである[90]」

と述べたのである。しかし、ブラウン政権は2007年にブレア政権を引き継い

---

(90) See e.g.: the full text of Gordon Brown's statement(BBC News on 3 July 2007).See also: "Towards a New Constitutional Settlement-An Agenda for Gordon Brown's First 100 Days and Beyond" by Robert Hazell with contributions from M. Glover, A. Paun and M. Russell, June 2007.

だものの，労働党政権はこの時点ですでに10年を超えようとしており，これらの政策を実行するだけの力をすでに失っていた。その意味でブレア憲法改革に始まった一連の憲法改革の集大成がどこにあるかが見えずに終わったのである。それゆえ，ボグダノアの言う通り，過去の憲法大改革と比べると，「1997年以降の年月における近時の改革のどれも，そのような序列をもつ決定的な重要性を持つものとまではいえない」と評されたのではないかと考える。

しかし，実現したブレア憲法改革の多くを見れば，地方分権といい，貴族院改革，貴族院の上告管轄権を除去して独立の最高裁を創設したことといい，さらには1998年人権法による不一致宣言をみれば，事実上イギリスは違憲審査制の確立に向けてもう一歩というところまで来ていたし，その先に何があるかの到達点が見えたかもしれない。そして大胆に言わせてもらうならば，それの到達点，集大成が成文憲法典の制定に向けた国民的論議があっても不自然ではなかったし，そのお膳立てないしは環境は相当程度整っていたとも考えられる。加えて，上に見てきたとおり，判例は議会主権のダイシー伝統の変容に向かって限りなく進んでいたのである。その意味で，議会主権の変容こそ成文憲法典による代替物になりえたはずである。しかしそれも保守自民の連立政権の誕生により，この流れに少しの間，国民的論議が先延ばしになったといえるかもしれない。

5　国王大権行使に関する憲法習律と国民主権への道

名誉革命により議会主権が確立したが，議会主権の下で，君主制が残存したため，一定の国王大権も君主の手に残った。メイトランドによれば，残存した大権はまことに広範なもので，バジョットは，もし国王がそれら大権を文字どおり行使したらどうなるであろうか，とささかユーモア交じりに述べている。国王の専制的権力が復権しうるかもしれない程の広巾な大権が残ったからである。国王大権のすべてについてメイトランドが分類した例を見てみよう[91]。

①憲法に関する権能，すなわち議会の召集および解散，それに議会制定法に

---

(91)　メイトランド（小山訳）・前掲訳書560頁参照。

対する同意する権能
②外交問題，すなわち戦争と和平等に関する権能
③役人（文官・武官・行政官・裁判官）の任免権能
④収入徴収と支出に関する権能
⑤軍隊および海軍に関する権能
⑥司法に関連する権能
⑦秩序維持に関連する権能
⑧社会経済問題，例えば公衆衛生，教育，商業等に関連する権能
⑨宗教と国教会に関連する権能

ダイシーによれば，「国王の権限は，実際上，庶民院のそれより依然からあった」[92]。

　　「たとえば，国王が国会を解散したり，召集すること，講和もしくは戦争を行うこと，新しい貴族を任命すること，大臣を罷免したり，その後継者を任命することのために，制定法は必要でない」とする。以下，ダイシーは，続けて言う，「これらのことをすることは，全部，法律上ともかく国王の裁量権にある」。つまり，それらの「大権は，歴史的にも，また現実の事実に関することがらとしても，どの具体的な時代をとってみても法律上国王の手中に残されてきた裁量的ないし恣意的な権限の残余物以外のなにものでもない」（425 頁）という。

ところが，現代に至るまでの長い慣行の中で，イギリス憲法は「大権という言葉を行政部の裁量権と同義語」とみなされるほどに発展させた。それは，大権行使に対する大臣助言制によってである。大臣助言制は慣行によって確立された。その慣行が，ダイシーが言うところの憲法習律である。ダイシーは，フリーマンの言葉を借りて，このような憲法習律の成長について，次のように指摘する。

　　「われわれは，今日，制定法またはコモン・ローのいずれの書物にも見られないが，実際上，大憲章または権利請願に定められた原理にほとんど劣ることのないと考えられている，公的な人たちを指導する政治的道徳の完全な制度，教義の完全な法典を持っている。要するに，われわれの成文法のわきに，不文憲法ないし習律的憲法が成長してきたのである」（419 頁）と。

---

(92) ダイシー（伊藤・田島訳）・前掲書 426 頁。以下，伊藤・田島の訳による。

では，これら憲法習律が，国王大権を行政部の裁量権と同義語とするに至ったという場合，行政部は，これら大権をどのように行使することを期待されるであろうか。ダイシーは続けていう。

　　「その場合には，憲法の習律は，主として，大権が行使されるべき態様と精神を決定するための教義，あるいは，……国王の大権の名により法律上なされうる措置（たとえば，戦争を行ったり，講和を宣言すること）が実行されるべき方法を決定する場合の教義」(426頁)

であるとする。

　例を挙げてもう少し読者諸氏の理解に供してみよう。国王大権の中に，承知の通り，議会の召集権および解散権がある。議会が開かれるかどうかは，国王の権利の範疇にあり，解散権をどのように行使するかは，国王の判断にかかっているのである。しかし，この召集権の行使は，今日，憲法習律により，縛られており，憲法習律に「国会は少なくとも1年に1回は開かなければならない」(427頁) という規範に従わなければならないのである。この規範の意味するところは，「実際には，女王の意のままに国会の全員を招集する国王の法的権利ないし大権は，国会が1年に1回開かれるように行使されなければならない」(同上) ということである。

　かくして，ダイシーは，いよいよ憲法習律の核心部分について言及する。「憲法習律が（主として）大権の行使を決定するための規範であるということを確かめることができたので，われわれは，もう一歩先に進んで，それらの性質を分析することができる」と述べ，そして，彼は，「それらは全部，1つの究極的な目的を持っている」とする。究極的な目的とはどのような目的をいうであろうか。

　　「それらの目的は，国会ないし国会によって間接的に任命される内閣が，現代のイギリスにおいて国家の真の政治的主権者である権力者——選挙民ないし（厳密には必ずしも正確な言葉ではないが，普通使われている言葉を使えば）国民の多数——の意思を終局的に実現するということにある。」(429頁)

と主張する。この点の彼の主張こそが，主権というものを法的主権と政治的主権とに分けて，法的主権は議会に，そして政治的主権は国民の多数，すなわち選挙民にあるとする有名な部分である。

要するに,「憲法の習律は,今日,(その歴史的起源がいかなるものであれ)庶民院の優位,そして究極的には,庶民院の選挙を通じて,国民の優位を確保するために現在維持されている慣習から成っている」(430頁)と,述べた上で,次のように結論づける。すなわち,「われわれの現代の憲法道徳の法典は,まわりくどい方法によってであるが,外国で"国民主権"と呼ばれているものを保証している」(430-1頁。傍点筆者)といえるのである。

　議会は法的主権者として,最高の法制定権者である。しかし,その権限の行使は,政治的主権者である選挙民の意思が反映するように行わなければならない。このようにして,国王大権は憲法習律により,今や内閣の裁量権に委ねられ,他方で,内閣は国会の制約下に置かれ,国会はさらに政治的主権者である国民に民主コントロールされ,このプロセスを通じて国民主権へと道は拓かれたとするものである。

　とすれば,名誉革命で確立した議会主権は,ダイシーの言葉を借りれば,19世紀中葉までに,憲法習律の発展に伴い,事実上,国民主権に転じたといえるのかもしれない。つまり,名誉革命以来,長くイギリスの近代憲法の古典的側面であった議会主権が,実は,19世紀半ばまでに,国民主権という現代憲法へ転換したことを意味しているといえるのである。

第10章　イギリス憲法の法源

　イギリス憲法はよく判例憲法といわれるが，前述したように，実際には，判例法を第一次的法源にしているだけで，それ以外にも，いくつかの法源がある。これをイギリス憲法の法源論として，改めて見てみよう。一般に，イギリス憲法は，以下の4つの法源，すなわち，議会の作る制定法，判例憲法，EU法，それに憲法習律の形で存在している。

　そのうち，効力の点で議会の作る制定法が，国内法上，他のすべての法源に優位することを指摘しておこう。ただし，EU法は，イギリスがEUの構成国としてとどまっている限り，イギリス議会の作る制定法にも優位させねばならない状況にある。それについては後述する。また，司法的判例は憲法習律に優位する。さらに，憲法習律は法源の1つではあるが，司法的争点におかれた時，裁判所によって実現されない法源としてユニークである。それについても後述する。

1　議会制定法

　議会制定法（Parliamentary Statutes）は第二次的法源ではあるが，イギリス憲法の中でもっとも効力の高い法源である。イギリスの議会は日本の議会と異なり，法的に主権者であり，主権者の作る法は，他のあらゆる法に優位する。先例や従前の立法といえども，現在の立法に優位しえない。すなわち議会の作る法に優位する高次の法はイギリスには存在しないわけである。例として，以下のものが含まれる。

① 一般的に，君主の権限の制約に関して規定した制定法
　　Magna Carta (Statute 25 Edw.1, 1297)
　　Petition of Right (1628, 1627 c. 1)
　　Bill of Rights (1688)(1 Will. & Mar. sess, 2 c. 2)
② 市民の権利または人権を規定した制定法
　　Habeas Corpus Act 1679
　　Public Order Act 1986 (1986, c. 64)
　　Police and Criminal Evidence Act 1986
　　Data Protection Act 1998
　　Human Rights Act 1998
　　Freedom of Information Act 2000
③ 王位継承順位のみならず司法権の独立を保障した制定法，ならびに王位継承に関する改正法
　　Act of Settlement (1700) (12 & 13 Will. 3, c. 2)
　　Succession to the Crown Act 2013, (c. 20)
④ イングランドとスコットランドとの合併，スコットランドらへの地方分権を規定した制定法
　　Union with Scotland Act 1706 (6 Anne. c. 11)
　　Scotland Act 1999
　　Wales Act 1999
　　Northern Ireland Act 1998
⑤ 北アイルランドのイギリス残留および北アイルランドの統治に関して規定した制定法
　　Government of Ireland Act 1920 (10 & 11 Geo. 5, c. 67)
　　Northern Ireland Constitution Act 1973 (1973, c. 36)
⑥ 貴族院に対する庶民院の優位および議会任期固定法を規定した制定法
　　Parliament Act 1911 (1 & 2 Geo. 5, c. 13)
　　Parliament Act 1949 (15 & 16 Geo 6 & Eliz 2, c37)
　　Fixed-term Parliament Act 2011 (c. 14)
⑦ 自治領の自治を認めた制定法

Statute of Westminster 1931 (22 & 23 Geo. 5, c. 4)

⑧エドワード8世の退位承認と彼の子孫の王位継承権の剥奪を規定した制定法（国王陛下退位宣言法）

His Majesty's Declaration of Abdication Act 1936 (1 Edw. 8 & Geo. 6, c. 3)

⑨摂政に関して規定した制定法

Regency Act 1937 (1 Edw 8 & 1 Geo 6, c 16)

⑩一代限りの爵位の創設・貴族院改革を規定した制定法

Life Peerages Act 1958 (6 & 7 Eliz 2, c 21)

House of Lords Act 1999

⑪EU法のイギリス国内法への組み入れ，およびEUへの主権委譲を制約するEUレファレンダム・ロック法

European Communities Act 1972 (1972, c. 68)（2002年改正参照）

European Parliamentary Elections Act 2002 (2002, c. 10)

European Union Act 2011 (2011, c. 12)

⑫国籍に関して規定した制定法

British Nationality Act 1981 (1981, c. 61)

⑬独立の最高裁判所の創設を規定した制定法

Constitutional Reform Act 2005

2　判例憲法（司法的先例）

　判例憲法は，イギリス憲法における第一次的法源である。それが故に，イギリスは世界的にまれな不文憲法の国といわれる。
　裁判官は事件の終結に当たって判決を言い渡すが，その判決の中で裁判官は当該事件を論じ，その訴訟でいずれの当事者が勝訴したかを決定する上での根拠，すなわち"法的理由"（legal reason）を述べる。その法的理由は判決の一部にすぎないが，ラテン語で「レシオ・デシデンダイ」（Ratio decidendi）と呼ばれ，それは英語で"reason for the decision"すなわち「判決理由」と訳されている。
　英米法ではこの「レシオ・デシデンダイ」こそ，"法規"となる重要な部分

であり，法典の条文にも匹敵するものであり，それがイギリス憲法の法源になっていく。

　英米法でいう判決理由は日本における判決理由よりずっと狭く，判決理由の中のいわばエキスとなる部分と考えられる。その部分が，後の事件を"法的に拘束する"わけで，先例に従うという意味は，前の判決のその部分に拘束されるという意味である。

　つまり，英米法において，先例に従うとは，今生じている事件を解決するに当たって，従前の同一または類似の事件に従うという意味であるが，現実には先例の「レシオ・デシデンダイ」部分，すなわち判決理由に従うという意味になる。そのことを先例拘束性の原理（doctrine of precedent）という。

　ただ，この原理が適用するのは，上位裁判所（superior courts）の下す判決だけであって，下位裁判所（inferior courts）の下す判決には適用されない[1]。さらに上位裁判所の中でも上級下級の裁判所があり，上級の裁判所の判決は，それより下級の裁判所の判決を拘束する。こうして，一団の判例法が確立されることになるが，イギリス憲法の重要な法準則も，そうした多くの司法的判例の中に見いだされるのである。

　たとえば，1765年の *Entick v Carrington* (1765) 19 Sr. Tr. 1029 で，一般令状（general warrants）は違法である，と判示されている。一般令状は，たとえば，かつて一般的逮捕状（warrant of arrest）として公安を害する記事を書いた者，印刷した者，発行した者等を逮捕するために発給された。それは特定の人物を指定せず，犯罪の嫌疑ある者をすべて逮捕することを認めた逮捕状のことである。また，捜査されるべき場所や差し押さえられるべき物件を明示していない捜査差押令状（search warrant）も一般令状の1つである。いずれにしてもこの判決によりこのような一般令状は違法とされ，この判例が一般令状についての先例となったのである。なお，この判決が下されると，庶民院も後に一般令状を違法であると決議した。

　また，国王大権は，名誉革命後も，国王に残存した国王としての尊厳を維持

---

[1] 上位下位という言い方は英米法で使われる言葉で，判例拘束性をもつ判決を下せる裁判所を上位裁判所といい，そのような判決を下せない裁判所を下位裁判所という。

するなどのためコモン・ローが認めた権限ないし地位を意味し，民事・刑事上の免責特権をもつ。ところが前出の *Burmah Oil Co v Lord Advocate* (1965) で，国王は一定の状況で国王大権を行使するに際して侵害した臣民に対して一定の補償義務があると判示された。

また 1884 年の *Bradlaugh v Gossett* (1884) において，裁判所は下院である庶民院の内部手続には介入しないと判示されている。

さらに憲法的重要性をもつ制定法を解釈するに当たっても司法的判例は成立する。*Fox v Stirk and Bristol Electoral Registration Officer* (1970) 2 QB 463 で，人民代表法（the Representation of the People Act）の関係条項は学生が郷里か大学のある町のいずれかで選挙人として選挙人名簿に登載されるように解釈された。

3 憲法習律

憲法習律（Constitutional convention）は憲法の運用上成立した慣例である。議会制定法や司法的判例と異なり，裁判所によって実現される性質のものでない。にもかかわらず，憲法習律は，イギリス憲法の重要な法源の1つとみなされ，ダイシー流に言えば，それに従わなければ，政治的な制裁を余儀なくされうるものであり，実際上も，よく遵守されている。以下に，憲法習律の例を挙げるとともに，なぜそれが遵守されるか，また制定法化されないでいるか，考察する。

3.1 憲法習律の例

憲法習律は，以下のように，行政部，立法部，司法部その他多岐にわたり存在している。

(1) 国王・行政部に関する習律
①国王は両院を通過した法案へ裁可権を拒否する法的権限をみずからの意思で行使してはならない。
②国王は大臣の助言に従って行動しなければならない。

③政府は首相によって主宰され，首相は政府を指揮するために大臣を選任した場合，国王はそれらの大臣を任命しなければならない。
④国王は庶民院で多数の議席を得た政党の党首を首相として任命し，政府を形成させなければならない。内閣の全体的な制度は憲法習律に従って形成されている。
⑤首相は庶民院の一員でなければならない。最後の貴族院出身の首相は1900年から1902年まで首相をつとめたソーズベリー卿（Lord Salisbury）である。1963年にヒューム伯爵（Earl of Hume）が首相になった時，庶民院に出席するために爵位を放棄した。
⑥大臣は国会に対して連帯してかつ個々にも責任を有している。
⑦政府は庶民院の信任を失った場合には総辞職するか国会の解散を国王に助言するものとする。
⑧大臣は庶民院または貴族院の一員でなければならない。

(2) 立法部に関する習律
①貴族院は究極には庶民院の意思を尊重する。
②国会の委員会における政党の代表性は庶民院におけるそれに比例していなければならない。
③財政法案は庶民院で先議するものとし，また政府の大臣によって提出されねばならない。
④国会審議の過程で，議長は可能な限り政党ごとに発言を聞くようにし，少数者を保護するものとする。

(3) 司法部に関する習律
裁判官は政党政治に身をおいてはならない。

3.2 なぜ憲法習律は遵守されるのか

前述したように憲法習律はイギリス憲法の法源に違いないが，裁判所で実現されない性質のものである。それなのになぜ憲法習律は遵守されるのであろうか。それはもし憲法習律を守らない場合，それを守らない者は世論の敵意によ

り政治的な後退を余儀なくされる責任を被るからである。政府にとっても、もしそれに従わないならば、政府の終焉を招く、という意味で、憲法習律はイギリス憲法の機構にとってきわめて不可欠のものなのである。

さらに憲法習律違反は場合によって法そのものに対する違反を間接的に招くこともある。たとえば政府の財政支出は毎年国会によって承認されねばならないが、そのために憲法習律により国会は少なくとも毎年一回召集されねばならないとされている。したがって、もし国会がある年に召集されなかったならば、政府の財政支出の多くは違法とされるであろう。

3.3 なぜ法として制定されないでいるのか

それはそのような状態にある方が利点が多いからである。法にしてしまうと改正に手間がかかる。そうした正式な法改正を経ることなく、実質的に憲法上の改正をもたらすことが可能となる。このように憲法習律は柔軟性を持ち、時間の経過によって、憲法習律そのものも発展し変転する。したがって憲法習律のままにしておき、社会の変革に応じて憲法習律が発展する余地を残しておけば、正式な憲法の改正という手続きなしに、変化する状況に対応できるわけである。したがって憲法習律が国民によって遵守されている限り、それを制定法に明文化する必要はない、と考えられている。

4　EU 法

4.1　法　源

1973 年にイギリスが EC に加盟して以来、EU 法（ヨーロッパ連合法）[2]は、イギリスの国内法の一部になった。それを可能にしたのは、前述したように、イギリスの 1972 年法である。EU の法源（統合法の法源）は、以下のように、第一次的法源、第二次的法源およびその他の法源から成っている。そのうち、第二次法源は EU の立法機関によって制定されるものである。これらは、1972

---

(2) 島野卓爾ほか編著『EU 入門――誕生から、政治・法律・経済まで』（有斐閣・2000 年）49 頁以下参照。

年法の効力によって，自動的に，イギリスの国内法になるとされている。

(1) 第一次法源

ひとつの国であれば，憲法に相当する。つまり，第一次法源は，EU（旧EC）の憲法として，EU の目的・目標，重要な諸原則，機構制度，立法手続，諸政策の重要事項，ならびに EU 市民の権利について規定している。

①以下の 3 つの基本条約（設立条約）とその後の改正条約

　ⓐ欧州石炭鉄鋼共同体 ECSC を設立する条約またはパリ条約（1951 年 4 月 18 日パリで署名，1952 年 7 月 23 日発効。ただし，2002 年 7 月 23 日に期限満了となり ECSC は廃止された）。

　ⓑ欧州経済共同体 EEC を設立する条約（後に真ん中の Economic がとれて，EC となり，単に EC 条約となった。または第 1 次ローマ条約，1957 年 3 月 25 日ローマで署名，1958 年 1 月 1 日発効。マーストリヒト条約により「欧州共同体（ＥＣ）設立条約」に改称。さらにリスボン条約により EU 機能条約（または TFEU）に改称された）。

　ⓒ欧州原子力共同体 EURATOM を設立する条約または第 2 次ローマ条約（上記の EEC 条約とともに 1957 年 3 月 25 日ローマで署名，1958 年 1 月 1 日発効。一般的にローマ条約という場合は，前者を指す）。

②基本条約の第一次改正（単一ヨーロッパ議定書，1987 年発効）

③基本条約の第二次改正（EU 条約または TEU すなわちマーストリヒト条約，1993 年発効）

　　　これまでの EC 事項を第一の柱とし，新しく第二の柱として外交・安全保障政策，そして第三の柱として司法・内務協力を加え，三本柱からなる列柱構造の EU を設立することとなった。もっとも EC 事項はこれまで通り法の支配の範囲に入るが，新たな第一，第二の柱は，EC 事項とは異なり，政府間協力で統合を進める問題である。

④第 3 次改正（アムステルダム条約，1999 年発効）

⑤第 4 次改正（ニース条約，2003 年発効）

⑥第 5 次改正（リスボン条約[3]。正式名称は「欧州連合条約（EU 条約）および欧州共同体設立条約（EC 条約）を修正するリスボン条約[4]，2009 年 12 月 1 日

に発効)

　リスボン条約は，既存のEU条約とEC条約の枠組みをそのまま維持しつつ，これまでのEC条約をEU機能条約（Treaty on the Functioning of the EU, or TFEU）との名称に変更した。これにより従来からのECとの表記はすべて無くなり，EUで統一されることになった。

　さらに，リスボン条約は，これまで政治的宣言にすぎなかった下記の法源(3)に示すEU基本権憲章(5)（Charter of Fundamental Rights of the European Union）に法的拘束力を付与したので，EU条約（TEU），EU機能条約（TFEU）とともに，同基本権憲章はEU法秩序において前二者と同一価値をもつものとなった。

(2)　第二次法源（TFEU288条）
①規則（Regulations）
　規則自体がＥＵ域内の各国および各国市民の行動を直接規制する法令であり，各加盟国の国内法に優先して直接加盟国に適用される。
②指令または命令（Directives）
　設けられた期限内に指令の目的を実現する必要があるが，その方法は各加盟国の裁量にゆだねられる。
③決定（Decision）

---

(3)　リスボン条約は，2005年にフランスとオランダにおける国民投票で批准が拒否され，発効を断念したヨーロッパ憲法条約（25ヶ国からの合意を得た憲法条約は2004年10月29日にローマにおいて署名されたもの）にとって代わられた。それは欧州憲法条約と異なり，既存の基本条約と置き換えるのではなく，基本条約をそれぞれ修正する形をとっている。拙稿「EU法の現在——リスボン条約とEU基本権憲章」日本大学法学紀要53号153-187頁（2012年）を参照されたい。
(4)　Treaty of Lisbon Amending the Treaty on European Union and the Treaty Establishing the European Community.
(5)　拙稿・前掲論文「EU法の現在——リスボン条約とEU基本権憲章」を参照。なお，イギリスは「EU基本権憲章のポーランド及びイギリスへの適用に関する議定書（議定書30号）」との付帯議定書によりその適用に留保の形を取っている。庄司克宏「EU基本権憲章の適用に関する議定書の解釈をめぐる序論的考察——イギリス，ポーランドおよびチェコ」慶應法学19号317-330頁（2011年），武田健「EU基本条約交渉における加盟国政府の立場の変更（上）」早稲田政治公法研究103号51-61頁（2013年），同（下）104号41-54頁（2014年）参照。

その決定の対象者（特定の国・企業・個人など）を直接拘束する。

(3) その他
①加盟国に共通な法の一般原則（含む EU 基本権憲章）
　これまで EU には基本権への尊重，人権のカタログが欠落している点に批判があった。ヨーロッパ人権条約などが加盟各国に批准されたことにより，それらは加盟国に共通な法の一般原則に組み入れられ，EU における重要な人権尊重の表れとして，EU 基本権憲章に法的性格が与えられた。その意味はきわめて大きい。
② EU 司法裁判所の積み重ねてきた判例

4.2　EU 法の性質および特徴——直接適用性の原理
(1) はじめに
　EU 法とイギリス法の関係を論じようとする場合，果たして EU 法はどのような性質をもつか，また，統合法とイギリス法を含めた国内法の関係をどのように捉えるべきかであるが，これらはヨーロッパ司法裁判所が判例を通じて確立していかざるをえなかった。そこで確立された見方によれば，EU 法は加盟国の主権の一部を制約する前提で成立した超国家的で，かつ，それ自身独特の法秩序であり，その中では，EU 法と加盟国法の関係は，決して従来の「条約と国内法の関係」で見てはならず，それとはまったく別の見方，すなわち新しい「EU 法と加盟国国内法との関係」という見方で見なければならないとする。同司法裁判所は，1967 年のある事件の中で次のように述べている。

　　「共同市場を設立しようという（ローマ）条約の目標に鑑みれば……この条約が締約国間の諸義務を創出する合意以上の性質をもつものであることを示している。共同体は一つの新しい法制度（a new legal system）であり，加盟国はそのために，一定の分野において，その主権的権利を制約したのである。」(case 28/67: *Molkerei-Zentrale Westfalen/Lippe GmbH v Hauptzollamt Paderborn* 〔1968〕ECR 143 at 152;〔1968〕CMLR 187 at 217, 同様に *Van Gend en Loos v Nederlandse Administratie der Belastingen*〔1963〕ECR 1 at 12 も参照のこと。)

このように，加盟国が EU のために主権的権利の一部を制約したとするならば，その法秩序の中で，EU 法は，何の国内法上の手続を要せず，いかなる加盟国およびいかなる加盟国の市民に対しても直接に適用されるべきであるとする。それがいわゆる「EU 法の直接適用性の原則」(principle of direct applicability) といわれるものであり，EU 法に直接性があるのであれば，それが EU 法と国内法の関係を明確にする鍵となるとするのである。この原則は，次に示すように，有名なリーディングケース，1962 年の "*Van Gend en Loos* 社事件"における共同体裁判所の判決（*Van Gend en Loos v Nederlandse Administratie der Belastingen*, case 26/62：〔1963〕ECR 1；〔1963〕CMLR 105）において確立された。

(2) 条約の直接適用性とその真の意味

EU 諸条約の諸条項のうち重要なのは，イギリス憲法にいう議会主権とかかわる"直接適用性"をもった条項だけである。"直接適用性"というと，いかにもヨーロッパ統合法の対象が，加盟国のみならず加盟国市民という部分にポイントが置かれ，この原理の意味するところを，「国や個人に対する義務」と捉えることは正しくない。その意味するところは，むしろ個人に対して与えられる"EU 法上の権利"と考える方が，より正しいであろう。つまり，直接適用性の原理は，自国の裁判所を通じて実現できる「個人の統合法上の権利」として捉えることが重要である。

この場合，もちろん，個人が他の個人に対して EU 法に準拠して訴訟を起こすことも，また時には国が個人に対して EU 法により訴訟を起こして権利を実現すことも十分可能である。しかし，重要なのは，"個人が国に対して EU 法に依拠して自国の裁判所で EU 法上の権利を実現する"という点にこそ意味がある。直接適用性の原理は，このような点に鑑み，しばしば「EU 法の直接効力の原理」(principle of direct effect or direct enforceability) と呼ばれることが多い。

留意すべきは，「EU 法の直接適用性の原則」が「EU 法と国内法の関係」を明確にする重要なカギであり，そこでは，EU 法が，ある意味で，連邦国家における"一種の連邦法"のような性質をもつことを示唆されている点に注目し

ておきたい。

(3) EU立法と直接適用性

ヨーロッパ司法裁判所によって定義づけられた条約の直接適用性の原理はEU諸立法にも当てはまる。TFEU288条によれば、EU立法には、「規則」(regulations)、「指令」(directives)、「決定」(decisions) が挙げられる。

そのうち規則は、同288条において、「一般的に適用され、すべての要素において義務的であり、すべての構成国において直接に適用される」とされている。

直接適用性をもつのは規則だけに限定されない。「指令」(*Van Duyn case* 41/74)も「決定」(*Grad* 事件 *case* 9/70：〔1970〕ECR 825) も一定の範囲で直接適用性が認められている。

4.3 Costa対ＥＮＥＬ事件とEU法の優位性

さらに、EU司法裁判所は、もしこのように直接効力をもつ統合法と加盟国法が抵触した場合においてどちらが優位するかという問題に対しても、加盟国法でなく、EU法が優位するという「EU法の優位性の原則」(principle of the supremacy of European Union Law) も確立した。

それは、基本的には、EU法の直接適用性をもつ規定は国内法のいかなる規定に常に優位するというものである。その場合のEU法の形式がいかなるものであるかは問わない。直接適用性を有していればEU法が条約であろうと規則であろうと命令（一定の範囲で）であろうとかまわない。またEU法との関係に立つ国内法がいかなる形式のものであるかも問わない。国内法がたとえ"憲法"であろうと"その他の制定法"であろうとかまわない。

ここで国内法がたとえ憲法であろうと、いう部分がイギリス憲法とくに議会主権との抵触が一番問題になるが、それについては改めて、議会主権の項目のところを参照されたい（第9章参照）。

また、EU法が国内法の前に制定されたのであろうが、後に制定されたものであろうが問わない。直接適用性をもつEU法が加盟国法に優位する。それがヨーロッパ司法裁判所の判例から見たEU法の優位性についての考えである。

そのリーディングケースとなったのは、ヨーロッパ司法裁判所による1964年の *Costa Flaminio v. ENEL*, case 6/64 : (1964) ECR 583 ; (1964) CMLR 425 である。

4.4 イギリス法から見た EU 法の位置づけ

これまで統合法の捉え方、および統合法と国内法の関係を共同体レベルから見てきた。次にそれを各国レベルからの見方で見ていこう。

(1) 一元論、二元論の問題[6]

そこでまず問題となるのが、EU法と加盟国法との関係における各国憲法の採用している一元論（monism）と二元論（dualism）の問題である。前述したように、EU法の効力を加盟国内に及ぼし、国内法の一部にしよういう場合、その国が一元論をとっているか、二元論が重要になる。共同体レベルからすれば、一元論も二元論もなく、共同体法の効力はストレートに加盟国の入り口から中に入り込んだ。しかし、各国レベルの見方は違う。一元論を採っている場合、EU法の効力は加盟国の入り口をくぐり抜け、直接、加盟国民にまで届くが、二元論をとっていれば、入り口で留め置かれる。

(2) 主権の問題[7]

ローマ条約が国の主権的権限（sovereignty）を制約することなしには存立しない性質を持つものである以上、その国の憲法が単に条約に対する一元論、二元論という関係を理解するだけでは解決しない。とくに一元論を採用する国は、条約を締結すれば即その効力が国内へ及ぶのでその条約を批准すれば自動的にその国の主権を制約することになるので問題である。

したがって、加盟国が憲法の中で主権の一部の移譲ないし制約をどのように規定しているかが何より重要となる。これについて加盟国がもともと憲法の中

---

(6) 拙稿「EU法と主要構成国法との関係——各国レベルからのアプローチ」島野ほか・前掲書60頁以下参照。
(7) 同上同頁。

で共同体に主権の一部の移譲ないし制約を許す規定になっていればそれに従い，それがなければ憲法改正を要することとなる。

　たとえば国際機関に主権的権限の一部を移譲ないし制約を認めている国の憲法として，ドイツ基本法の第24条1項，デンマーク憲法の第20条などがある。しかし，イギリス憲法上それについてとくに明文の規定があるわけでない。だが，イギリスの場合，主権をもつ国会がただ一片の制定法（1972年の欧州共同体法）を制定することで加盟を果たした。ただし，1972年法を成立させる時，この法案を通せば「議会主権」を制約することになるかどうかについては大論争を引き起こした。しかし，法案を提出した政府は，この法案を通しても議会主権を制約したことにはならないと主張し，制約することになるという反対派を抑えて，僅差で法案は成立したのである。

　イギリスは，このように，条約に対して二元論をとるので，国会が1972年の欧州共同体法を制定することでEU法の直接適用性と優位性の原則も受け入れた。この法なくしてEU法の直接適用性は何の意味もなくなる。このことはたとえば1972年の *McWhirter v Attorney-General*, (1972) CMLR 882におけるデニング卿判事（Lord Denning）の言葉でも明白である。卿は次のように述べた。

　　「たとえローマ条約が署名されたとしても，それが国会の法律にならないうちは，イギリスの裁判所に関する限り，何の効果ももたない。それが国会で法律によって実施されてはじめて，裁判所は機能するのである。」(at 886)

　しかし，これは共同体レベルから見れば，受け入れられない。というのは，これはイギリスの裁判所がEU設立諸条約の「超国家的な」意味を認めないで処理していくやり方だからである。EUが連邦国家（おそらく）に辿り着くまで，イギリスの裁判所はこの態度を取り続けるであろうか。辿り着くプロセスの中で，ヨーロッパ統合は，経済統合から政治統合へと次第に進展している。問題は，イギリスの裁判官がEU設立諸条約の真の意味をどう受け容れていくかがカギとなろう。

第 10 章　イギリス憲法の法源

【参考文献】

ダイシー，A. V.（伊藤正巳・田島裕共訳）『憲法序説』（学陽書房・1983 年）
伊藤正巳『イギリス公法の原理』（弘文堂・1954 年）
ジェニングス，W. I.（中山健男・奥原唯弘共訳）『イギリス憲法──その由来と現状』（白桃書房・1970 年）
ジェニングス，W. I.（榎原猛・千葉勇夫共訳）『新訂イギリス憲法論』（有信堂高文社・1981 年）
岡村尭『ヨーロッパ法』（三省堂・2001 年）
岡村尭『ヨーロッパ市民法』（三省堂・2012 年）
戒能通厚編『現代イギリス法事典』（新世社・2003 年）
庄司克宏『新 EU 法　基礎篇』（岩波書店・2013 年）
庄司克宏『新 EU 法　政策篇』（岩波書店・2014 年）
中村民雄・須網隆夫『EU 法基本判例集』（第 2 版）（日本評論社・2010 年）
鷲江義勝『リスボン条約による欧州統合の新展開──EU の新基本条約』（ミネルヴァ書房・2009 年）
『国際関係法辞典』（三省堂・2005 年）
Jackson, P. and Leopold, P., O. H. Phillip's *Constitutional and Administrative Law*, 8th ed., 2001
Bradley, A. W. and Ewing, K. D., *Constitutional and Administrative Law*, 15th ed., 2011
de Smith, S. and Brazier, R., *Constitutional and Administrative Law*, 8th ed., 1999
Munro, C. R., *Studies in Constitutional Law*, 2nd ed., 1999
Barnard, C., *The Substantive Law of the EU* 4th ed., 2013
Fairhurst, J., *Law of the European Union* 9th ed, 2012
Barnett, H., *Constitutional and Administrative Law* 8th ed, 2011
Alder, J., *Constitutional and Administrative Law*, 8th ed, 2011
Dicey and Allison, *The Law of the Constitution*, the Oxford Ed, 2013
Dicey, edited by Allison, *Comparative Constitutionalism*, the Oxford Ed, 2013
Jurpin, C., *British government and the Constitution*, 6th ed, 2007
Blackburn, R. and Plant, R. ed., *Constitutional Reform*, 1999
Hartley, T. C., *The Foundations of European Community Law*, 3rd ed., 1994
Edward, D., *The Constitutional Implications of the Scottish Referendum*, 2014

第III部　イギリス憲法I（統治機構論）

第11章　国王と君主制

　統治機構を説明する場合，まず最初に，主権をもつ議会，すなわち立法部から始めるのが穏当だが，イギリス憲法上，議会は「女王における議会」(the Queen in Parliament) であり，政府は女王陛下の政府 (Her Majesty's Government) であり，そして司法部は「女王の裁判所」(the Queen's courts) である[1]。それゆえ，この部のスタートは国王と君主制から書き始めることにする。次に，立法部，そしてそこではEUの立法部も併せて述べるつもりである。最後に，行政部，司法部について述べることにしよう。

1　君主制とその発展

1.1　名誉革命と立憲君主制の成立

　今日に続くイギリス君主制の歴史は，アングロ・サクソン時代を別にすれば，1066年のノルマン征服の時にまで遡る。初代の君主はフランスのノルマンディからやってきて当時のイングランドを征服したウィリアム1世（征服王）である。それから現在のエリザベス2世まで，11王朝41代[2]続く。その間，イギリスは一度だけ君主制を廃止して共和制に移行したことがある。1642年のチャールズ1世の処刑から王制復古する1660年までの11年間である。この

---

[1] de Smith, *Constitutional and Administrative Law*, 7th ed., 1994, at p. 121.
[2] 1553年に即位したが，間もなく処刑されたジェーン・シーモア (Seymore, Jane: 1509-37) は王位に就かなかったとみなされている。また，現在の王朝は1917年よりそれまでのサクス・コボル・ゴーサ (Saxe-Coburg and Gotha) 王朝からウィンザー (Windsor) 王朝と名を変えたがそれは単に政治的理由による。

11年は，長いイギリスの憲法史から見れば，束の間のことであるが，この例外を除けば，1066年から今日までイギリスはずっと君主制国家である。

1.2 イギリスの君主制は名目君主制か

ところで，君主制は，歴史的には「絶対君主制」(absolute monarchy) から「立憲君主制」(constitutional monarchy) へ発展するのが通例である。しかし，立憲君主制と一概にいっても幅が広い。そのうち，君主の権限が極端まで形骸する形態を名目君主制 (figurehead monarchy) と呼ぶことが可能であればそのような発展形態もありうるであろう。

「絶対君主制」にあっては，君主の権限を制約する法はなく，そのような君主制はふつう専制君主となる。イギリスにおける絶対君主制の時期は，一般的に，バラ戦争の終結する1487年から100年以上続く。それからさらに王権神授説を唱えるスコットランド出身の国王がイギリス王に即位するに及んで，スチュアート諸王はフランス型の絶対王制への回帰をもくろんだ。だが，そのもくろみも空しく，2つの市民革命が起き，イギリスは立憲君主制に移行した。

しかし，その後も，イギリスの立憲君主制は発展を続け，19世紀の中ごろには民主主義と合体して，今日では限りなく儀礼的，名目君主制に至っている。しかし，この言い回しは，君主は統治的な機能について，もはや実質的な役割を何ら有しない，と決めつけるのであれば，イギリス憲法上，それは必ずしも正しい表現ではない。なぜならば，イギリスの君主は，名誉革命以後も，そして19世紀以降も，国の統治作用の中でなお，例外的にではあるが，一定の実質的な役割を演じているとされるからである。

確かに，国王に残存した国王大権 (royal prerogative) は今日では，そのほとんどが，大臣助言制の下，内閣により行使される。その意味で国王のもつ大権は，実質的に形骸化した。しかし，それは通常の状況下で言えることであって，例外的状況においては，国王にはなお，自ら国王大権を行使できる余地があるとされている。その例として挙げられるのが，首相の任命権と栄典の授与など一部の国王大権である。それも現在ではかなり形骸化したと捉える論者には名目君主まで発展したと捉えるであろうが，いやその例外的なところで，イギリスの君主はなお，国の統治作用の中で実質的な役割を演じており，形骸化

したとまでは言い切れないと主張する論者がおり，議論の分岐点となろう。

1.3　君主および君主制の効用

君主は「国民のアイデンティティの象徴，国民の忠誠心の集中するところ」というのはデ・スミスである。同時に，君主は「党派的対立を超越し，社会的連帯を強化するもの」とも言われる。

君主制は大戦を契機として消えていく[3]としばしば言われている。その中で，イギリスの君主制は，立憲君主制のゆるぎないモデルとして，これまで世界に多大なインパクトを与えてきた。

イギリスは，連合王国であるが，内実はかなり複雑である。ブレア政権の下で今日，ようやく終結の兆しが見えてきたとはいえ，なお民族紛争の火中にある北アイルランドなど，民族の異なるケルト系末裔の居住する地域を抱えている。また，イギリスは今なお，多くの海外領土，植民地，あるいはイギリス連合を形成する国々からの多くの移民を抱えている。このように階級，民族あるいは党派的利害が錯綜する社会にあっては，イギリスの立憲君主制は，デ・スミスがいうように，民族，階層，党派的対立を超越する国民統合の安定要素として支持されるものである[4]。

しかし，20世紀の後半から今世紀である21世紀を迎えて，イギリスの君主制は，後に述べるように内からの挑戦とヨーロッパ統合という外からの挑戦（後出）を受けている。とくにヨーロッパ統合という外からの挑戦を受けて，イギリスの国王大権はいくつかの点ですでに制約を被っているが，さらに統合がECからEU，そして最終的にもしヨーロッパ合衆国なる連邦国家に到達するような場合，イギリスは連邦の一州にすぎなくなるであろうか。もしそうだとすると，そこでの首長は，アメリカ各州のように単に州知事に過ぎなくなりうるが，これまで国家そのものを化体してきたイギリスの君主制がそれでも残存しえるのか，という命題にぶつかるかもしれない[5]。

---

(3)　浜林正夫・土井正興・佐々木隆爾『世界の君主制』（大月書店・1990年）22頁以下参照。
(4)　de Smith, *Constitutional and Administrative Law*, 6th ed., 1989, at p.111.

1.4　君主の権限

1688年の革命以後も君主制は残存した。残存した君主に残余の国王大権が残った。法制史家メイトランドは残余の国王大権を，前述したように，9つに分類した。このように，国王大権は，名誉革命後も，国王の手中にあり，立法，行政，司法すべてに及ぶ広範な範囲で残存したのである。この分類を，より具体的な権限に区分して列挙すると以下のようになろう。

①首相の任命およびその他の大臣の任命
②国会の召集，閉会，および解散
③両院の通過させた法案を裁可しまたは拒否する権限
④栄誉の源泉であり，首相の助言に基づき爵位を授与する権限
⑤枢密院の助言により一定の事項について勅令を発する権限
⑥首相および大法官の助言に基づき裁判官を任命する権限
⑦裁判所によって有罪とされた者に対する大赦の大権
⑧条約締結権
⑨宗教上の権限

裁判所は，これらの権限およびその範囲について確定する管轄権を有している。しかし，この国王大権がいつ，どのように行使されるかについて，裁判所は判断する管轄権を有しない。この点を捉えて，それは国王大権の裁量的権限（discretionary authority）と称されているが，この国王大権は，今日では大臣助言制によって民主的抑制を受けるようになった。この大臣助言制は産業革命を経た19世紀中頃までに発達した憲法習律に基づく。したがって，たとえば，国王はその大権により国会を解散する権限（power to dissolve Parliament）を有しているが，同時に，国王は，憲法習律により，首相によって国会の解散を助言されてはじめてそれを行使するにすぎないのである。

バジョットはこのようなイギリスの立憲主義の発展を『イギリス憲法』（the English Constitution）[6]の中で巧みに表現した。すなわち，君主の大権を「実

---

(5)　拙稿「欧州統合の中のイギリス立憲君主制」駿河台大学比較法研究所紀要「比較法文化」3号 57頁以下（1995年）参照，森嶋通夫「皇室と英国王室の相違と行方——菊の門から踏み出せば皇室は開かれる」論座1998年12月号53頁参照。

効的部分」（efficient parts）と「尊厳的部分」（dignified parts）に分け，君主は「実効的部分」を失い，「尊厳的部分」を持つに過ぎないと見事に描写したのである(7)。

以上を踏まえて，名誉革命直後の君主制を「近代的立憲君主制」と呼ぶことが許されるならば，産業革命後の君主制は「現代的立憲君主制」と呼びうるであろう。

1.5 君主の国政に対する個人的影響力

これまで見てきたように，イギリスの君主は，今日，憲法習律により大権の行使については，最終的には大臣の行う公式の助言に服さねばならない。それでもイギリスの君主の個人的影響力はあなどれない。バジョットは，「イギリス憲法」（The English Constitution）の中で，イギリスの君主の今日的役割について次のように述べた。それは，現実の政治に対し，法的にではないが，事実上，強い影響力をもつものとして興味深い描写を試みている。イギリスの立憲君主制の実体を表わすものとして，しばしば引用されるので，以下に示しておこう。すなわち，バジョットは次のようにいう。

「君主は，わが国のような立憲君主制の下で，3つの権利を有している，すなわち（首相または大臣に）"諮問を求められる権利"（the right to be consulted），"激励する権利"（the right to encourage），および"警告する権利"（the right to warn）」(8)

の3つである。

これは何を意味するであろうか。承知の通り，イギリスの君主は，あらゆる内閣および行政部門の資料，国会の資料を受領し，多くの国内および国外の政治家と会う。また，その関係の情報をたえず享受できる。君主はそれらの資料および情報を注意深く検討することもできる。さらに，政府によって採られた

---

(6) 日本では，バジョット（小松春雄訳）『イギリス憲政論』（中央公論社・1970年）として出版されている。

(7) アスキス首相は，「国王を決して政治的アリーナに引き込んではならない」と述べた。Asquith, H. H., *Memorandum to King George V*, 1913, quoted in Jennings, Sir I., *Cabinet Government*, 3rd ed., Cambridge at pp.336-7, 408.

(8) Bagehot, W., *The English Constitution*, London, 1963, at p.111.

あらゆる決定および将来採るべき政策も，首相または大臣によって君主に適宜，進講（weekly audience，一般的には火曜日の午後）されるであろう。

しかし政府は次々と変わるのに反し，君主は憲法上の永続的な地位の中にある。したがって，とくに外交の面では，君主は，時の首相よりも，豊富な経験と知識を有しているとされる。事実，例えば，かつて首相を務めたヒューム卿（Lord Home）は「女王は，治世25年の後，外国のほとんどすべての元首または政府首脳を知っており，さらに，イギリス連合の首長として，彼女は有力な政治的指導者とその手法について濃密な知識を有しておられる」[9]と述べている。

もしバジョットの言うように，今日の君主に3つの権利，すなわち「諮問を求められる権利」「激励する権利」および「警告する権利」があるとすれば，首相が君主に対して行う進講の場で，君主は時の首相に対して個人的な影響力を発揮しようと思えば十分発揮できるのである。しかし，君主と首相の間のこのような相互作用は，密室の中で行われるので，滅多に外に伝わらないはずである。ところが，イギリスでは，時の首相が現役を退くと，回顧録を書き，それを公表するのが慣習になっている。これら書かれた回顧録を見ると，日本では考えられないが，君主に対して首相が毎週行う進講の場でどのようなやり取りがあり，首相がどのような影響を受けたかが記録として残されるのである[10]。こうして，バジョットのいう君主の3つの権利がどのように発揮されているかが伺い知れるようになった[11]。

もちろん，これらの権利以前に，首相や大臣の助言が正式であって，君主はそれに従うのが前提であることは言うまでもない。

1.6 王位と王位継承

(1) 王位継承の順位——1689年権利章典と1700年王位継承法

名誉革命の翌年に国王の裁可を得て1689年に効力を発した権利章典[12] Bill

---

(9) Lord Home, *The Way the Wind Blows*, London, 1976, at p.201.
(10) See, e.g., Brazier, R., *Constitutional Texts*, 1990, at p.417.
(11) See Brazier, R., *Constitutional Texts—Materials on Government and the Constitution*, Clarendon, 1990, at 421-37.

of Rights 1689によれば，共同君主ウィリアム3世（William III, 在位：1689年2月13日-1702年3月8日）とメアリ2世（Mary II of England, 1662年4月30日-1694年12月28日，ジェームズ2世の娘にしてプロテスタント）の後の王位継承の順序について，第1順位がメアリ2世の子孫，第2順位がアン王妃（メアリ2世の妹にしてプロテスタント）およびその子孫，第3順位としてウィリアム3世がその後の婚姻により設けた子孫と定め，さらにカトリック教徒は王位に就けないと規定されていた。

しかし，ウィリアム3世とメアリ2世との間に子がなく，メアリ3世が1694年に亡くなり，アン（Anne Stuart, 後にイングランド女王，在位：1702年4月23日-1707年4月30日，最初のグレートブリテン王国君主，在位：1707年5月1日-1714年8月1日）の子もすべて亡くなったため，権利章典から12年後，ウィリアム3世が単独で王位にある時期の1701年，王位継承法（Act of Settlement 1701）が制定された。

というのも，アンの次に，王位が王位を追放されたジェイムズ2世の子であるエドワード・ジェームズの系統に移るのではないかとの懸念が高まってきたからである。もちろん，カトリック教徒は王位に就けないはずであるが，名誉革命によってフランスに逃亡したカトリックであるジェームズ2世の子エドワードは自らをイギリスの正統の君主であると主張（Old Pretenderと呼ばれる）するだけでなく，それを支持するジャコバイト[13]の存在もあったため，1701

---

(12) 411 William & Mary Sess 2 c 2：1689年12月16日に成立。1689年3月に当時の議会によってウィリアムとメアリに対して提示され，これを承認することを条件に共同君主として認められたが，その後この権利宣言が制定法の形で再叙述されたのが権利章典である。「権利章典」との名称は短称（short title）に過ぎず，その長称（Long title）は「臣民の諸権利と諸自由を宣言し，かつ，王位継承を定める法律」An Act Declaring the Rights and Liberties of the Subject and Settling the Succession of the Crown である。ここでの王位継承の順位は後者である王位継承の部において規定されている。

(13) 名誉革命によってイギリス国王ジェームズ2世がフランスへ亡命し，事実上退位したとされたが，その後，引き続き同王とその直系の子孫を正統な君主として支持した名誉反革命派らを含む人々のことである。ジェームズのラテン語形Jacobusにちなみジャコバイトと呼ばれた。彼らは1701年にジェームズ2世が死去した後も，長男子のジェームズ・フランシス・エドワード（イギリス史上 Old Pretender 老僭王と呼ばれる）の復位を図り，当時の政権を揺るがしたが失敗，その後，さらに1745年，老先王の息子（若潜王Young Pretender）を担いで復位を画策して失敗し，ジャコバイトの歴史は幕を閉じる。

年王位継承法は、まさに、ジェームズ＝エドワードの系統への王位が移行するのを阻止するために制定されたのである。

それによれば、この王位継承法を制定することにより、権利章典で定めた王位継承の順位の次には、ジェームズ1世の孫娘で、かつプロテスタントであるハノーヴァー選帝侯妃ソフィア (Electress Sophia of Hanover, 1630年10月14日-1714年6月8日)、およびその子孫が王位につくべきことを規定した。もっとも、アン女王の死の2ヶ月前にソフィアは死亡していたため、アンの死後、王位はソフィアの子ゲオルクに移り、ジョージ1世としてイギリスの新しい国王になるのである。

したがって、以上を整理してこれまでのイギリスの王位継承の順位を整理すると、以下の3点にまとめられる。

王位は、①ジェームズ1世の孫娘であるハノーヴァー選帝侯ソフィアの直系の子孫で、かつ②プロテスタントである子孫に継承される。

プロテスタントでなければならないという条件により、ローマ・カトリックを信仰する者は王位から排除され、また配偶者がローマ・カトリックであっても王位継承から除外される。王位に就いた者は、③イングランドとスコットランドの国教会で信仰宣言し、同教会の信者にならねばならない。

以上は権利章典および王位継承法による要件であるが、さらに、これらの要件のほか、もう1つコモン・ロー上の原則として男子優先の原則がある。これは土地の世襲相続に由来するコモン・ロー上の原則である長男子単独相続制に由来する王位継承の原則のことである。もし男子がいない場合、例外的に女子に王位継承が認められるという原則である。これにより、前王ジョージ6世[14] (George VI, 1895年-1952年) は男子を残さなかったが、2人の女子を残した。その場合、年長者が優先するため、次女のマーガレットに先んじて、長女のエリザベスが王位を継承し、現王エリザベス2世が誕生したのである。

---

(14) 1701年の王位継承法以来、王位継承の順位が一度だけ変更された。それは、ジョージ6世の兄のエドワード8世が、離婚歴のあるアメリカ人女性ウォリス・シンプソンとの結婚を希望し、議会との対立を深めていったからである。結局、エドワード8世はイギリス国王からの退位を決め、弟のジョージがジョージ6世としてイギリス国王に即位した。

(2) 王位継承法の改正──2013年王位継承法

けれども，封建法に通じる上のような王位継承は男女差別に通じるとして王位は男女に関わりなく生まれた順に継承されるべきあるする声，また，上の王位継承法のうち，プロテスタントでなければならないとの条件により，自らはプロテスタントとして正統な順位であっても，配偶者がローマン・カトリックの場合には王位継承から外される点については従来より多くの批判があった。それでもサリカ法[15] (the code of the Salian Franks, the Lex Salica or Salic Law) により，王位継承は男子に限るとしてきたヨーロッパ大陸諸国の君主制よりイギリスの王位継承法は女性の君主を輩出してきた先進的な国と評価されてきたが，近時，憲法改正あるいは王位継承法を改正してサリカ法を脱却する君主制国家が現れてきたのである。1979年にスウェーデン，1983年にオランダ，1990年にノルウェー，1991年にベルギーらの国が，最初に生まれた子を王位継承の優先順位の1位とした。これにより先進的とされてきたイギリスは王位継承における女性の地位が男女に差別を設けない大陸諸国が出現してきたのである。この背景に，女性差別撤廃条約等の影響があるといわれている[16]。差別撤廃の法案が議会に提出されようとの動きはあったが，提出されなかった[17]。

しかし，2013年に新たな王位継承法が制定され，遂に長年にわたりイギリス王室に適用されてきた王位継承に関する原則が改正された。きっかけは，2011年4月29日，王位継承順位第2位のウィリアム（William）王子が婚姻し，同年10月28日開催の英連合首脳会議ではイギリスのキャメロン首相の提

---

[15] サリカ法典の原則は，王朝の王位継承から女性を完全に排除するもので，しかも例外を認めない厳しい原則に立つものであり，それはヨーロッパ大陸のフランス，イタリア，ドイツなどの帝国で適用されていった。しかし，ことイギリスの王位継承にはサリカ法は適用されないできた。

[16] この条約は，1979年，国連で採択された。日本は，1980年に署名し，1985年に国会の承認を経て批准した。イギリスは同条約を批准するに際して，一部留保を宣言して，王室の王位継承が男性優位であることを言明している。すなち，「イギリスは同条約1条（女性差別の定義）に関連して，条約が王位の問題に影響しないとの解釈を宣言している。」伊藤哲朗「女子差別撤廃条約における留保問題」レファレンス2003年7月号16頁参照。なお，日本は，「本問題については皇室典範が女性に皇位継承権を認めていない。政府は皇位につく資格は基本的人権に含まれないとして，留保しないと説明」して論議を呼んでいる。伊藤論文16頁参照，衆議院外務委員会議録16号8頁。

[17] 拙稿「イギリスの王位継承法と女王考」日本法学74巻2号3-24頁（2008年）。

案により英連合諸国中イギリスの君主を共通の首長とするイギリス連合 16 ヶ国が男子優先の王位継承を改めること等で合意したからとされている。

さらに，2012 年 12 月 3 日にウィリアム王子妃キャサリン（Catherine）の懐妊が公表され，12 月 13 日には英連合首脳会議の合意に沿って王位継承法案が下院に提出された。審議の結果，法案は，僅かな修正を経て 2013 年 1 月 28 日に下院を，4 月 22 日には無修正で上院を通過し，4 月 25 日に女王の裁可を得て 2013 年王位継承法（(Succession to the Crown Act 2013, c. 20) が制定された[18]。

改正のポイントは以下の通りである
①性別によらない王位継承（1 条）

2013 年改正法は，チャールズ皇太子ウィリアム王子の次に，従来の男子優先の原則を性別によらずに第 1 子を王位継承の第一位にするように改めた。しかし，これに付随して，同改正法の施行前にウィリアム王子夫妻に最初に女子が，その後男子が生まれた場合でも，王子夫妻の長女に先順位で王位を伝えるため，同改正法 1 条の規定は，前述したイギリス連合首脳会議が行われた 2011 年 10 月 28 日以降に生まれた者に遡及的に適用することとされた。

しかしながら，2013 年 7 月 22 日，ウィリアム王子とキャサリン妃の第 1 子に男児が生まれ，ジョージと命名された[19]。誕生した王子はチャールズ皇太子，ウィリアム王子に次ぐ王位継承順位第 3 位となり，未来の国王となるはずである。

②カトリックとの婚姻に係る欠格事由の撤廃（2 条・附則 2 条・3 条）

これまでのもう 1 つの批判の対象だった，王位継承法のうち，プロテスタントでなければならないとの条件により，自らはプロテスタントとして正統な順位であっても，配偶者がローマ・カトリックの場合には王位継承から外されるという問題も，今回の 2013 年改正法は，カトリックと婚姻した者も君主としての資格を失わない旨を定め（2 条 1 項），同時に権利章典や王位継承法を改

---

(18) 河島太郎「イギリス 2013 年王位継承法の制定」外国の立法 258 号 12 頁（2013 年）国立国会図書館および立法考査局を参照。
(19) George Alexander Louis, 通称 Prince George of Cambridge と呼ばれる。BBC news, 24 July 2013.

正して当該欠格事由を撤廃した（附則2条・3条）。

1.7 摂政

1937-53年の摂政諸法（Regency Acts 1937-53）により国王が18歳未満である場合，また病気により国王としての機能を果せない場合，摂政を置くと定める。また，同法は，国王が国を離れる場合，特許状により任命された国務顧問官（Counsellors of State）が一定の国王の機能を代行できると定める。

摂政となる者は王位継承にもっとも近い順位にある者で，王位継承法により排除されておらず，連合王国に居住しているイギリス人で，かつ成人に達している者とされる。摂政は，王位継承を変更するような法律に裁可権を行使すること，およびスコットランドの宗教および教会を保障している1706年のスコットランド法を廃止する法律に裁可権を行使することの2点を除き，国王のすべての機能を行使できる。

1.8 退位と崩御

君主が崩御すれば，継承者が直ちにかつ自動的に王位を継承する。「国王は死なず」（the King never dies）である。君主の崩御により王位継承第一順位の者が直ちに王位を継承するのであって，王位継承評議会（Accession Council）の会議は新しい君主の王位継承の事実を公的に認証するだけにすぎない。国王の退位とは，主権を有する議会が王位継承法を改正することにより可能となる。

1.9 王室財政

ジョージ3世以来，治世の開始時に各君主はその生涯にわたって，議会に対し，国王のすべての世襲財産を放棄する慣習が出来上がった。これと引き換えに，議会が，毎年，王室費（Civil List）を決議して王室財政を賄うのである。

王室費により賄われるのは，王室の給与および他の諸費用，あるいは公務を執行する王族のための諸費用などである。しかし，宮殿の維持費などは，関連する行政部門（環境庁）の予算で賄われるし，王室で使用するヨットなどは国防省の予算で維持される。プリンス・オブ・ウェールズ（皇太子）の場合は，コーンウォール公領（Duchy of Cornwall）からの収入を得ている。

1.10 国王とイギリス国教会

さらに国王は信仰の擁護者（defender of the Faith）としてイギリス国教会（Church of England）の首長でもある。1534年の「国王至上法」（Act of Supremacy, 26 Hen. 8, c. 1）は，ヘンリー8世をイングランドにおける教会の至高の首長と宣言した。その後，ヘンリー8世の娘であるメアリ女王（カトリックの女王）が在位中，これを取り消したが，次に即位したエリザベス1世が1558年の「国王至上法」（Act of Supremacy, 1 Eliz. 1, c. 1）を制定させ，イギリス国教会のローマから独立を再確認した。これにより，イギリスの国王が世俗事項のみならず宗教事項についても最高の権限を持つものであることを強調した。この体制は今も継続している。

1.11 イギリス連合の首長

イギリスの国王は，イギリス連合の首長（head of the Commonwealth）を兼ねている。このようにイギリスの女王はコモンウェルス（イギリス連合）の首長であり，そのようなものとしてコモンウェルスを構成するすべての独立国により承認されている。その中にはインドやケニアやガーナのような共和国もあれば，オーストラリア，カナダ，ニュージーランドのように女王をそれ自身の女王として認めている国もある。またトンガのように独自の君主を有する国もイギリス連合の一員となっている。

以上，イギリスにおける君主制の内容および国王大権について述べた。しかし，君主の地位および君主制の根拠は議会の総意による。すなわち，国王大権は名誉革命後も残存したとはいえ，君主制の運命は議会の手中にあり，議会の総意によって共和制に移行させることも可能であり，また廃止せずとも，次第にその権限を縮減させていくことも可能である。

2　憲法改革と君主制の近代化

1990年代初頭から，イギリスの王室は一連の醜聞に見舞われた。それを契機としてメージャー（Major, J.：首相1990-97）率いる保守党政権下，国王のも

つ免税特権の自発的放棄・王室費の見直しなどいくつかの改革が行われた。しかし，王室醜聞の余波はその後も続き，新しいブレア労働党政権の下で，王位継承における両性の平等への改革の動き，また上院（貴族院）改革に伴う王族の上院における議席または議決権にからむ改革の動きとなって表れている[20]。

---

(20) 拙稿「イギリス立憲君主制の改革について」駿河台大学比較法研究所紀要「比較法文化」7号91頁（1999年）参照。

第12章　立法部

1　はじめに——"議会の母"としてのイギリス議会

　イギリスの議会はしばしば"議会の母"と言われる。これは他の諸国の議会が何らかの点でイギリスの議会に由来することを指している。第II部で述べたように，イギリスの議会は13世紀に始まる極めて古い歴史をもつ。1965年，イギリス議会は，今日の二院制議会を生み出すきっかけとなった「シモン・ド・モンフォールの議会」の700年祭を祝った。

　ところで，イギリスの議会はふつうパーラメントすなわち"Parliament"と呼ばれるが，それは略称であって，正式名称は「議会における国王」(King in Parliament) である。議会は，一般的に，上院と下院からなり，法律は両院を通過すれば成立するが，イギリスの場合，法律は両院を通過しても成立したとは言えない。それは，国王が法律に対して裁可権 (Royal assent) を持っているからである。それはイギリスの議会が両院とともに国王もその構成要素であることを意味している。

　議会はこのように両院と国王の三者からなるため，その正式名称は「議会における国王」といわれるのである。しかし議会の主たる目的が国民（臣民）の代表である議員による討議にあるとすれば，下院と上院こそ重要であろう。イギリスにおける下院は，庶民院 (House of Commons) と呼ばれ，上院は，貴族院 (House of Lords) と呼ばれ，二院制 (bicameral legislature) を構成している。貴族院は後に述べるように，聖職者，一定の世襲貴族と一代限りの貴族が任命されて議席を有し，選挙は行われず，下院である庶民院議員のみが総選挙で選出される。二院制もしくは両院制の利点は，本来，一院での行きすぎ

かもしれない議論または法案提出に，幾分異なった立場から冷静な討議を加えることにあるであろう。

2　下院としての庶民院

2.1　庶民院とその構成

　庶民院（The House of Commons）は，1926年以来，成人普通選挙に基づいて選挙される庶民院議員から成り，1911年の議会法の7条により，総選挙は少なくとも5年毎に行われる。1832年の第一次選挙法の改正までは，約30人の成人中，たった1人だけが議会の選挙権を有するにすぎなかった。しかし，1832年の改正で，選挙民を22万人から72万人に増やした。それだけではない。産業革命により，人口は農村部から新しい産業都市へ流出するようになり，選挙区と議席数の関係に多くの矛盾を招くようになった。たとえば，マンチェスターを例にとってみよう。そこでは1830年までに，人口はゆうに10万人を超えていたにもかかわらず，庶民院に一人も代表を送れないでいた。その一方で，たとえば，ウィルトシャーのオールド・サラムには実際にはほとんど人は住んでいなかったにもかかわらず，議会に2名の代表を送っていた。しかし，第一次選挙法の改正はそのような不合理を除去し，人口に比例した議席の配分をするようになった。

　しかし，選挙の際の賄賂や暴力による脅しはあいかわらずで，1872の投票法によって無記名投票（secret ballot）を導入するまで救済されなかった。また，第一次選挙法の改正以後，さらに4つの法律が制定されるまでは成人による普通選挙が実現されないでいた。1867年の選挙法の改正により，多くの都市労働者に選挙権が与えられ，1884年の選挙法の改正により，多くの農村労働者に選挙権が与えられた。1918年の人民代表法（Representation of the People Act 1918）により，史上初めて女性に選挙権が与えられ，また事実上すべての成人男子に選挙権が与えられた。同法では単に30歳以上の女子に選挙権が与えられたにすぎなかったが，それは女性参政権運動にとって輝かしい勝利であった。エメリン・パンクハースト（Emmeline Pankhurst: 1858-1928）はこの参政権運動をリードしたことで有名だが，それは最初から困難な運動であっ

た。しかし，1914年の第一次世界大戦で，銃後に就く多くの女性が男子の仕事に負けるとも劣らない活躍をした。運転手，工場労働者として十分に社会的に認められる活躍をした。ついに時の首相であるロイド・ジョージは選挙権を30歳以上の女子に拡大する法案を国会に提出し，賛成を得たのである。さらに1928年，男子と同じように21歳以上の女子に普通選挙権が与えられるようになった。

　その後，1969年の人民代表法（Representation of the people Act 1969）により，成人の年齢が21歳から18歳へ引き下げられた。

　上述したように，議会は，17世紀に国王と主権を賭けた憲法闘争を行い，最終的には名誉革命により主権者となった。いわゆる議会主権の成立である。議会主権の反映として，議会免責が存在し，国会議員はあらゆる公共の利益をもつ事項について，何のおそれなく，審議することができる。

2.2　選挙制度

(1)　議会の任期

　5年，解散あり。しかし，2011年議会任期固定法 Fixed-term Parliaments Act 2011 (c.14) が制定され，原則として5年ごとの所定の日に固定された[1]。本法の短称は議会任期固定法だが，長称は「議会の解散および総選挙の投票日の決定並びにそれに関連する目的のために規定するための法律」なので前者を強調して，本法を2011年議会解散制約法としてもよいであろう。

---

(1) これは2010年5月20日における保守党と自由民主党との連立政権合意文書に基づき制定されたものである。これにより，任期満了によらない庶民院の総選挙は，2条1項により，議員総数の3分の2の支持を受けて自主解散があった場合または庶民院による与党政権の不信任決議案の可決後所定の期間内に現政権を改めて信任しもしくは新政権を新たに信任する決議案が可決されなかった場合に限られることとなった。また，従来は，君主が国王大権のなかに議会の解散大権を有し，解散の行使について助言する首相が主導して庶民院の総選挙の施行時期を決定してきた。しかし，2011年法の制定により，君主の国王大権の一部（解散大権）が失われ，首相の総選挙の施行時期に関する事実上の決定権限にも重大な制約が加えられた。河島太朗「イギリスの2011年議会任期固定法」外国の立法254号4頁（2012年），小松浩「イギリス連立政権と解散権制限法の成立」立命館法学341号1頁以下（2012年）を参照。

(2) 選挙権有資格者

選挙区に関する法は，今日，1983年人民代表法（Representation of the People Act 1983）の中に含まれている。選挙権を行使できる者は国会選挙区の選挙人名簿に登載されていなければならず，その資格は以下の通りである（1条）。

① 18歳に達している（もしくは選挙人名簿の公表から12ヶ月以内に18歳の誕生日に達する者）
② イギリス連合の臣民またはアイルランド共和国の市民である
③ (4)に掲げる欠格者に該当していない市民である
④ 選挙人名簿を編纂する特定の期日に選挙区の居住者である

居住条件については状況による。例えば，1985年の *Hipperson v Newbury District Registration Officer* (1985) で，控訴院は，グリーンハム・コモン空軍基地にある公道および共有地で2年以上キャンプしていた女性らで，その地で郵便配達を受けていた場合，それは1983年人民代表法の目的による居住である，と判示した。

また，1970年の *Fox v Stirk and Bristol Electoral Registration Officer* (1970) で，大学に通っていた町における選挙登録簿に搭載されるのを拒否された学生らは，これを不服として上訴した。これに対し，控訴院は，彼らはその町に居住しているとみなされる程度の十分な期間の滞在があると判示した。

(3) 選挙人名簿

選挙人名簿は毎年一回それぞれの選挙区の登録官により準備される。選挙人名簿に登載されるには特定の日，すなわち10月10日に，選挙区の住所に居住していなければならない。北アイルランドを除き，居住期間は必要とされない。選挙人名簿への登載または削除に対する異議申立ては12月16日までになされねばならない。この異議申立ては登録官により審理され，その決定に対する上訴は県裁判所（County Court）へ，そしてさらにその決定に対する上訴は法律問題について控訴院（Court of Appeal）へなされうる。

(4) 欠格者

次に掲げる者はたとえその名が選挙人名簿に登載されていたとしても投票権はない。

①有罪判決を受け収監される者
②選挙違反で有罪となった者
③精神上の病気その他の理由で投票日にその能力を欠く者
④聖職者・爵位を有する者（2001年聖職者欠格資格除去法により，聖職者欠格条件は除去された。また1999年貴族院法により，世襲貴族も原則として欠格条件は除去された）

(5) 除外者

一定の公務員は，1975年庶民院欠格法（House of Commons Disgualification Act 1975）の効力により，庶民院の一員になることを除外される。

①裁判官
②公務員
③軍隊の一員
④警察官
⑤国家情報サービス（NIS）または国家犯罪分隊（NCS）の一員
⑥外国の立法府の議員

ただし，ヨーロッパ議会は，1975年の庶民院欠格法にいう外国の立法府ではない。したがって庶民院議員を兼任することは可能である。

なお，爵位を有する者も庶民院議員にはなれない。トニー・ベン議員は，1961年に父が死亡したため，子爵を相続するはめになり，庶民院議員であることを停止した。

1963年貴族法（Peerage Act 1963）により，爵位を相続した者は，その生涯だけ爵位を放棄できることになった。放棄の方法は，相続の日から12ヶ月，または21歳の年齢に達した日から12ヶ月以内に大法官に放棄の文書を送達することによって有効となる。庶民院議員が爵位を相続した場合は，1ヶ月以内になされねばならない。その1ヶ月の期間，庶民院の議員であることを除外されえない[2]。

もっとも，1999 年貴族院法（House of Lords Act 1999）により，世襲による貴族だけは，庶民院議員になる資格を得るようになった[3]。一代限りの貴族はこれまで通り，庶民院議員にはなれない。

(6) 選 挙 区

連合王国は現在 650 の選挙区に分けられ，その各々で 1 名の代表者が選出される。つまり，「比較多数得票主義」（First-past-the post electoral system）[4]と呼ばれる 1 人 1 区の小選挙区制である。したがって，庶民院議員の総数は選挙区の数と同数で現在 650 名ということになる。

現在の選挙制度の下，イギリスにおいて総選挙はその社会に二大政党による対立候補者のうちいずれを選択するかの民主的な機会を与えてくれる。かつてイギリス政治における二大政党とは自由党と保守党であったが，今の二大政党とは，労働党と保守党である。これにみるように，小選挙区制の下，政権交代が可能な二大政党の存在こそイギリス政治の特徴であった。しかし，国民世論の需要が多様化している現在，多くの利害の対立をいつまでも二大政党だけで吸収できると考えるのは難しいであろう。

なお，総選挙での得票率と議会に反映される議席とが乖離することも小選挙区制度にみられる特徴としてしばしば批判されてきた。前回の総選挙の時の労働党は，得票率が過半数を下回る 35.3％だったにもかかわらず，議席数の過半数である 324 議席をかなり上回って政権を担当している。まさにレイプハルトのいう「作られた多数派」（manufactured majority）を如実に示したのである[5]。さらに 2010 年 5 月の総選挙で労働党は敗退して 2 位となり，257 議席となったが，得票率でお互いそれほど変わらない第 3 党の自民党の議席はわずか 57 議席となり，その差にいささか驚きを禁じ得ないと思うであろう。このように，小選挙区制度が二大政党制にいかに都合よくできているかもよく理解できるはずである。2010 年 5 月の総選挙による結果は次頁表の通りであった。

---

(2) Parpworth, N., *Constitution and Administrative Law*, Butterwoths, 2000, at p. 89.
(3) *Ibid.*
(4) 他候補と比較して得票数の多い者を順次当選者とする選挙制度（広辞苑）。
(5) 参照：Arend Lijphart, Democracies, 1984, p. 166

2010年5月の総選挙の結果（3大党のみ） （※議席総数650）

	保守党（CP）	労働党（LP）	自由民主党（LDP）
2005年総選挙時の議席数と割合	198（32.3％）	356（35.3％）	62（22.1％）
2010年総選挙時の議席数と割合	307（36.1％）	257（29.3％）	57（22.9％）

現在，労働党と保守党に加え，第3の政党として次第に自由民主党が台頭してきていることは興味深い。これとともに，二大政党を生み出してきた1人1区の小選挙区制に代えて比例代表制（proportional representation）の導入が次第に国民世論の間で論議されるようになった[6]。2001年に設置されたスコットランド自治議会とウェールズ自治総会の議員選挙においてではあるが，一部比例代表制が採用されている意義は大きい。今後，国政選挙への影響が注目される。

(7) 被選挙権
とくに庶民院の議員になるための資格要件はないが，以下の者は欠格となる。
① 21歳未満の者
② 精神的な病気に陥っている者
③ 爵位を有している者（1999年法により世襲貴族の欠格要件は除去された）
④ イギリス国教会，アイルランド教会，スコットランド教会の聖職者，ローマン・カソリックの司祭およびスコットランド教会の牧師
⑤ 反逆罪に問われた者
⑥ 破産者
⑦ 選挙法の違反に問われた者

2.3 立法過程

法案（Bill）は内閣または国会議員のいずれかによって提出されうるが，政

---

[6] 現在，労働党政権は，選挙制度改革について国民投票を行う公約をした。1997年12月，ジェンキンズ卿（Lord Jenkins）を議長とする投票制度に関する独立委員会を設置している。

党政治の下，法案の大半は今日内閣によって提出される。なぜなら政権党としては党の政策を実現しようとして立法に関心を持つからである。また，現行法には欠陥があること，あるいは法改革が法律委員会（Law Commission）もしくは王立委員会（Royal Commission）により指摘された場合，それも法案提出の契機となりうる。さらに，条約等の国際法が制定法を通してイギリス法の一部となる場合も，制定法の起草の契機となるであろう。いずれにせよ，内閣は，立法の必要に迫られると，法案の起草に携わる内閣法案起草官（Parliamentary counsel）に法案起草を指示する。彼は関係大臣や政府部局と協議しながら法案を起草していく。法案は，財政法案（Money Bill）を除き，庶民院，貴族院のいずれから先に提出してもよい。

これに対して，議員立法はなかなか成立するのが難しい。なぜなら国会での審議時間が議員立法の場合，とりにくいからである。それでも，いくつかは成功している。たとえば，ハーバート（Herbert.A. P.）議員によって法案提出され成功した1937年婚姻事件法（Matrimonial Clause Act 1937），ジェンキンズ（Jenkins, Roy）議員によって成功を収めた1959年わいせつ出版物法（the Obscene Publications Act 1959），スティール（Steel, David）議員による1967年妊娠中絶法（Abortion Act 1967），それからアプサ（Abse, Leo）議員による1982年（財産）没収法（Forfeiture Act 1982）などがある。

いずれにせよ，法案が成立するには，各院とも以下の段階を経て可決されねばならない。一院で可決されると，法案は次の院に送付され，その院ではまた類似の段階を経て可決を待つことになる。ここではある法案が庶民院より提出されたとして立法のプロセスを考えてみよう。

　①第一読会（First reading）
　②第二読会（Second reading）
　③委員会段階（Committee stage）
　④本会議報告（Report stage）
　⑤第三読会（Third reading）

第一読会では，法案の表題とそれを提出しようとする議員の名前だけが書かれた文書が読み上げられ，その際，法案の印刷が命令される。

第二読会では，提案する側より法案の主要な目的とそれを実現する方法が説

明され，法案の審議に賛成が得られれば，委員会にまわされる。委員会では委員によって条文案が逐条的に詳細に検討される。それから，法案は委員会での審議と修正案に基づいて本会議に戻される。

　第三読会では，本会議に報告した内容に基づき，とくに法案の一般原則について最終的な審議がなされ，議決されると，その院を通過したことになる。

　法案はここで庶民院を離れ，貴族院に送付される。そこでは第二院として第一院とは異なった観点から批判的に討議される。しかしその手続は，上述した庶民院のそれと類似のものとなろう。

2.4　貴族院に対する庶民院の優越の原則

　ここで法案が両院を通過すれば，国王によって裁可される（Royal Assent）が，法案が他院で全面的に拒否され，修正案を出してきた場合，どのように第一院（ここでは庶民院）は対処するであろうか。もし両院の意思が不一致に終わり，法案が成立しないとなれば第二院である貴族院が拒否権を行使できたことを意味する。しかし，これではなかなか庶民院の意図する改革的立法が実現しない。事実，貴族院は歴史的にしばしば庶民院の提出する改革立法を拒否してきた。

　貴族院の拒否により両院の間の衝突が最高潮に達したのは1909年のことである。その年，貴族院は自由党のロイド・ジョージ政権が提出した国民予算（People's Budget）といわれる財政法案を否決したからである。本予算は，国民予算と言及されるように，福祉国家時代に対応する先駆け的な予算であり，多くの国民生活にとり，不可欠な内容を含むものであった。にもかかわらずこれが否決されたため，国民世論から怨嗟の声があがった。他方，高い税率を課される地主階級の不満は強く，イギリス国内は政治的危機の状況を呈した。それは1832年選挙法の改正の時を彷彿させるものであった。1910年に総選挙があり，同じ自由党のアスキス政権がようやくこの財政法案を通過させることに成功すると，貴族院の権限の縮小をもくろむ議会改革法案が国会に提出された。庶民院は可決したものの，貴族院はこれを拒否した。

　すると首相アスキスは時の国王ジョージ5世に議会の解散を要求し，もし再び総選挙で政権に返り咲いた場合，改革法案に貴族院が反対できないだけの数

の非保守勢力の貴族を増やすよう約束させた。国王にそうできる大権があったからである。アスキスが政権に返り咲くと，貴族院は国王の爵位授与の保証を知って，ついに折れ，この改革法案は可決されたのである。

　こうして貴族院の権限を縮小する 1911 年の議会法（Parliamentary Act 1911）が成立したわけであるが，これによれば，①庶民院の議長に何が財政法案かを決定する権限を与え，②庶民院が財政法案を可決して貴族院がそれを拒否しても，貴族院はその決定をわずか 1 ヶ月遅らせることができるだけで法となる，③他のすべての法案は，庶民院が継続した 3 つの会期で可決した場合には，貴族院の拒否にもかかわらず 2 年引き延ばすだけで法となる，とした。この結果，貴族院に対する「庶民院の優越」が確定したのである。さらに，1949 年の議会法（Parliamentary Act 1949）は，金銭法案以外の法案について，もしそれを継続した 2 つの会期で庶民院が可決した場合，貴族院はそれを 1 年引き延ばすことができるだけとされ，さらに庶民院の優越が強固なものになった。これが日本における「衆議院の優越」の先例になったとされる。

　貴族院が拒否した場合の議会法の取り扱いは以上の通りであるが，他方，もし貴族院が修正案を出した場合，第一院である庶民院はそれをどうするであろうか。原則的に庶民院はその場合貴族院の修正案を考慮する。考慮した結果，その修正案に同意すれば，直ちに，国王の裁可を得て制定法として成立する。もし，その修正案に同意できない場合，または，第二院がはじめから第一院の法案を否決した場合は，先の 1911 年と 1949 年の議会法により，庶民院の可決した内容で制定法として成立する。

3　上院としての貴族院

3.1　貴族院の構成

　1999 年の貴族院法が制定されるまでは，貴族院（The House of Lords）の議員は庶民院の議員と異なり，選挙によって選出されるのではなく，世襲の原則または国王の任命のいずれかにより，議席を得ることになっていた。また，その構成は 3 つのグループからなり，第一は世襲貴族（hereditary peers），第三は一定の聖職者（archbishops and bishops），そして第二は一代限りの貴族

(life peers) であった。しかし，歴史的には，一代限りの貴族は近年になって創設されたもので，それまでは，基本的に聖貴族（Lords Spiritual）と俗貴族（Lords Temporal）だけであった。そのうち，聖貴族の数は，1878年の主教職法（Bishoprics Act 1878）により，次第に26名に限定されるようになった。その中にはカンタベリーとヨークの大主教（Archbishop），ロンドン，ダーラム，およびウンチェスターの主教（Bishop），ならびにイギリス国教会の他の21の教区主教（diocesan bishop）が含まれている。教区主教が死亡しまたは辞任した場合，先任順により次の教区主教が議席に就くことになっている。

他方，俗貴族は一般に貴族といわれるもので，15世紀からほぼ世襲となり，その数は国王の爵位授与により次第に増加してきた。世襲の爵位には5階級あり，公爵（dukes），侯爵（marquesses），伯爵（earls），子爵（viscounts）および男爵（barons）の順序である(7)。

特筆すべきは，1958年の一代貴族法（Life Peerages Act）により，一代限りの貴族が創設されたことである。これにより国王は，首相の助言に基づき，数に限定されることなく，一定の者に男爵または女男爵の爵位を授与できるようになり，世襲の原則にとらわれることなく貴族院に有能の士を送り込めるようになった。

さらに国王は，同じく助言に基づき11名を下回らない数の常任上訴貴族（Lords of Appeal in Ordinary）を任命できる。この常任上訴貴族は俗に法律貴族（Law Lords）と呼ばれ，司法の上告審の機能を担うことになっている。

貴族院には一体どれくらいの数の議員がいるであろうか。1991年現在で，その数は1,201名に及んでいる。うち，422名が一代限りの貴族で，779名（1999年には760名に減っている）が世襲の議員である。議員として実際に活動している数は300名強で，その多くは一代限りの貴族であると言われている。

---

(7) 1707年にスコットランドとの合併により16のスコットランド貴族がイングランドの貴族に，また1801年のアイルランドとの合併により28のアイルランド貴族が新たに加わり，貴族院の構成員になった。しかし，今日となっては，彼らは貴族院への代表性はなくなった。1つには1922年にアイルランドが独立したことに伴いアイルランド貴族のシステムは崩れたことによる。しかし，1963年貴族法（Peerage Act 1963）により，すべてのスコットランド貴族は貴族院への議席につく権利が与えられた。

これにより明らかなことは，貴族院の中でもっとも多いのは世襲議員ということであり，また，世襲議員の多くは保守党の支持者とされている[8]。

3.2 貴族院改革

世襲貴族は公選によらず貴族院の議席が与えられる。これら明らかに民主主義のルールに反する。したがって，労働党は，早くから，貴族院の近代化・改革に熱意をもっていた。それはすでに1968年に表れていた。事実，当時ウィルソン首相（Willson, J. H.：首相1964-70, 1974-76）率いるの労働党政権は，議会に貴族院を改革する法案を提出した。結果的に，この法案は，庶民院の与野党議員の反対によって放棄されたが，意図したことは，世襲議員を除去することにあった。

ひるがえって，現在のブレア労働党政権が誕生する直前，党は "A New Agenda for Democracy" と題する党の方針を発表した[9]。その中で，党は，貴族院の将来について，2段階方式で改革しようと企図した。最初の段階では，貴族院から世襲の貴族を排除する。次の段階で，民主的に選出された第二院を創設するというものである。それは1997年の総選挙における党綱領の中に含められた。総選挙で，同党が過半数を大幅に超える勝利を果たした今，同党政権にはこの改革のプログラムを立法化する強い権限が与えられた。

1998年10月，世襲貴族議員制度の廃止と新しい貴族院の構成を検討する諮問委員会が設置された。さらに，1999年1月，議会の近代化・貴族院の改革と題する白書が発表された。これにより世襲貴族を貴族院から排除するという企画と世襲貴族を一部残存させること，および爵位授与について国王に対する首相の助言を縮減させるため，独立した貴族院議員任命委員会（Appointment Commission，三大政党と各界の有識者で構成する）の設置など提案された。そのうち，世襲貴族を貴族院から排除するという企画は，1999年の貴族院法（House of Lords Act 1999）により達成された。また，同法で92名の世襲貴族に対し，排除の例外も規定されていたことも見逃せない。

---

(8) Parpworth, N., *op. cit.*, Butterworths, 2000 at p. 98.
(9) Brazier, R., *op. cit.*, Oxford, 1998 at p. 41.

ここではまず，1999年の貴族院法を見てみよう。同法1条によれば，「いかなる者も世襲貴族の効力により貴族院の一員となることはないものとする」，と定められた。しかし，2条2項により，「いかなる一時期においても，90名は1条の例外とする。また，警備長官または大侍従卿職を遂行する者は，その制限に含まれないものとする」とも定められた。したがって，これまで700名以上いた世襲貴族のほとんどは貴族院から排除されるという大手術が行われた。ただし，上に述べたように，そのうち92名だけは残存したわけである[10]。

3.3　2005年憲法改革法と貴族院の司法的機能の喪失

　2005年憲法改革法が制定されるまでは貴族院には2つの機能があった。1つは立法機能であり，もう1つは司法的機能であった。後者の司法的機能は，イギリスの古い歴史的遺物であり，したがって，他の国から見れば奇異に映るが，イギリス人からすれば長い伝統の1つにすぎなかった。

　まず，貴族院は庶民院とともに両院を構成し，立法機能を果たしている。しかし，上述したように，一定の条件で，庶民院の優越を許している。二院制の効用は国によりそれぞれ幾分か異なるであろうが，イギリスの場合，主権は議会にあり，その主権は選挙で選ばれ，かつ貴族院に優越する庶民院と庶民院の多数派である内閣に独占されうるので，貴族院はそうした権力を緩和し，抑制する効果を期待されるであろう。

　中世以来，貴族院は民事事件における連合王国全体に対して，また刑事事件におけるイングランド，ウェールズ，北アイルランドに対する最終審の裁判所である。また軍事上訴裁判所（Courts-Martial Appeal Court）の判決に対する上訴を含む一定の上訴を最終審として審理する機能を果してきた。

　貴族院が司法的機能を果たす場合は，司法委員会（Judicial Committee）を形成し，常任上訴貴族を中心に審理される。貴族院の議長は大法官であるが，彼は内閣の閣僚であり，かつ立法府としての貴族院の議長であり，同時に最高

---

(10)　これら92名のうち，90名については，同輩の世襲貴族の互選により，1999年10月から11月にかけて選出された。See e.g., Parpworth, *op.cit.*, at p.102. さらに，第二院としての貴族院の役割を検討するため，王立委員会（Royal Commission）が設置された。1999年2月，委員長にウェイクハム卿（Lord Wakeham）が任命された。

裁判所としての貴族院の長官でもあった。問題は，司法権に対し，立法府の部分からの干渉がないかどうか懸念されるが，一般的に機能は分担され，憲法習律により，立法府からの干渉はないといわれてきた。

3.4　最高裁判所の創設へ

2003年11月26日，国会が召集され，政府の新たな政策方針・法案の概略が呈示されたが，注目されたのはそのうちの憲法改革に関する部分だった。それによれば，今国会で最高裁判所（Supreme Court）を設置するとともに，裁判官の任命システム（judicial appoints system）を改革し，現行の大法官職（office of Lord Chancellor）を廃止する憲法改革プログラムを継続して行うというものだった。

この憲法改革法案は予定通り国会へ提出され，それは2005年憲法改革法として成立をみ，1000年以上の憲法史の中でつねに存在し続けた貴族院の上告管轄権が除去された。これによりイギリスの司法権は，立法部（上院）より分離され，独立の最高裁判所が設置されることになった。その詳細については第15章司法部10を参照されたい。

第13章　EUの諸機関と立法手続

　イギリスが1973年に時のECに加盟して以来，今やEU法はイギリスの国内法の一部となり，それを作るEUの統治構造，とくに立法機関はイギリス憲法上の問題として重要な要素となった。そこで本章では，イギリス憲法に必要な限りで，EUの諸機関がどのようなものか，とくに立法機関と立法手続[1]を中心に眺めることにする。

1　はじめに

　EUという超国家的組織は，将来，ヨーロッパ合衆国をめざし，現在の段階で准国家あるいは准連邦国家に類似しているとすれば，それは一国の憲法構造に類似する何らかの統治構造をもっているはずである。それがEUの立法部，行政部，司法部であるが，EUの諸機関のうち，どれが立法部に相当し，どれが行政部であり，どれが司法部であるか見極めることはイギリス憲法上も重要である。

　EU諸機関には，大まかに見て，4つの機関，すなわち「EU理事会」，「ヨーロッパ委員会」，「ヨーロッパ議会」それに「EU司法裁判所」がある。これらのほか，これまで条約外の機関として機能していた首脳会議が「ヨーロッパ理事会」との名前で条約内の機関として直接，条約の中で規定されるようになった。さらに，EU司法裁判所の過重負担を軽減するために，新たに第一審裁

---

[1]　島野卓爾ほか編著『EU入門──誕生から，政治・法律・経済まで』（有斐閣・2000年）11頁以下参照。

判所が設置された。これらの諸機関のうち，EU理事会は主要な，そしてヨーロッパ議会は従属的な形でEUの立法部を形成する形であったが，その後，1979年の直接選挙以来，ヨーロッパ議会の権限が高まり，現在では，EU立法はヨーロッパ理事会とヨーロッパ議会の共同決定で作られることが通常となった。本章ではとくにこのEUの立法部と立法手続を中心にみることとする。

ところで，EUは最初の共同体である「ヨーロッパ石炭鉄鋼共同体」（ECSC）に始まる。それは1951年，パリで原加盟6ヶ国といわれるフランス，西ドイツ，イタリア，ベルギー，オランダそれにルクセンブルクの間でECSC条約（署名地をとってパリ条約と呼ばれることが多い）に調印して設立された。そのとき，構成国の石炭・鉄鋼産業の管理運営する共通の諸機関ができたのだが，それらが今日のEU諸機関のもととなったのである。

続いて1957年，ローマで原子力エネルギーの平和利用と開発を促進するため「ヨーロッパ原子力共同体」（EURATOM）と，構成国の経済を全体的に統合しようと「ヨーロッパ経済共同体」（EEC）が設立されることになった。これらを設立する条約はいずれもローマで調印されたので，一般的にローマ条約といわれる。しかし，両方ともローマで署名されたので，両者を区別するため，第1ローマ条約，第2ローマ条約ともいわれる。

これら3つの共同体にはそれぞれ必要な共通の諸機関が置かれたのだが，1965年に，ブリュッセル条約により，共同体ごと別個な機関ではなく，3つの共同体に共通なものとして機関併合された。それ以後，3つの共同体は"EC"との総称で呼称されるようになった。法人格はあくまで3つの共同体にあり，これらの共同体に法的実態があるわけであるが，総称とはいえ，政治的実態をもつものとしてECの存在が増した。ECの名の下に，外に向けて諸共同体はいよいよ一体化していく。

ヨーロッパ統合の方向には拡大と深化がある。拡大は加盟国数が増えることであり，深化は統合の質が深まることである。イギリスは最初の拡大ECの波に乗り，1973年1月，アイルランドとデンマークとともにECに加盟した。さらに，ECは拡大し，1981年1月にギリシャが，1986年1月にはスペインとポルトガルが加盟した。また，1993年11月に，マーストリヒト条約が発効すると，ECからEUとなり，1995年1月には，フィンランド，オーストリア

およびノルウェーが加盟し，15ヶ国となった。2004年5月，新たに10ヶ国，すなわちチェコ，エストニア，キプロス，ラトヴィア，リトアニア，ハンガリー，マルタ，ポーランド，スロヴェニア，スロヴァキアがEUに加わり，さらに2013年7月にはクロアチアが28番目の加盟国となった。

　ヨーロッパ統合の深化について見ると，1968年に関税同盟を完成し，1970年代から1980年代中盤にかけて深刻な統合の停滞を見たが，1992年末には域内市場が完成し，さらに東西ドイツの統一・東欧諸国等の加盟により，5億5,700万人の人口からなる一大市場が出現した。さらにヨーロッパ統合は深化し，現在，金融通貨同盟（EMU）が進行中であり，1999年1月に，単一通貨"ユーロ"が導入され，導入10年目の2009年1月に，スロバキアが16番目，そして2011年1月，エストニアのユーロ導入をもって，ユーロ圏は17ヶ国に拡大した。

2　EU理事会

　EU理事会（Council of the European Union）は，一国の憲法構造と比較した場合，これまで主要な立法部を形成してきたが，今日ではヨーロッパ議会との共同決定手続で立法が行われる。奇異に映るかもしれないが，EU理事会を構成するのは，各加盟国の行政部を代表する1名ずつの閣僚28名である（条約203条）。主要な立法部でありながら，このように各国の行政部の代表から成ることで，理事会およびそこで作られるEU立法は，当初民主性を欠落しているとしばしば指摘されてきた。その欠点は，後述するように，EU市民によって直接選出されるヨーロッパ議会の権限拡大によって今日ではかなり是正された。

　EU理事会は，これまで閣僚理事会（Council of Ministers）と呼ばれていたが，マーストリヒト条約により現在のEU理事会と称されるようになった。EU理事会の本部はブリュッセルに置かれているが，特定の会議はルクセンブルグでも開催される。EU理事会はEUの最高意思決定機関であった。しかし現実には，ヨーロッパ委員会が提出する法案を幅広い分野でヨーロッパ議会と共に決定するEUの立法機関にすぎない。

　法案を決定するには，すべてではないが，多くの場合，後に述べるように特

定多数決（qualified majority）でなされる。「特定多数決」という言葉は聞きなれない言葉であるが，EU独特の決議方法である。

EUの活動を決定するには，全会一致でなされるか特定多数決かいずれかの方法がありうる。徴税のような一定の重要事項については，全会一致が要求されている。また，共通外交・安全保障政策など政府間協力で行う事項についても，依然として全会一致が条件とされている。しかし，それ以外の多くの事項については，先に述べたように，全会一致でなく，EU独特の多数決方式を採用している。しかも，ヨーロッパ統合が進展するにつれ，特定多数決による採決の対象がますます拡大されてきている。

このように，EU理事会が，条約に基づき，特定多数決によって行動することが要求されている場合，加盟国には，それぞれ一定の複数の投票数が決められている。加盟国中，4大国とされているフランス，ドイツ，イタリアおよびイギリスにはそれぞれ29票，もっとも小さな国であるマルタには3票が与えられている。その中間にあるスペイン，ポーランドには27票，ルーマニア14票，オランダ13票，ベルギー，ギリシャ，ハンガリーおよびポルトガルにはそれぞれ12票，オーストリア，スウェーデン，ブルガリアには10票ずつ，デンマーク，アイルランド，リトアニア，スロヴァキア，フィンランドおよびクロアチアにはそれぞれ7票，キプロス，エストニア，ラトヴィア，ルクセンブルグ，スロヴェニアには4票ずつ与えられている。以上の票数をすべて合計すると，352票となる。これら各国ごとの持ち票に基づき，意思決定するには，352票のうち260票を獲得し，さらに62％以上の賛成の人口数が要求される。

3 ヨーロッパ委員会

3.1 委員会の構成

EUの中にあって，ヨーロッパ委員会（European Commission）の位置づけ（211-219条）を考える場合，それは一国の行政部に相当すると考えてよいであろう。かつてはEC委員会と呼ばれていた。ブリュッセルに本部を置く。委員会は，現在，28名の委員から構成されている。

委員の任期は，ヨーロッパ議会の議員の任期と同様，5年であり，再選可能

である。

3.2　委員会の独立性

　EU理事会との際立った違いは，理事会の代表は，いかにも加盟国の代表であるが，委員会の委員は各国から選ばれるにもかかわらず，任務を遂行するにあたっては，出身国あるいは出身国政府の意向に決して左右されてはならず，EUの利益のためにのみ行動することが義務づけられている点であろう。したがって，委員会は，加盟国から独立した超国家的な機関とされている。なおヨーロッパ議会には，委員会の委員を3分の2の多数により罷免する権限が与えられている。

3.3　委員会の任務

　EUはしばしば3本の柱から構成されているといわれる。そのうち，主柱といわれているのがEC事項といわれるものである。それには従来の3つの共同体事項が含まれる。その両サイドを共通外交・安全保障政策という支柱と，警察・内務に関する支柱が脇を固めている。EUの行政部門としての委員会は，主柱であるEC事項に対し，第二次的立法（EU立法）の提案権を独占している。彼らの提案なしにEUの立法手続が進行することはない。それは，彼らが何よりもEU基本諸条約の守護者であり，ヨーロッパ統合の積極的な推進役を担っているからである。したがって，ヨーロッパ委員会はEU統合の推進者として法案提出を積極的に行うばかりでなく，条約および条約に基づくルールに違反していないかどうか他のEU機関および加盟国を監視する。これにより，委員会は，必要な場合，他のEU機関や加盟国を条約違反としてEU司法裁判所に提訴することができるのである。

4　ヨーロッパ議会

4.1　議会の沿革

　ヨーロッパ議会（European Parliament）は，条約自体の中では当初，議会でなく，"ヨーロッパ総会"（Assembly）と呼ばれていた。それは法案を採決す

る前に理事会の諮問を受ける諮問総会にすぎなかったからである。それが真にヨーロッパ議会と呼ばれ，議会としての権限を今日まで拡大させて行くのは，1979年7月に議会の議員がはじめてヨーロッパ市民により直接選挙を通じて選ばれるようになってからのことである。権限の拡大とは，ヨーロッパ議会が，単なる諮問機関から予算決議権と立法権限を獲得して立法部の一翼を荷っていくプロセスをいう。

4.2　議会の構成

　議員は，前述したように，現在では，EU市民により直接選出され，任期は5年である。議員の選挙権・被選挙権は，すべてのEU市民に与えられる。EU市民権は，自国での議員選挙に参加するだけでなく，他の加盟国に居住する場合には，その居住国での議員選挙にも参加することを可能にした。議会は，フランスのストラスブールで開かれるが，議会の中の委員会はルクセンブルグやブリュッセルでも開かれる。

　議員定数は，現在までに，加盟国数が28ヶ国となって，議員数は751議席となった。この751を各国別に議席配分しなければならないが，配分するに当たっては各加盟国の人口規模を考慮しつつ，人口の少ない国に対しては比例配分するよりも多くの議席数を配分して少数人口国を保護している。こうして751議席のうち，ドイツに96議席，フランスに74議席，イギリスとイタリアに73議席，スペイン54議席，ポーランド51議席，ルーマニア32議席，オランダ26議席，ポルトガル，ベルギー，ギリシャ，チェコ，およびハンガリーに各21議席，スェーデン20議席，オーストリア18議席，ブルガリア17議席，デンマーク，スロバキアおよびフィンランドに各13議席，アイルランド，リトアニア，クロアチアに各11議席，ラトビアおよびスロベニアに各8議席，エストニア，ルクセンブルグ，マルタおよびキプロスに各6議席，が配分されている。直近のヨーロッパ議会の直接選挙は各国に配分された議席に従って，2014年5月22日から25日に行われた。各国の政党別に議席数を獲得しても，いったん選出されたら，ヨーロッパ議会の中では各国でなく，国を超えた会派を形成して，欧州横断的に活動しなければならない。ヨーロッパ議会全体としては，751議席のうち，中道右派としての欧州人民党（EPP）が221議席，こ

れに次いで中道左派の社会民主進歩同盟（S&D）が 190 議席を獲得，両者の占める割合は 55 ％弱である。これら 2 大会派だけで EU 支持派は過半数を超えたものの，特にフランス，ギリシャの急進左派連合など EU 統合に懐疑的な政党が伸長したことで，ユーロ圏債務危機対策で EU が各国の政策に介入する機会が増えたことなどへの抵抗感が見られた。

4.3　イギリスにおける直接選挙

　イギリスでは 5 年の任期で，ヨーロッパ議会の直接選挙が実施されているが，最近の選挙は 2014 年 5 月 22 日に行われた。その時点で，ヨーロッパ議会の議員の定数はリスボン条約で 751 議席とされ，イギリスには 73 議席配分された。2014 年のイギリスにおける直接選挙の政党別選挙の結果を見ると，EU からの離脱を主張する連合王国独立党[2]（UKIP）が 73 議席中，24 議席を得て，第一党になったことでイギリスでも EU 懐疑派の躍進が見られた。続いて労働党が 20 議席，保守党は前回より 7 議席減らして 19 議席，自由民主党はさらに前回より 10 議席も減らし，わずか 1 議席だけだった。それに比べてイギリス独立党は前回より 11 議席増やした[3]。投票率は相変わらず低く 34.19 ％であった。ヨーロッパ議会選挙での平均の投票率が 43 ％前後だったものと比べて，イギリスのそれは明らかに低い。さらに 2010 年 5 月に行われたイギリス庶民院の総選挙の時の投票率が 65.1 ％であったのと比べると[4]，ヨーロッパ議会へのイギリス市民の関心がいかに低いか分かるであろう。

4.4　議会の任務と立法手続への参加

　ヨーロッパ議会は，とくに直接選挙を導入してから，4 億 9,000 万の欧州市民を代表し，格段にその権限を拡大させ，EU 理事会と共同で予算決定をする権限を獲得した。さらに，政策運営に対する監視，なかんずく EU の行政機関であるヨーロッパ委員会を信任し，委員の指名に承認を与え，委員会が任務を

---

(2)　ユーキップ，United Kingdom Independence Party. イギリスの欧州連合からの脱退を主な目的としている。
(3)　http://www.results-elections2014.3u/en/country-results-uk-2014.html
(4)　http://news.bbc.co.uk/2/shared/election2010/results/

適切に果たさないと思料するときには，委員会を3分の2の多数で罷免（非難決議）することができることになっている。また，EU諸機関の行政過誤に対する苦情を処理するオンブズマン（Ombudsman）も任命することになっている。

さらに，ヨーロッパ議会の当初の権限は，「勧告的および監督的」であって立法的ではなかった。しかし，議会は，これまで，次第に権限を拡大させ，次の3つの手続きによって立法手続に参加している。すなわち，諮問手続（consultation procedure），協力手続（co-operation procedure），および共同決定手続（co-decision procedure）の3つの方法によりEU立法手続きへの参加しているのである。そのうち，諮問手続は，理事会によって考慮されるが，法的に拘束されることはない。協力手続と共同手続は，それぞれ条約252条と251条に定められている。いずれもある程度の拘束力をもっているが，共同決定手続の方が，協力手続より強い拘束力をもっている。

5 EU司法裁判所

5.1 構　成

EU司法裁判所（Court of Justice of the European Union）は各加盟国より1名（TEU19条），合計28名の裁判官とそれを補佐する9名の法務官（advocates-general）から成る[5]。裁判官は，各国の国民から加盟国政府の合意に基づき任命される慣行となっている。裁判官，法務官とも，任期は6年，3年ごとにその半数が改選され，再任を妨げない。

5.2 機能と管轄権

裁判所の主たる機能は，条約の解釈と適用において法が遵守されることをいかに確保するかである。この任務を遂行するにあたって，裁判所は，加盟国が条約に基づく諸義務を履行したかどうかを判断する責務を有する。ある加盟国が諸義務を果たしていない場合，他の加盟国に対し条約違反を理由に裁判所に

---

[5] 島野ほか編・前掲書35頁以下参照。

提訴することもできる（TFEU259 条）。しかし，実際にはヨーロッパ委員会が裁判所に提訴するのが通例である（TFEU258 条）。

ヨーロッパ裁判所における訴訟形態には，直接訴訟（TFEU258 条）と先行判決訴訟（TFEU267 条）がある。ヨーロッパ委員会が加盟国を提訴するような場合は直接訴訟として EU 司法裁判所で訴訟が開始される。他方，訴訟が加盟国の裁判所で開始され，その訴訟の過程で EU 法の解釈および効力を EU 司法裁判所に回答を求める訴訟がある。これを先行また先決判決訴訟（Preliminary Ruligs）という。というのは，ヨーロッパ裁判所は以下の点につき管轄権を有しているからである。

①条約の解釈
②諸機関およびヨーロッパ中央銀行の行為の有効性と解釈
③理事会によって設立される機関の作る規程の解釈

他方，TFEU267 条によれば，各加盟国裁判所がヨーロッパ法の上述の問題につき自己の事件を判断する上で EU 司法裁判所の先行判決が必要であると思料する場合は，事件を EU 司法裁判所に付託する裁量権を有している。裁量権を有しているわけであるから，加盟国裁判所は，問題を EU 司法裁判所に付託しない場合がありうる。しかし，国内裁判所での救済が尽くされ，これ以上上訴の道がなくなった場合は，EU 裁判所への付託は義務的となる。このように EU 司法裁判所が，EU 法の最終的解釈権を持つことで，加盟国全体で EU 法の統一的解釈を確保しているのである。

第14章　行政部

　王冠すなわち，"the Crown" は，君主の意味にも使われるが，ここではもう1つの意味として，行政部（the Executive）あるいは中央政府を表す言い方として用いられる。ここで行政部門とは，首相，内閣および国家の名において公務員とともに行政権を行使する大臣である。君主としての王冠は，女王に付与されている行政権の目に見える象徴であり，行政権を実際に行使するのは，その行為について議会に責任を有し，究極的には，選挙民に責任を有している内閣，大臣たちである。

1　首　　相

1.1　ハノーヴァー朝の幕開けと首相の由来

　首相（Prime Minister）という官職は，後に制定法によって承認された事実上の制度であって，憲法習律によって規律されている。したがって原理原則があって作られたものでなく，歴史的偶然によって時間的経過に伴い生み出された制度といえよう。

　1714年にスチュアート朝最後の国王であるアン女王 Anne Stuart が死去すると，王位はドイツのハノーファー選帝侯[1]エルンスト・アウグスト Ernst August の妃ソフィア[2] Sophia の子ジョージ1世[3]（在位：1714年8月1日-1727年6月11日）に移った。ハノーヴァー朝 Hanoverian Dynasty の幕開け

---

(1)　英語名でハノーヴァー，ドイツ語名でハノーファー選帝侯。本書では両者をそのまま使い分けることにする。

である。このハノーヴァー朝(4)は1714年に即位するジョージ1世からヴィクトリア女王が逝去する1901年まで続く。しかし，ドイツ・ハノーファー王国の王位継承法はサリカ法に依っており，それによれば，王位継承は男子のみに限られ，女子は外される。彼女の即位に伴って，ハノーファー王国では，ヴィクトリア女王の叔父アーネスト＝オーガスタス（ドイツ名エルンスト＝アウグスト）が王位に就くことになり，ここに，123年間続いたイギリス＝ハノーファーの同君連合は解消された。

ところでジョージ1世はイギリスの王位に就いたものの，治世の初期には閣議に出席していたが，後半には，英語を話せないこともあり，イギリスの諸制度や政治に関心も湧かず，とくに1717年以降は閣議に出席しなくなった。このため，国王に代わって第一大蔵卿（First Lord of the Treasury）が閣議を主宰するようになり，これが首相を誕生させる契機となった。しかし，首相という官職が正式にできたわけでなく，あくまで第一大蔵卿が首相の機能を事実上果たしたのである。

こうして生まれた，事実上，最初の首相とされているのは，1721年から1742年までの21年間，国政をリードしたサー・ロバート・ウォルポール（Sir Robert Walpole，在位1721年4月3日-1742年2月12日）であろう。彼は，国王の信頼はもちろん，議会を巧みに操ったことで知られる。しかし，首相という官職を今日のような不動のものにしたのは，彼の後にも，ウィリアム・ピット（William Pitt Younger: 1759-1806），ディズレーリ，グラッドストンといった類い稀な政治家が現れたことによるであろう。

首相という官職が明確に制定法に現れるのはそれからずっと後の20世紀に

---

(2) ドイツ語名はゾフィー・フォン・ハノーファー Sophie von Hannover，1630年10月14日-1714年6月8日。イギリスの王位継承法では，スチュアート朝の最後の女王アン（最後のイングランドの女王，在位：1702年4月23日-1707年4月30日，かつ，最初のグレートブリテンの女王，在位：1707年5月1日-1714年8月1日）が死去した際は，王位はソフィアに移るはずであったが，アン女王の逝去する2ケ月前にソフィアが死去したため，アン女王の死後，王位はソフィアの子ジョージ1世に移ることになった。

(3) ドイツ語名ゲオルク・ルートヴィヒ Georg Ludwig．

(4) ドイツ・ハノーファーとイギリスの君主を兼ねる同君連合体制をとった。ハノーファーではサリカ法典を採用し，女子が王位に就くことを認めていなかったため，1837年のヴィクトリア女王のイギリス王即位をもって同君連合は解消され，ハノーファー王家はイギリス王家から分流した。

なってからである⁽⁵⁾。しかし，首相という官職が正式になっても，大蔵第一卿の官職と兼任された。しかし，1895年と1902年の間，2つの官職は一度分離したことがある。その間，ソールズベリー卿が首相となり，バルフォアが大蔵第一卿となったからである。しかし，それ以後，両官職は再び兼任されるようになった。

1.2　首相の権限

　首相は政府のリーダーであり，内閣を形成して閣議を主宰する。また，大臣を選任するには両院のいずれかの議員の中から選ばなければならない。首相はその中から，閣内大臣と閣外大臣を選任し，彼らを国王が正式に任命するのである。また，首相は，大臣の辞任や大臣が他のポストへ移動することを要求できる。首相は，議会の解散については内閣に言及することなく決定できる。

1.3　首相の資格と任命

　首相になるためには総選挙で庶民院の議員（M.P.）になる予定であるか，現に庶民院の議員でなければならない。貴族の爵位をもつ者は，爵位を放棄しない限り，首相になれない⁽⁶⁾。しかし，この点は，1999年の貴族院改革で，世襲貴族のほとんどは貴族院で自動的に議席を有することから除外された。その結果，庶民院の議員選挙に立候補できるようになったので，この要件ははずされると思われる。また，通例，首相は，党の選挙で選ばれた党首でなければならない。

　首相の任命は国王大権の1つであり，大権の中でも，もっとも重要な権限の1つである。また，多くの国王大権が大臣助言制によってその行使を抑制されるようになったが，首相の任命は，国王が今なお大臣の助言によらず個人的に権限を行使できる重要な権限の1つである。しかし，それも，政党政治が発達した今日，総選挙で過半数の議席を獲得した党の党首を国王は自動的に首相に

---

(5)　現在，1975年の大臣・その他の給与法および1972年の議会および他の年金法は首相・大蔵第一卿について言及している。
(6)　貴族で最後の首相となっていたのは1902年のソールズベリー卿である。

任命するのが通例である。日本におけるように，国会の指名に基づき天皇が任命するのではない。総選挙でいずれかの党の党首が過半数を越える勝利を収めた場合，議会の召集を待たず，国王は直ちに彼または彼女を首相に任命するのである。

しかし，総選挙でどの政党も過半数の議席を獲得できなかった場合はどのように首相を選任するであろうか。国王にはこのような場合，初めて，自らの裁量権で，首相を任命する機会が訪れることになる。

首相のポストは首相の解任，死亡あるいは辞任に基づいて空席になりうる。しかし，今日，極端な状況がなければ[7]，解任の事態は起きないであろう。死亡あるいは病気などの理由により辞任することになった場合，保守党は，1964年に，党内選挙で次の首相となるべきリーダーを選んだ。その場合，国王は，党の選んだリーダーを自動的に首相に任命することとした。それ以来，保守党はそのような方式に従っており，労働党，自由民主党も，同様に，党内でリーダーを選挙することにしている。

他方，庶民院で野党の不信任動議に基づき政権側が敗れた場合，首相は内閣とともに総辞職するであろう。あるいは，首相は，国王に野党の党首を首相に任命するよう助言するか，解散総選挙のいずれかを助言するであろう。後者の道を選んで，総選挙して，敗退した場合，首相と内閣は次の議会が開催されるまでに総辞職することになろう。1979年にキャラハン（Callaghan, J.: 1912-, 首相1976-79）労働党政権が野党の不信任動議に敗れたが，その場合，キャラハン政権は解散の道を選んだ。しかし，総選挙で保守党に敗れ，総辞職し，サッチャー保守党政権が誕生した。また，例外的な状況では，連立内閣を組んで，その下で別な者を首相に任命することもありうる。

---

(7) デ・スミスは，このような場合を「革命に近い状況」（near-revolutionary situation）と表現している。そしてそのような状況で国王は「緊急的な政府を形成すべく何人かを（首相に）任命せねばならないであろう」と述べている。See de Smith, *op. cit.*, 1998, 8th ed. at p.168.

2 内　　閣

2.1　内閣の由来

　首相の誕生といい，これから述べる内閣の台頭といい，そして最終的には議会の多数派が内閣を生むという議院内閣制といい，これらはみなイギリスの長い歴史的経験を通じて発展し，広く世界に影響を与えた。まずそのことを意識しながら内閣の由来について述べてみよう。

　かつて国の行政権の公式の淵源は，国王とその諮問機関ともいうべき枢密院 (Privy Council) であった。しかし，17世紀，国王は，枢密院における会議とは別に，もっとも信頼する少数の側近（枢密院顧問官のうちの）と会議をもつようになった。これが後の内閣に発展するが，内閣がしばしば「枢密院の委員会」と呼ばれる[8]のも，内閣がもともと枢密院から派生したことによる。

　この種の会議は，秘密裡に，しかも宮殿の中の「小部屋」すなわち"キャビネット"("cabinet")で行われた。今日，内閣のことを"キャビネット"と呼ぶのは，このように国王のプライベート・ルームである「小部屋」で行われたことに由来する。

　このようにして，閣議は国王によって主宰され，内閣を構成するメンバーは国王の信任によって任命された。したがって，大臣の責任も，当然，議会でなく，国王に対して負っていた。政治の主体は主権者である国王であり，内閣はその補佐にあたっていた。

　内閣が，やがて国王に代わって政治の主体へ発展していくのは，名誉革命後，主権が国王から議会へ移り，さらに，産業革命後のことである。産業革命により都市人口，労働者が増大し，選挙制度が改革されると，デモクラシーが著しく発展する。すると，国王や貴族の議会操縦力が格段に弱まり，その一方で，議会とくに庶民院が一層国民の意思の反映する場となってた。国民の代表機関として庶民院が台頭すると，国王と内閣，議会と内閣の関係が大きく変化する。内閣は次第に国王から独立し，行政の責任を，国王でなく，議会に負うように

---

[8]　Alder, J., *op. cit.*, 1999 at p.62.

なっていくからである。バジョットはこうして国王から独立した内閣と議会との関係について，

> 「イギリス憲法のすぐれた秘訣は，行政部と議会の権限の緊密な結合であり，完璧に近い融合であると言えるかもしれない。……内閣とは結合する委員会──連結するハイフォン（連字符）であり，国家の立法部を国家の行政部にしっかり固定するバックル（留め金）である。内閣はもともと一方に属しているが，機能において他方に属している」[9]

と述べた。内閣が国王の手から離れて，このように議会との関係が緊密になると，イギリスにおける政治の主体は否応なしに内閣に移り，庶民院多数の動向が内閣存続の基盤となる「議院内閣制」（Paliamentary Government）を確立する。

2.2 内閣と内閣政治

こうして誕生，独立した内閣を定義するとすれば，それは首相と国務大臣からなる合議体といえるであろう。内閣は，バジョットのいうとおり，議会と国の行政部を緊密に結合する留め金であり，議院内閣制の下，それは議会に力の淵源をおく国家行政の最高機関となった。しかし，近代政党が発達すると，選挙権はさらに裾野にまで拡大し，大衆組織政党が浸透し，これまで首相の誕生と内閣の形成が，議会内部での離合集散に拠っていたのが，次第に総選挙によって多数となった政党の党首がそのまま首相となり，与党である庶民院議員を中心に組閣を行うことが慣例となる。こうして誕生した政府は，選挙時における公約を下に，安定した国政を運営する政党内閣制を生みだした。

しかし，総選挙でどの政党も庶民院の議席の過半数をとれない場合も出てこよう。その場合には，政策協定が結ばれて2つ以上の政党から閣僚を出し，いわゆる連立内閣が形成されることもありうる。しかし，前述したように，このような例外的な状況の場合，国王の首相任命権が現実味を帯びてくる余地が出てくるのである。

さらにイギリスにおいては，次の政権交替に備えて，野党側も「影の内閣」

---

(9) Bagehot, W., *The English Constitution*, 1964, at p.68.

(shadow cabinet) を構成する慣行がある。影の内閣とは，野党が政権を獲得したときの閣僚候補を指し，これはある意味で，二大政党制が長期間続いたイギリスならではの政治慣行と言える。これにより議会討論が一層活発化し，イギリス政治を一層強靱なものにしてきたのである。

なお，以下に内閣政治に関する主要な憲法習律を挙げると，
　①国王は，内閣助言制に基づき権限を行使する。
　②内閣は，つねに全会一致による助言を行う。
　③内閣は，政策のすべてについて庶民院の多数を得，維持する。
　④内閣は，議会の開会時に「女王のお言葉」(Queen's Speech) を通じて，会期中に提案する立法のプログラムを提出しなければならない。
　⑤「女王のお言葉」の中の政府の声明は総選挙で選ばれたときの政策と一致しなければならない。

2.3　内閣と国王大権

大臣助言制が発展すると，内閣は国王大権を広く拡大しようとする。国王大権は内閣の手中にあるからである。国王大権は三権すべてにまたがる広範なものである。それらはみな原則として，内閣あるいは大臣の助言を仰がねばならない。

近代国家においては，治者たる者と，被治者たる者には同一性があり，権力の正当性も被治者の同意があることを前提としている。そうであるとすれば，国政を行う者は，その行為にたいしては国政の受け手に責任を負うべきである。イギリスにおいて国政の主体は内閣であり，内閣はその国政について，議会に対し，また究極的には選挙民に対して責任をもつ，それが大臣責任の趣旨でもある。

第15章　司法部

1　司法権の独立へ向けて

　司法権の独立は，近代憲法の重要な原則の1つであるが，それは，名誉革命を経て確立した。

　司法権の独立はまた，イギリス公法原理の1つである「法の支配」を確立するプロセスで，同時に成立していった。法の支配は「コモン・ローの優位」をさすが，それは「コモン・ロー裁判所の優位」であり，コモン・ロー裁判所の優位を確立するには，裁判官の職権の独立，身分の保障がなければならない。

　1603年の国王禁止令状事件で，時の首席裁判官であるサー・エドワード・クックは，コモン・ロー裁判所に対する大権裁判所（行政裁判所）の不当な介入を除去しようと，「法の支配」を主張してこれと対抗した。この事件ではクックの主張が勝ったが，そのクックも，1616年には国王により罷免された。裁判官の任免権は国王にあり，当時，裁判官の地位は，「国王の意に適う限り」(during King's pleasure) 保持しうるのみで，今日におけるような身分保障がなかったからである。身分の保障がなければ，裁判官は時には国王の意向に迎合せざるを得なくなる危惧も出てこないとは限らない。

　しかし，コモン・ロー裁判所は，ピューリタン革命期には，議会と共同して国王の唱える王権神授説あるいは国王大権の拡大に対抗し，名誉革命後は，法の支配を確立する一方で，1700年に「王位継承法」（裁判官の身分保障も規定）を定め，上位裁判所における裁判官の身分の保障 (tenure of office)，そして司法権の独立 (judicial independence) を確立した。すなわち，同法の中で，裁判官の任命は「非行のない限り」(during good behaviour) なされ，かつ議会の弾

効により罷免されるのみと規定されたのである。

現在では，1981年の「最高法院法」（Supreme Court Act 1981）が王位継承法の現代版として裁判官の身分の保障（11条3項）について体系的に定めている。ただし，貴族院における裁判官の身分の保障だけは，1876年上告管轄権法（Appellate Jurisdiction 1876）に従って同様に規定されている。

なお，前述したが，司法的機能を果たす貴族院の長である大法官は，閣僚の一員であるがゆえに，内閣と運命をともにするので身分の保障はない。

2　司法権の独立の意味

司法権の独立とは，司法部が，議会からも，行政部門からも干渉されず，独立していることを意味する。アメリカ合衆国のように，成文憲法を有している場合，裁判官は憲法の番人であり，立法部の作る法を憲法に基づき無効と宣言できる。しかし，イギリスにおいては，法に従った行政が行われ，法の支配が守られること，それは「行政部に対する一般公衆の自由を守る上で極めて重要」[1]だからである。言い換えれば，裁判は公正であるべきであり，国民の権利・自由を守るため，政治性の強い行政部門（立法部を含めて）からの干渉を受けるべきでないこと強く主張している。これについて，ブラックストンは，次のように述べている。

　　「国王の意によって推挙されるが，その意によって罷免されえない特別の人間集団に司法権という明確で別個の存在が与えられるのは，司法の運営が一定程度，立法および行政権双方から独立していない限り，いかなる国家においても長く保持し得ない一般公衆の自由に対する1つの主要な予防策を含んでいる。」（『英法釈義』1巻269頁）

それには，さらに個々の裁判官が外部からのいかなる干渉に屈しない「職権の独立」が保障されねばならない。日本国憲法の76条3項が「すべて裁判官は，その良心に従ひ独立してその職権を行ひ，この憲法及び法律のみに拘束される」と定めたのも，この意である。このように裁判官の職権の独立を保障す

---

(1)　Barnett, *op.cit.* at p. 122.

るには裁判官ひとりひとりの身分が保障されてはじめて徹底される。イギリスでは，裁判官の身分の保障は，上に述べたように，今から300年も前の1700年の「王位継承法」で定められた。

3 司法権の範囲

なお，司法権という場合の司法権の範囲であるが，民事，刑事および行政事件のうち，日本における明治憲法下では，行政事件だけは司法権の範囲に含まれないとされ，行政事件は，行政部門（行政裁判所）の中で処理された。しかし，英米における司法権は，行政事件を含む民事，刑事すべての争訟を決定できる広範なものである。この点，現行日本国憲法は英米憲法の伝統に基づき行政事件も司法権の範囲に属すことになっている。

4 裁判官の任命および定年，罷免

イギリスにおける裁判官の任命は行政部の問題である。アメリカ合衆国のように，大統領による任命に対して議会が介在して承認するという手続きはない。

イギリスの司法部の頂点に立つのは貴族院である。貴族院は本来立法部の上院であるが，イギリスでは同時に最高裁判所である。貴族院と控訴院の裁判官[2]，高等法院の王座部の首席裁判官，家事部の裁判長は，首相の助言に基づいて国王によって任命される。高等法院の裁判官[3]は，大法官の助言に基づいて国王により任命される[4]。上位裁判所の裁判官は，非行を理由として

---

(2) 控訴院の裁判官になりうる者は，かつてバリスタとして15年継続して活躍していた者またはすでに高等法院の裁判官である者であったが，1990年の裁判所および法的サービス法（Courts and Legal Service 1990）により，15年から10年になり，また高等法院で弁論権をもつソリシタおよびすでに高等法院の裁判官である者を含むことになった。

(3) 任命にあたって制定法で一定の資格が定められた。1990年以前は，高等法院の裁判官になるには，少なくてもバリスタとして10年継続して弁護活動をした者を有資格者としていた。しかし，1990年の「裁判所および法的サービス法」（Courts and Legal Service 1990）に基づき，高等法院で弁論権をもつソリシタおよび少なくとも2年継続して巡回裁判官である者も，高等法院の裁判官となりうるものとなった。

両院の弾劾裁判所の弾劾による以外，罷免されることはない（1981年の「最高法院法」11条3項）。

　1959年以前，任命されると，裁判官は，終身であった。しかし，1959年に定年制が導入され，1993年まで高等法院の裁判官は75歳，巡回裁判官は72歳であった。しかし，1993年の「司法年金および定年法」(Judicial Pensions and Retirement 1993) に基づき，上位裁判所の裁判官は70歳で定年となる旨[5]定められた。しかし，公益により75歳まで延長できるとされている。上位裁判所の裁判官とは，高等法院判事，控訴院判事および常任上訴貴族である。

　非行を理由とする罷免という場合，それは裁判官の公的職務の遂行上に関連した非行であることが求められている[6]。さらに例外的状況で，医学的理由で裁判官を退職させる手続きが導入された（同法11条8項）。この場合，大法官は医学的証明および上位にある裁判官の承認により，裁判官のポストが空席になったと宣言できることとなった[7]。

　また，下位裁判所の裁判官は今日，裁判の90％以上処理する重要な役割を担っている。下位裁判所の裁判官には，県裁判所における民事事件および刑事法院における刑事事件を扱う巡回裁判官（circuit judges）[8]，地区裁判官（district judges），有給・無給の治安判事（magistrates）およびパート・タイム裁判官であるリコーダ（Recorders）が含まれる。彼らは（無給の治安判事を除く）大法官の助言の基づいて国王により任命される。無給の治安判事は，治安判事委員会（commission of the peace）の推薦に基づき大法官が任命する。巡回裁判官と有給治安判事（stipendiary）は専任の裁判官であり，定年は70歳である。一般的に，下位裁判所の裁判官には上位裁判所の裁判官ほど十分な身分の保障はない。

---

(4) スコットランドのCourt of Sessionの裁判官は，スコットランド省大臣の助言に基づき国王が任命する。
(5) もっとも，この年金法により，65歳で退職した場合でも，満額の年金を獲得できるものとした。これにより70歳以前に退職するのを容易にしている。
(6) Barnett, *op.cit.*, at p.128. また，裁判官の犯罪に関連する場合も罷免の対象になりうるが，これまで犯罪により罷免さた先例は例外的しか見られない。
(7) Bradley and Ewing, *op.cit.*, at p.419.
(8) 1971年の裁判所法（Courts Act）により創設された。

なお，イギリスには，日本におけるような最高裁判所裁判官に対する国民審査のようなものはない。

5 裁判官の昇進と報酬

イギリスの裁判官は，多くの大陸法系諸国のそれと異なり，いわゆるノン・キャリアである。日本を含めて子飼い主義（弁護士の経験を重ねず〔ひなの〕段階から判事への道を歩ませる）をとる国では，裁判官は国家試験合格後，一定の実務教育を受けて，直ちにピラミッド型の昇進システムの中に組み込まれる。しかし，デ・スミスは言う。そのような制度の下で「もしとくに昇進が司法大臣によって決定されるとしたら，（裁判官の）率直な独立心を妨げる可能性がある」[9]と。

では，イギリスではどうか。イギリスでは，法曹一元をとっており，また，一般的に，裁判官は昇進や昇給という金床には置かれないといわれる。イギリスで，たとえば，高等法院の裁判官になるには，市井の弁護士として成功を収めた者の中から選任されるのである。またプロといっても長く治安判事を務めたからといって，彼らの中から高等法院の裁判官に任命されることもない。また，巡回裁判官の昇進もまれである[10]。

高等法院の判事から控訴院の判事への昇進はありうるが，それによって俸給が上昇することはほとんどないと言われる[11]。他方，貴族院の判事へ任命された場合，報酬は漸増する。しかし，「司法部の人間が政治家や司法部で自分より上位にある者におもねる誘惑に駆られるほど大きな誘引はない」[12]と言われる。

---

(9) de Smith, *op.cit.*, 1994, at p.400.
(10) *Ibid.*
(11) *Ibid.*
(12) *Ibid.*

6　議会主権との関係

イギリスでは，17世紀初頭，一時，クックによって制定法に対するコモン・ローの優位が説かれたこともある。しかし，前述したように，1688年の名誉革命により議会主権が確立した。したがって，イギリスでは，アメリカ合衆国のように，司法審査権が育つことなく，司法部の議会への絶対服従へと帰着した。

7　陪審裁判と司法の民主性

裁判の公正という意味からも，イギリスの陪審裁判は，特筆に価する。市民革命を通じて司法権が確立するプロセスで陪審員の果たした役割は大きい。身分の保障のない革命期以前，裁判官は任命する国王の意に適う裁判を指揮しない場合，罷免されることが十分ありえた。1616年における首席裁判官クックの罷免はとくに有名である。これと対称的なのがジェフリーズ首席裁判官（Jeffreys, Sir George: 1644?-1689）であった。彼は国王の意に副うべく権力的な裁判を指揮したとされる。このとき，裁判の中で冤罪を跳ね返すべく活躍したのが陪審員たちであった。

アメリカ合衆国憲法で，陪審裁判を受ける権利は基本的人権の1つとさえ言われるのは，植民地時代，イギリス本国から派遣される裁判官の訴訟指揮に対し，陪審員としての植民地人が不当な裁判から被告を守った輝かしい伝統があるからである。

判例法のイギリスにおいて，その判例法を築いた縁の下に陪審員がいた。彼らの声は判例のどこにも明示的に出てこないが，判例法の形成に彼らは疑いなく貢献している。司法の運営に彼らの正義は間違いなく盛り込まれたはずである。このように，イギリスの司法の運営に一般市民が参加していることを忘れてはならない。

今日，民事事件において彼らの果たす役割は，アメリカと違い著しく減少したが，刑事事件において彼らはなお重要な役割を果たしている。また，これも

アメリカと違い 1933 年に、起訴陪審としての大陪審は廃止された[14]が、それは非法律家である治安判事の裁判所に取って代られた。イギリスでは、今も、起訴不起訴の適否は、こうした非法律家の手に委ねられているのである。

8 司法と法曹養成

イギリスにおける法曹養成は、古くから、国家から離れたギルド的法曹学院（弁護士会）が担ってきた。日本におけるような国家試験である司法試験が法曹の登竜門ではない。司法試験にあたるのはイギリスでは "Bar Examination" であるが、"the Bar" とは「弁護士」（実際には、バリスタを指す）を意味するので、弁護士試験[15]と考えてよい。しかも、それは、国家試験でなく、国家から独立している法曹学院（Inns of Court）が行う試験なのである。

上に述べたように、日本では、裁判官になるにも司法試験が登竜門であるが、イギリスでは試験を受けてまず弁護士になるのである。裁判官になるには、弁護士として成功を収めていた者の中から選任されるのである。いわゆる法曹一元を採用しているわけである。裁判官になれば、イギリスにおいても国家公務員となるわけであるが、日本のように子飼い主義でないため、裁判官のマインドは役人マインドではないのである。そうした裁判官がイギリスでは司法権を担っている。そこにも、イギリスの司法権の民主制があるように思われる。

---

(14) 現在、アメリカで採用されている。日本においては、大陪審を模倣したと言われる検察審査会制度がある。
(15) イギリスでは、弁護士二分主義がとられており、弁護士はバリスタ（Barrister）とソリシタ（Solicitor）がある。"the Bar" が弁護士を意味するというときの弁護士とはバリスタを指す。両者は対等かつ独立の階層だが、一般の依頼者（clients）は、直接バリスタに依頼できない。ソリシタの依頼を受けて法廷弁護の仕事をするのである。バリスタの養成には、今日、大学で法学士号を得た後、法曹学院（Inns of Courts）に入所して弁護士試験に合格しなければならない。これに対して、ソリシタの場合は、法学士号を得た後、ソリシタ協会（Law Society）に入所して弁護士試験に合格しなければならない。また、双方とも、一定の修習期間を経ることが要求されている。

9　1876年上告管轄権法と貴族院上訴委員会の上告管轄権

　貴族院は2005年憲法改革法が制定されるまで，イギリスにおける立法的機能と司法的機能の双方を果たしてきた。とくに貴族院の司法的機能は中世から6世紀以上に渡って，また1876年上告管轄権法（Appellate Jurisdiction Act 1876）によってその上告管轄権が確定されてから，130年に渡ってイギリスの最高裁判所の機能を果たしてきた。けれども，この上告管轄権法が制定される前，貴族院の司法的機能は一度，廃止される運命にあった。というのも1873年，自由党のグラッドストン政権は貴族院の司法的機能を廃止する法を制定したからである。事実，この廃止法は，予定通り，翌年1874年11月に施行されるはずであった。しかしその直前の総選挙で，自由党政権は倒れ，ディズレイリ保守党政権が成立した。新しい保守党政権は直ちに廃止法の施行を1875年まで延期する法案を提出した。保守党はやがて廃止法そのものを廃止して，貴族院の司法的機能を確定すべく法案を提出し，1876年上告管轄権法が成立したのである。それ以来，貴族院はイギリスにおける連合王国の終審の裁判所として確定した。

　かくして貴族院上訴委員会は1876年法に基づき，近時，2005年憲法改革法が制定されるまで，以下の上告を受理し審査する権限を有した。

①民事事件についてイングランドおよびウェールズ，北アイルランドにおける控訴院判決に対する上告事件，さらにスコットランドの民事上級裁判所（Court of Session）の上告事件，さらに憲法上重要な法的問題がからんでいる事件の場合，イングランドおよびウェールズの高等法院または北アイルランドの高等法院に対する飛越上訴（Leap-frogging appeal）

②刑事事件についてイングランドおよびウェールズの控訴院に対する上告事件，北アイルランドの控訴院に対する上告事件，例外的にイングランドおよびウェールズの高等法院に対する上告事件

　上に掲げた管轄権によれば，スコットランドから貴族院への上告事件は民事事件だけに限られていることが分かる。刑事事件についてはスコットランドの刑事上級裁判所（High Court of Justiciary）が終審の裁判所である。したがっ

てスコットランドにおける刑事事件を最終的に貴族院への上告することは認められておらず，この刑事状況裁判所が最終審となる。これはイングランドとスコットランドとの1707年の合併法（Act of Union, 1707）に拠る。

合併法によりスコットランド議会（Scottish Parliament）は廃止されたが，廃止される前，スコットランド議会は民事事件に関して上告管轄権を持っていた。スコットランド議会が廃止されるに及んで，貴族院がスコットランド議会の民事事件に関する上告管轄権を継承したのである。貴族院上訴委員会を構成する判事は，1876年上告管轄権法のなかでは常任上訴貴族（Lord of Appeal in Ordinary）とされるが，彼らは通例，法律貴族（Law Lords）と称されている。貴族院上訴委員会の判事の定員は1968年司法運営法（Administration of Justice Act 1968）により12名と規定されている。

10　2005年憲法改革法と最高裁判所の創設

これまで大法官は，三権の長，司法部の長であり，貴族院の議長であり，行政部の長という歩く三権分立の矛盾と揶揄されたが，下で述べるように，2005年憲法改革法により，司法部の長は首席裁判官卿に取って代わられ，貴族院議長の職も除去され，さらに行政部の長も大法官の肩書を持つ司法大臣とされた。

10.1　ヨーロッパ人権条約と目に見える形での三権分立の要請

以上みたように従来，立法部である貴族院のなかに上訴委員会があって，立法機能と司法機能は憲法習律により貴族院内部で正式に機能分離を果たしているとされていた。したがって司法部に対する立法部からの介入・干渉はないとの原則で貫かれてきたし，憲法上そう理解されてきた。しかし内部で機能分離されているという理由は，民主主義を誇るイギリスの終審の裁判所を語るに必ずしも相応しいとはいえない。事実，かつてバジョットは『イギリス憲法』なかで「イギリス人の最高裁判所は，立法部という服の裏側に隠されているべきでない。」というのもイギリスの最高裁判所は「はっきり目に見える偉大な法廷であるべきだからである」と述べた。まさに1997年以降の労働党政権の憲法改革の主眼[16]は，イギリスの司法部の頂点を「はっきり目に見える偉大な

法廷」にしようというのである。

10.2 大法官職の役割と新しい最高裁判所

さらにまた国民が確信できるほど司法部が目に見える透明さでもって独立（sufficient transparency of independence）しているかどうか疑問が投げかけられている最大の象徴こそ，大法官（Lord Chancellor）の役割であった。前述したように，彼はしばしば権力分立の歩く矛盾といわれてきた。憲法の現代化という見地から今憲法改革を断行しようというもう1つの狙いは，「大法官職を修正し，大法官職の機能に関して規定を設けること」である。

ブレア首相が2003年6月12日に独立の最高裁判所を設置する考えを表明する前，イギリス政府は大法官職がヨーロッパ人権条約6条1項に違反しているとのあらゆる示唆に対してこれをきっぱりと否定してきた。しかし政府の主張とは裏腹に，例えば2000年のMcGonnell v United Kingdom でイギリスの司法制度の頂点に投げかけられた上述の疑問は，すでに司法の場で争われていたのである。

この裁判で申立人のRichard McGonnell は，申立人の開発計画にかかわる訴訟において，チャンネル諸島の1つGuernsey島の立法部（States of Deliberation）が採択した開発計画に関連して開発申請の申立てを棄却されたが，裁判を主宰したDeputy Bailiffは地方行政官であるとともにGuernsey島の立法部の議長であり，しかも裁判官として本件を主宰している。それはヨーロッパ人権条約6条1項に基づく公正な裁判に明らかに違反するものである，とヨーロッパ人権裁判所に訴えを提起した。結果的に，人権裁判所は，全員一致で，本件において独立かつ公正な裁判所により公正な審理を保障するヨーロッパ人権条約6条1項に違反する，と判示した。本件におけるDeputy Bailiffは明

---

(16) 2003年11月26日，国会が召集され，新しい会期に際して，エリザベス女王より上院である貴族院でクイーンズ・スピーチが読み上げられた。その中で，ブレア政権が今国会で尽くすべき新たな政策方針・法案の概略が呈示されたが，注目されたのはそのうちの憲法改革に関する部分だった。女王のスピーチからその部分をそのまま引用すれば，「私の政府は，最高裁判所（Supreme Court）を設置すること，裁判官の任命システム（judicial appoints system）を改革すること，そして現行の大法官職（office of Lord Chancellor）を廃止する準備にとりかかり，これら憲法改革のプログラムを継続して行う」というものだった。

らかに三権分立の歩く矛盾とされる大法官のそれと類似するものである。

当時の大法官であったアーヴィン卿（Lord Irvine）は，この判決に応じるかのように，大法官職に就いている間，「自分は今後，自分がかかわる立法の通過にかかわる如何なる事件においても裁判に参加しない」と宣言した。こうすることで彼はヨーロッパ理事会との衝突を回避したのである。一見これは賢明な対応に違いないが，しかし決して根本的な解決でなく，問題の先延ばしに過ぎない。イギリス憲法上，やはり独立の最高裁判所を作り，かつ大法官から司法的機能を除去し，目に見える形で司法権の独立を実現する必要性に迫られていた。議会は2005年憲法改革法（Constitutional Reform Act 2005, 2005 c. 4）を制定し，遂に貴族院から上告管轄権を除去し，独立の最高裁判所を作ることを決定した。

同時に，これまで枢密院司法委員会が有していた権限のうち，2005年憲法改革法は地方分権事件（devolution cases），または地方分権問題（devolution disputes）を審理する権限を枢密院司法委員会から取り去り，新しく設置されるイギリスの最高裁判所に継承させることとした。

4年の準備期間を経て，2009年10月1日，ウェストミンスター広場のビッグ・ベンの真向かいにあった Middlesex Guildhall を改装し，新たな最高裁判所（UK Supreme Court）が創設され，運用を開始した[17]。

10.3　2005年憲法改革法と最高裁判所の創設

(1)　新しい最高裁判所および裁判官

2005年憲法改革法23条によれば，新しい最高裁判所を構成する裁判官を裁判長（President），次席裁判長（Deputy President）とし，それ以外の最高裁判事を"Justice"と規定した（6項）。同条2項は最高裁判所を構成する裁判官の数を12人とし，これら裁判官は国王陛下によって任命されるとした。同条5項の効力により，国王陛下は，任命された裁判官のうちから裁判長および次席裁判長を任命できると規定された。また，同条3項は，最高裁判所判事の数をさらに勅令によって増大するための国王陛下の権限について規定している。た

---

(17)　拙稿「イギリスの新しい独立の最高裁判所考」日本法学75(3)巻833-858頁（2010年）を参照。

だし、その場合、同条4項に従い、議会の承認を得るために勅令案を両院に提出して（肯定的決議の手続）初めて可能となる旨を規定した。

(2) 最高裁判所判事

24条によれば、最高裁判所の最初の判事は、最高裁判所の司法業務の開始の時点で職責を有している常任上訴貴族、すなわちこれまでの法律貴族である。これは貴族院上訴委員会の構成員をそのまま最高裁判所に移す経過措置を規定するものである。2009年10月1日の時点でそれまで貴族院上訴委員会を構成していた12人がそのまま新しい最高裁判所の判事に任命され、初代の最高裁の長にこれまで貴族院上訴委員会のシニア法律貴族であったフィリップス卿 (Lord Phillips of Worth Matravers) が、また次席裁判長にはこれまで貴族院上訴委員会の次席シニア法律貴族であったホープ卿 (Lord Hope of Craighead) ら12名が就任した。だが、現在2代目の最高裁判所の長はニューバーガー卿が就任し、次席裁判長にヘイル卿およびその他の最高裁判事に以下に掲げる判事、合計12名により構成されている。

　　ニューバーガー卿裁判長 (Lord Neuberger of Abbotsbury, President)
　　ヘイル卿次席裁判長 (Baroness Hale of Richmond, Deputy President)
　　マンス卿判事 (Lord Mance)
　　カー卿判事 (Lord Kerr of Tonaghmore)
　　クラーク判事 (Lord Clarke of Stone-cum-Ebony)
　　ウィルソン卿判事 (Lord Wilson of Culworth)
　　サンプション卿判事 (Lord Sumption)
　　リード卿判事 (Lord Reed)
　　カーンウォス卿判事 (Lord Carnwath of Notting Hill)
　　ヒューズ卿判事 (Lord Hughes of Ombersley)
　　トールソン卿判事 (Lord Toulson)
　　ホッジ卿判事 (Lord Hodge)

(3) 任命のための資格要件

25条によれば、基本的に常任上訴貴族に任命されるのと同一の資格要件が

最高裁判所判事に任命される要件となる。同条1項によればそれには2つの資格要件の道から開かれている。1つは，54条の1項・2項に定義されているものだが，少なくとも2年間の高位の司法職（high judicial office）にあった者，もう1つは，少なくとも15年間の法律実務経験（qualifying practitioner）にあった者である。

(4) 選任手続
26条5項によれば，憲法問題担当大臣（大法官）は裁判官に空位が生じた場合，選任委員会（select commission）を招集しなければならない。選任委員会の選任手続は27条から29条に拠る。選任手続の最終段階において憲法問題担当大臣（大法官）は選任に基づき，首相は憲法問題担当大臣（大法官）によって通知された候補者を国王に推薦しなければならない。
選任委員会は最高裁判所の裁判長，次席裁判長および各地域任命委員会（territorial appointing commission）から1名ずつで構成される。

(5) 任期
最高裁判所判事の任期は非行なき限り（during good behaviour），常任上訴貴族（法律貴族）のそれと同一，すなわち70歳まで保持される。ただし，辞任の可能性，および35条，36条に規定される通り，議会両院による解任の決議および健康上の理由に基づく憲法事項担当大臣の宣言により判事職を解かれるものとする。

(6) 裁判官任命委員会の設置
裁判官任命委員会（Judicial Appointments Commission）は上に述べた地域任命委員会の1つであるが，イングランドとウェールズの裁判官任命にのみ関係する委員会である。

242　第Ⅲ部　イギリス憲法Ⅰ（統治機構論）

【参考文献】
バジョット（小松春雄訳）『イギリス憲政論』（中央公論社・1970年）
グリフィス，ハートレー（浦田賢治・元山健共訳）『イギリス憲法』（三省堂・1987年）
ジェームズ，フィリップス　S.（矢頭敏也監訳）『イギリス法（上）』（三省堂・1985年）
ラスキ，J. ハロルド（前田英昭訳）『イギリスの議会政治』（日本評論社・1990年）
マッケンジー，K.　R.（福田三郎訳）『イギリス議会——その歴史的考察』（敬文堂・1979年）
中村英勝『イギリス議会史』（有斐閣・1959年）
下條美智彦『イギリスの行政』（早稲田大学出版部・1997年）
元山健・倉持孝司編『新版現代憲法——日本とイギリス』（2001年・敬文堂）
幡新大実『イギリス憲法Ⅰ憲政』（東信堂・2013年）
Phillips, O. H. and Jackson, *Constitutional and Administrative Law*, 8th ed., 2001
Bradley, A. W. and Ewing, K. D., *Constitutional and Administrative Law*, 12th ed., 1997
de Smith, S. and Brazier, R., *Constitutional and Administrative Law*, 8th ed., 1998
Blackburn, R., *Constitutional Studies*, 1992
Jennings, I. W., *Cabinet Government*, 1937

図　イギリスの裁判所機構

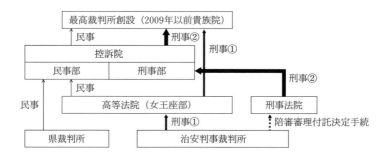

↑：民事事件（主に不法行為・契約法）。第1審は高等法院または県裁判所，第2審は控訴院民事部，最終審は最高裁判所となっている。

↑：刑事事件①（軽微な犯罪，略式起訴状による）。第1審は治安判事裁判所，第2審は高等法院女王座部，最終審は最高裁判所となっている。

⬆：刑事事件②（重大な犯罪，正式起訴状による）。第1審は刑事法院，第2審は控訴院刑事部，最終審は最高裁判所となっている。

⇵：陪審審理付託決定手続。これは重大な犯罪の場合，起訴するか否かを治安判事裁判所が判断する。そのプロセスを陪審審理付託決定手続といい，決定されれば，刑事法院での公判審理に移される。

＊　なお，上訴されるかどうかは原則として裁判所の許可を要することに注意。

第Ⅳ部　イギリス憲法Ⅱ（市民的自由と人権論）

第 16 章　イギリス人の市民的自由

1　はじめに

　イギリス憲法の近代へ向けての壮大なドラマは，1215 年のマグナ・カルタで幕が開き，2 幕，3 幕，そして 450 年以上もの時をかけ，最終章は，人民手作りの名誉革命で片がつき，翌 1689 年の「権利章典」で市民社会の到来に道を開いた。その意味で，1689 年の「権利章典」は，イギリスが世界に先駆けて近代国家に突入した証であり，明らかに近代憲法の特徴の 1 つを表明している[1]。しかし，それは，今日，われわれが成文憲法で知っているような個人の権利と自由に関する"包括的な"保護を提供するものでない。事実，それは主として国王に対する議会の権利の保護に力点が置かれていることに誰しも気づくであろう。

　1998 年，イギリスで多年の議論を経て，ようやくヨーロッパ流儀の人権法 (Human Rights Act 1998) が制定されたが，それまで，例えば，他人と自由に結社する権利だとか，表現の自由だとか，アメリカ合衆国憲法に見られるよう

---

(1)　権利章典の正式名称は「臣民の権利と自由を宣言し，かつ王位の継承を確定する法律」(An Act declaring the Rights and Liberties of the Subjects and Settling the Succession of the Crown) であり，その前半は確かに権利宣言であることは疑いない。したがって，権利章典はこの点だけを見ればアメリカ独立宣言やフランス人権と同列のように見える。しかし，実際はかなり異なる。というのは，そこで盛られている権利と自由とは，国王が侵害したとする 13 項目からなる苦情の羅列であり，しかも，これらの苦情を読むと，「一般的な原理を宣明ないし主張することを目ざすというよりは，個々の苦情の開陳とその救済に主眼をおいていることは，だれも否定できない」。要するに，そこで宣明されている権利と自由は，マグナ・カルタ以来の既得権的なイギリス人の古来の権利なのである。

な一般的な権利の宣言，すなわち"包括的かつ積極的な権利のカタログ"（a comprehensible list of liberties）は，イギリス憲法の下では，存在してこなかった[2]。その代わり，"個人は，コモン・ローおよび制定法[3]によって明示的な制限が規定されていない限り，欲するところを自由にすることができる"，との言い回しが"イギリス人の市民的自由"に関する基本的な総則とみなされてきた。

「権利章典」に見られる土着的なイギリス人の古来の権利は，ジョン・ロックの革命的政治理論（社会契約説）により，普遍的で，世界に輸出可能な自然権に置き換えられた。置き換えられて，アメリカ憲法など多くの国々の神棚（成文憲法）に据えられ，基本権として手続的な保障を与えられた。他方，成文憲法を持たないイギリスにおいても同様に，土着的なイギリス人の古来の権利は，ロック流の自然権的発想によって普遍化され，議会主権の下でも，その後のイギリス憲法に確実に影響を及ぼし，個人の絶対的権利として捉える18世紀のブラックストーンまで続いた。

このように，成文憲法を持たず，基本権的人権という言葉を使わないにしても，イギリスにおいても，人の権利と自由は，既得権的な古来の権利から，市民革命を経て，やはり自然権あるいは基本権に近い，コモン・ロー上，また全能の議会にとっても侵すことのできない"神聖な"もの（sacred）[4]と位置づけられることもあったのである。

---

(2) Wade, E. C. S. and Bradley, A. W., *Constitutional and Administrative Law*, 1993, 11th ed., at p. 409. 日本とイギリスの権利・自由の近時における比較考察について，元山健・倉持孝司編『新版現代憲法——日本とイギリス』（敬文堂・2001年）55頁以下を参照のこと。
(3) 議会は制定法により新しい法的権利を創設もするし，これまでのコモン・ロー上の権利または制定法上の権利を取り去ることも可能である。コモン・ロー上の権利または自由が制定法と抵触した場合，制定法が優位し，裁判所はコモン・ロー上の権利または自由を強行することはできない。もっとも，コモン・ロー上の権利が重要な制定法である1215年のマグナ・カルタや1689年の権利章典からその根拠を引き出すこともある。
(4) コモン・ロー上の権利ないし自由は，立法権に対抗する意味でいえば，絶対的に保護されているとはいいがたいが，一方で，それは「かくべつに神聖になもの（peculiarly sacred）」であり，国会がそれを奪ったりするようなことは，「すくなくとも普通の状況のもとにおいては，おこりそうもないのである」と述べた（内田力蔵「イギリス法における個人的自由の権利について——ブラックストンの絶対権の観念を中心とするひとつの覚え書き」東京大学社会科学研究所編『基本的人権4 各論I』〔東京大学出版会・1973年〕41頁）。

しかし、それも19世紀に、法実証主義あるいは功利主義が台頭するに及んで駆逐され、自然権的な基本的人権という言葉は今日のイギリス憲法では用いられなくなった。

代わりに、イギリス人の権利と自由は、"Civil Liberties"、すなわち、"市民的自由"という言い方で、能動的な権利としてではなく、消極的あるいは、残余の権利として理解されるのがふつうである。こうした残余の、消極的な市民的自由を捉えて、イギリス人の権利と自由は「イギリス憲法全体から言えばマイナーなもの」(5)との表現にさえ、人は出くわすかもしれない。

しかし、だからといって、イギリス人の権利および自由が格別に弱いものと考えるのは早計である。確かに、イギリスにおいては、権利と自由を守る手続上の保障が弱いようにみえる。しかし、イギリス人の目からすれば、事実はその逆で、イギリス人の権利と自由は、1215年のマグナ・カルタ以来、権利請願、人身保護法、権利章典、王位継承法等の権利宣言的文書はもちろん、コモン・ローの中で、王権に対抗し、王権を抑制する中で、強く主張され、現実に保障されてきていると確信する(6)。

その保障の風上に立つのがコモン・ロー裁判所であり、議会であったと考える。その意味で、コモン・ロー裁判所および議会に対する人民の信頼はわれわれが想像する以上に大きい。判例憲法に対するダイシー流のゆるぎない信頼、そして2つの市民革命をリードした議会への信頼があったからこそ(7)、イギリス人は市民的自由をこのように残余の、消極的な仕方のままに置くことを許

---

(5) Alder, J., *op. cit.*, p. 321.
(6) 大陸法の諸国では、自由権の一般原則が憲法典に宣言的に規定されているにすぎないが、ダイシーによれば（イギリス）"憲法は通常法の結果"であり、通常法によって権利の具体的形態が規定され、その実効性が保障されているので、市民の権利は、名実ともに保障されるとする。したがって、下山は他国の成文憲法にみられるように「イギリスには権利の宣言はないが、イギリスほどに真に権利が保障されている国はない」と述べる。下山瑛二「イギリス法における基本権──『人身の自由』の制度的定着過程について」東京大学社会科学研究所編『基本的人権2 歴史』（東京大学出版会・1971年）284頁を参照。さらに、成文憲法典をもたないイギリス憲法における市民的自由とイギリス型処理方式について詳細に考察した倉持孝司『イギリスのおける市民的自由の法構造』（日本評論社・2001年）を参照されたい。
(7) ダイシーは、高次の基本法による保障は必要ないとした。なぜならば、市民的自由はコモン・ローおよび議会によって十分、保護されているからであると述べた。

してきたといえるかもしれない。

　言い換えれば，成文憲法こそ持たないが，イギリス人にとって，成文憲法に匹敵する重みをもつ場が議会であり，裁判所であった。さらに，その裏には，それを支えるイギリス人民の抑えがたい下からの要請が存在し，あるいはそうすべく不断の抵抗を示す人民の強いポテンシャリティがあったのである。

　しかし，近時，これまでのイギリス人の市民的自由に加えて，ヨーロッパ人権条約に基づくヨーロッパ流の「新しい権利章典」を国内に導入すべきであるという論議がなされてきた。そして，総選挙で大勝利を収めたブレア労働党政権の下，それはついに 1998 年「人権法」となって結実した。この人権法は，議会主権の下においては，他の議会制定法に対する特別な保障はないが，市民レベルからみれば，イギリス人の権利と自由は，消極的な市民的自由の時代から新しい人権の時代へ入りつつあることを物語っている[8]。しかし，だからといって，人権法に基づいて，イギリスの裁判所が違憲立法審査権をもつわけではないことを付記しておこう。

2　市民的自由ということ

　ところで，前述したように，イギリスではイギリス人の権利と言うべきところをイギリス人の市民的自由という言い方をする。これについて，例えばバーネットは，イギリス法において「権利」(rights) を用いるより「自由」(liberties and freedoms) を用いるべきであるという。というのは，「権利」を用いれば「権利あるところ救済あり」であるが，イギリス法の下では，上述したように，権利の行使はしばしば法によって制限されている。イギリスにおける自由が，このように，「その行使が法によって抑制されている以上，その範囲で存在している」[9]にすぎない。積極的な仕方で権利が存在せず，その限りでの権利

---

[8]　1998 年人権法の憲法的意義を明らかにするとともに，イギリスが議会による市民的自由の保障から裁判による人権の保障へ進むブレア的近代化の方向性を考察する元山健『イギリス憲法の原理——サッチャーとブレアの時代の中で』（法律文化社・1999 年）を参照されたい。なお，人権法の分かり易い原書としては，たとえば，Wadham, J. & Mountfield, H., Prochaska, E., and Brown, C., *Blackstone's Guide to The Human Rights Act 1998* (2011) を見よ。

ということであれば、権利と言うより自由と言った方が適切ということになる。

このことをジェニングズ（Jennings, Sir William Ivor : 1903-65）は「くつ紐を結ぶ権利以上に言論の自由はない」[10]という表現で述べている。このようなわけで、イギリス憲法の下では、イギリス人の権利自由というところを「市民的自由」というのである。権利は他人に義務を強いるが、自由は義務を強いないからである。

3　市民的自由と自然法

3.1　個人的権利

市民的自由のためには、権力の濫用をどう抑制するかがきわめて重要になるが、ロックは、革命的な社会契約説によってこれを理論化した。すなわち、ロックは、自然法思想[11]に基づき、政府は信託に基づく権力を保持するのみであると主張した。政府は人民の福利のために法を行使し、支配する正当な権利を有する。人民は信託に違反した政府を打ち倒す権利を有する。その際、人民の権利と自由は自然法に由来すると考えられた。人は生まれながらにして固有の自然権を有し、信託された政府はそれを守らねばならない。

3.2　自然法と法実証主義

1688年の名誉革命以来、自然法思想は、ますます隆盛の一途を辿り、アメリカやフランスへも輸出された。18世紀のイギリス法の通説を飾るブラックストンも『イギリス法釈義』（*Commentaries on the Laws of England*, 1765-69）で、人の権利のいくつかは自然状態における権利に通じる"絶対的権利"として説いている。

---

(9)　Barnett, *op.cit.*, at p. 563.
(10)　Jennings, Sir I., *The Law and the Constitution*, 1959, at pp.262-3. もっとも、イギリスにおいて言論の自由は比較的自由の幅は大きいとされている。それでも、言論の自由は、後述するように、名誉毀損、瀆神、国家秘密法に対する犯罪に相当するとされない限り、自由であるとされるにすぎない。
(11)　近世啓蒙期の自然法論を最初に説いたのはホッブズである。

ところが19世紀に入ると，法実証主義が台頭し，自然法の原理に異議が唱えられた。彼らは自然法でなく，有効な人為法の概念こそ重要であると説いた。人の権利および自由は，実定法を越える高次の自然法からではなく，人為の力に信をおく実定法から引き出されるものと考えられた。

イギリスにおいて法実証主義の基盤を打ち立てたのはヒューム (Hume, David: 1711-76) であった。彼は諸学問の体系は，一切の抽象的独断や先験的実体化を嫌う実証性に重要性があるとした。彼は初期にロックの認識論を学びながらも，やがて先験的実体化をはかるロックの自然法思想から離れ，「あるところのもの」としての人為的な実定法を研究の出発点とした。したがって，人の権利と自由も，自然法からでなく，そうした実定法から引き出そうとしたのである。自然法による権利の保護はさらに功利主義からも攻撃を受ける。功利主義の指導的唱導者はジェレミー・ベンサム (Bentham, J. 1748-1832)[12]であった。彼はオックスフォード大学でブラックストンの講義を聴いた。聴いてその自然法的な発想に反対して功利主義すなわち"最大多数の最大幸福" (Greatest Happiness Principle) を指導原理として合理主義的な立場から強く立法改革を主張した[13]。

3.3 自然法と議会主権

自然法の概念は，何らかの高次の法の存在を前提とする。しかし，イギリス憲法では，議会主権という基本原理により，議会の作る法より高次の法源を認めない。これは人為法の優位であり，ある意味ではイギリス憲法の下では法実証主義が採用されていることを物語るものである。

---

[12] ベンサムは，功利主義者であり，判例法であるイギリス法を功利主義，すなわち最大多数の原理の立場から批判した。それによれば，幸福の増進こそ，立法者の唯一の目的とすべきであり，この立場に立って立法改革をすべきであると主張した。ベンサムの最も広く知られている業績は，ブラックストンを批判した1776年の "A Fragment on Government" や1789年の "An Introduction to the Principles of Morals and Ligislation" を書いたことであろう。なお，西尾孝司『イギリス功利主義の政治思想』(八千代出版・1988年) を参照のこと。

[13] 深田三徳『法実証主義と功利主義――ベンサムとその周辺』(木鐸社・1984年) 参照。

4　権利の保障とその範囲

　成文憲法を有する国において，憲法の大部分は個人の権利に振り当てられるのが普通であろう。また，成文憲法の下では一般的に立法部の作る法の合憲性を審査する権限が規定されており，必要ならば，それを無効と宣言する最高裁判所が存在する。しかし，イギリスにおいてそのようなシステムは存在しない。結局，イギリスにおいて連合王国市民は権利を守るためには，バーネットの言うように，「選挙によって構成される議会か，コモン・ローを通じて権利を守る司法部に身をゆだねる」[14]ことになるのである。

　さて，その権利の範囲がどのようなものであるかを知るためには，イギリス憲法上，法律とコモン・ローを検索せよということになる。権利および自由は一般的に2つの種類に分けられる。1つは，古典的な市民的および政治的権利であり，もう一つは社会的および経済的権利である。そのうち，E. C. S. ウェイド（Wade）およびA. W. ブラッドリー（Bradley）が言うように，イギリスの憲法における市民的自由は，伝統的に，前者を特徴としてきた[15]。市民的および政治的権利には，人身の自由，財産権，表現の自由（言論の自由を含む），信教の自由，集会・結社の自由ないし差別からの自由，参政権などが含まれるであろう。これらには，主として今日ヨーロッパ人権条約からの人権が加わった。生命に対する権利（2条），身体および安全についての権利（5条），私生活および家庭生活の尊重についての権利（8条），思想，良心および宗教の自由（9条），表現の自由（10条），集会および結社の自由（11条），差別の禁止（14条）などがそうである。

　他方，社会的および経済的権利は，政治的権利などとは性質が異なる権利であり，働く権利，同一労働同一賃金を受ける権利，教育を受ける権利などが含まれる。しかし，これらの権利は，市民的および政治的権利と比べると，イギリス憲法はこれまで「それら（の権利）を真剣に基本的権利と位置づけてき

---

(14)　バーネット・前掲書732頁。
(15)　Wade=Bradley・前掲書409頁。

た」[(16)]とは言いがたいかもしれない。これらは社会における市民的あるいは政治的生活を送る上で不可欠の要素であるが，国家にとって財政的負担を強いられる問題であり，従来，基本権としての位置づけが希薄とされてきたからといえる。

しかし，社会的かつ経済的権利は，後述するように，今では，福祉国家として，応分の発達を見ている。また，ILO条約や，1961年のヨーロッパ理事会社会憲章あるいは1989年のEC憲章そして2009年12月1日に発効したリスボン条約により法的拘束力を与えられたEU基本権憲章などによって徐々に挑戦されてきた。また，1948年に採択された世界人権宣言の22条から26条においても，社会権は明確に規定されている。これらはいずれも，イギリスにおける社会的権利の発展に寄与している。

5　個人と国家——国籍ないし市民権

大英帝国が成立し，それが拡大すると，帝国におけるすべての市民にイギリス臣民の地位が与えられた。しかし，帝国内のいくつかの植民地が独立し始めるにつれ，この帝国は1931年にイギリス連合（コモンウェルス）へ変型した。これによりそれらの自治領あるいは独立した地域はその市民に彼ら自身の国籍を付与し始めた。この状況の下，1948年の国籍法（British National Act 1948）が制定されたのである。

1948年の国籍法によれば，イギリスにおける市民権（British citizenship）は連合王国・植民地市民とコモンウェルス諸国市民（オーストラリア，カナダあるいはニュージーランドといった国々の市民）という2つのカテゴリーに分類されていた。後者であるコモンウェルス諸国市民は彼ら自身の市民権を有するので，イギリス国籍を有しない。しかし，これら2つの市民は，イギリス臣民またはコモンウェルス市民として，連合王国への入国および居住については同一の権利を享受していた。

しかし，その後，海外からの臣民の数が急激に増加するに至り，1962年お

---

(16)　Wade=Bradley・前掲書同頁。

よび 1968 年に彼らの入国が制限されるようになった。さらに，現在では，イギリスの市民権は 1981 年のイギリス国籍法（British Nationality Act 1981）により規律されるに至っている。それによれば，以下の①から③の 3 つに分類された[17]。

①イギリス市民権（British citizenship）
　　この市民権は，出生[18]（birth），養子縁組[19]（adoption），血統[20]（descent），出生証明書登録[21]（registration）または帰化（naturalization）によって取得されるものである。
②イギリス属領市民権（British Dependent Territories citizenship）
　　フォークランド諸島など一定のイギリス属領に定住した父母の間に生まれた者，1997 年に中国へ返還した後の香港市民[22]のために創設された。
③イギリス海外市民権（British Overseas citizenship）
　　本法以前に連合王国・植民地市民だった者で，本法により，上の①②のいずれのカテゴリーにも属さなくなった者に与えられた。
　　市民権を有する場合，当然に居住権をもつことになるが，さらに 1981 年の国籍法の施行前にコモンウェルス市民であった者も居住権を有するとされる。また，1971 年の移民法によれば，居住権を有する者は，障害なしにイギリスに自由に住み，入国出国できると規定する。
　　以上のイギリス市民権に加えて，他の目的により以下の 2 つの地位が与えられている。
④コモンウェルス市民（Commonwealth citizen）
　　以上に述べた①から③に掲げるものは，同時にコモンウェルス市民の地

---

[17] バーネット・前掲書 565 頁以下。
[18] イギリスで嫡出子として出生し，その子の出生の時点で父母のいずれかがイギリス市民であること。
[19] イギリス市民によって養子縁組された場合，その子は養子縁組命令の日よりイギリス市民となる。
[20] イギリスの外で生まれた場合，父母のいずれかがイギリス市民であること。
[21] イギリスで出生しても，必ずしも直ちに市民権を有しないが，一定期間居住したことを条件として市民権を取得できる。
[22] ただし，その数は 5 万人までと上限が定められている。

位が与えられる。
⑤ EU 市民権（Citizen of the EU）

　さらに 1993 年に発効したマーストリヒト条約（EU 条約）により，EU に加盟している国のすべての市民に，EU 市民権が与えられた。

第 17 章　人身の自由

1　人身の自由とデュー・プロセス

1.1　マグナ・カルタとデュー・プロセス

　人身の自由（Personal Liberty）は，デュー・プロセス（due course or process of law）によらずに身体的拘束を受けない自由をいうが，イギリスにおいてそれは，他の市民的自由と同様に，"何人も適法に行動している限り，欲するところに従って行動できる"という消極的な原則に立つ。

　しかし，他の市民的自由に比べると，それは人が国家権力と相対峙するもっとも脆弱な場面を含む問題なので，人身の自由は他の自由に増して一層手厚い保護が必要になる。したがって，イギリス法で人身の自由は単に残余の権利，消極的な権利として突き放した言い方で終えるわけにはいかない。

　イギリス憲法上，人身の自由がどのように保障されているか，その特徴を言えば，デュー・プロセスによらなければ逮捕あるいは拘禁されないという手続的原則とともに，この原則を強行するためにイギリスにおいて発展した人身保護令状（writ of habeas corpus）による救済手段についても取り上げる必要があろう[1]。

　歴史的に見るならば，人身の自由で言うデュー・プロセスの源流は，一般的に 1215 年のマグナ・カルタの 39 条にまでさかのぼるとされる。同条は「自由人は，……国法（law of the land）によるのでなければ，逮捕，監禁，差押，

---

(1)　下山瑛二「イギリスにおける基本権──『人身の自由』の制度的定着過程について」東京大学社会科学研究所編『基本的人権 2 歴史』（東京大学出版会・1971 年）290 頁。

第17章　人身の自由　255

法外放置もしくは追放をうけ、またはその他の方法によって侵害されることはない」と定める。ここで言う「国法によるのでなければ」というフレーズが、その後次第に「デュー・プロセス・オブ・ロー」に置き換えられていったのである[2]。

確かにこれはデュー・プロセスへ発展する萌芽を含んでいた[3]。承知の通り、マグナ・カルタは中世時代の所産であり、それがいわゆる「イギリス人の自由の守護神」になるのは、それよりずっと後の、17世紀以降のことである。したがって、田中英夫も言うように、マグナ・カルタのこの規定が、制定の当初からそのような意味をもっていたと美化しすぎてもいけない[4]。しかし、それは確かにデュー・プロセスに発展した。17世紀初頭、当時、絶対王制に対する闘いの中で、マグナ・カルタはよみがえった。よみがえって、「イギリス人の自由の守護神」になり、その中で、デュー・プロセスは近代的解釈を得たのである。

1.2　クックと近代的注釈

当時、コモン・ロー裁判所の首席裁判官として闘い、そして後に国王により

---

(2) ヘイルシャム（八木保夫訳）『今日のイギリス法制』（成文堂・1991年）51頁によれば、デュー・プロセスなる言葉は、1354年エドワード3世治世第28年の法律第3号の中において、初めてノルマン・フレンチで現われ、次いで、英語の形では、1627年の権利請願および1640年人身保護法で現われたという。

(3) "デュー・プロセス・オブ・ロー"（due process of law）を手続および実体の両面にわたって発展させたのはアメリカ憲法においてであろう。連邦上のそれは合衆国憲法修正第5条、州のそれについては同修正第14条の解釈を発展させたのである。日本国憲法31条もその濃い影響を受けている。

(4) 田中によれば、デュー・プロセス・オブ・ローは、権力の恣意を排斥し、法の適正な手続を保障するものであるが、名誉革命後、議会主権が確立した今、法律の明文があれば破られうる。他方、成文憲法をもち、違憲立法審査権を有するアメリカのデュー・プロセスの機能する範囲は、イギリスのデュー・プロセスより遥かに広範であると述べる。田中英夫『英米法研究2　デュー・プロセス』（東京大学出版会・1987年）286頁以下参照。また、行政手続に対する自然的正義（natural justice）の要求はデュー・プロセスのイギリス的発現として捉えている。デュー・プロセスはその後、アメリカ憲法において手続き面のみならず、実体的な面における発展を見た。日本国憲法31条もアメリカ憲法の強い影響の下に採り入れられたとされる。なお、アメリカにおけるデュー・プロセスの発展に関しては町井和朗『権利章典とデュー・プロセス――アメリカ憲法のダイナミズム』（学陽書房・1998年）を参照されたい。

罷免されたサー・エドワード・クックは『イギリス法提要』(Institutes of the Laws of England) を書き，その第2巻で，マグナ・カルタの39条にいう「国法によるのでなければ」について，次のように近代的注釈を加えた。

「国法によるのでなければとは，1354年エドワード3世治世第28年の法律第3号にある通り，デュー・プロセス・オブ・ローによるのでなければという意味であって，……」と解釈した。

さらに続けて，クックは「①犯罪の嫌疑によって取調べを受ける場合には，その者は，予め尋問事項を知り，よく考えてこれに答えるだけの時間をもつことが許され，またその答えを書面にし，写しを一部とっておくことも許されること」，「②逮捕は，特定の場合を除いては，令状がなければならないこと」，そして「③人身保護令状によって，理由なしの拘束が禁じられるのみならず，必要以上の期間にわたる拘束も禁じられること」[5]などとの注釈も加えた。

こうして，手続き面からイギリスにおける人身の自由は飛躍的に発展したが，それが制度的に定着していく上で大きな役割を演じていくのは，市民革命を経て，さらに18世紀中盤に起きたいわゆる「一般令状諸事件」(general warrant cases) をも付け加えておく必要があろう。そこから引き出された一般的原則とは，逮捕されるべき人を指定もしくは特定していない逮捕状，または捜査されるべき場所や差し押さえられるべき物件を明示していない捜査差押令状は，かつて17世紀にイギリスで濫用されたが，18世紀にはコモン・ロー上違法と判決されたのである[6]。イギリスにおける人身の自由はこれらの諸事件を契機として大きく制度化の方向へ進んでいく。

2 人身の自由と人身保護法

2.1 意　義

人身保護令状 (writ of *habeas corpus*)[7]は，歴史的に古い裁判所令状（大権令状）の1つであり，ある者が，例えば正当な裁判を受けることなく拘禁されて

---

(5) 田中・前掲書286頁。
(6) 1765年の *Entick v Carrington* (1765) 19 ST 1030 を含む一連の同種の事件をいう。詳しい解説については，下山・前掲論文294頁以下参照のこと。

いる場合，その者の身柄を直ちに裁判所に連れて来るよう命じる救済手段である。

すなわち，人身保護令状とは，ある者の自由を奪い拘束している者に対し，もし合法的な理由なしにその者を拘束していると認定されれば直ちに彼を釈放するため，その者を裁判所の面前に連れ出し，かつ拘束している合法的な理由を示すよう命じる裁判所の令状のことである。この令状はいかなる者にも発給でき，刑事上であろうと，民事上の事件であろうと問わない。とくにイギリスの17世紀，スチュアート王朝の国王たちが国王大権を濫用して人民の身柄を違法に拘束したため，彼らの自由を確保しようと，しばしば人身保護令状が活用された。このように人身保護令状は国王に対しても名宛されうるし，未成年者を保護する権利を争う民事事件の場合のように，私人に対しても名宛されうる。

2.2 手　続

手続的には，もしある者が，合法的な理由なしに拘束されていると信じる場合，宣誓供述書（affidavit）を書き，それを高等法院の女王座部（Queen's Bench Division）に提出する。通常，この宣誓供述書は，彼を代理するソリシタ（solicitor）によって提出され，それに基づいてバリスタ（barrister）が女王座部の合議法廷（Divisional Court）に人身保護令状の発給を求める申し立てを行う。この申立てがなされると，裁判所はすべてに優先して審理する日を決める。それだけ，イギリスにおいて人身の自由が重要視されていることが分かるであろう。もし，人身保護令状の発給が認められて，拘束者がそれに従わなければ，その者は裁判所侮辱罪（Contempt of Court）に問われることになる。したがって，この令状が発給されると，拘束者は，指定された日に裁判所に出頭し，拘束している正当な理由を示さなければならない。拘束している正当な理由を示すことに失敗すれば，その拘束は合法的でなく，したがって，被拘束者は直ちに釈放されねばならなくであろう。

---

(7)　ヘビアス・コーパスの"habeas"なるラテン語は英語の"have"に相当し，"corpus"は英語の"body"であり，両者を合わせて「本人の身柄を裁判所の面前に引致すべし」という意味に解されるのである。

2.3 ダーネル事件と1679年人身保護法

しかし，歴史的にみると，この要求がつねに満たされたわけでなかった。17世紀に君民の対立が激しくなると，サー・トーマス・ダーネル（Sir Thomas Darnel）ほか4人の騎士（5人の騎士事件ともいう）らは，一方的に拘禁された。これが1627年の有名なダーネル事件〔*Darnel's case*, 3 St.Tr. 1.〕である。とごろが，国王裁判所は，それは国王の特別命令に基づく拘禁であり，人身保護令状は発給できないと判示した。しかしこれが原因となって革命が起き，政府は倒された。これにより，これまでコモン・ロー上の原則であった人身保護制度は成文化され，1679年人身保護法（Habeas Corpus Act 1679）となってあらわれた。この制定法は"第二のマグナ・カルタ"とも称され，以後，裁判官は一度たりとも，誤った者からの命令を聞いて誤ることはなくなった[8]。ダイシーは，人身保護令状の内容を説明して次のように言う。

> 「いかなる男性であれ，女性であれ，子どもであれ，自由を奪われたという場合，裁判所は拘禁状態に置かれている申立て人を，裁判所の面前に連れて来るように命ずる人身保護令状を発給し，その者が法的理由なしに拘禁されている場合，彼を釈放するのである。」[9]

この考えはもともとコモン・ローに基づく権限であるが，令状権の発給は，上述した1679年の人身保護法に基づく制定法上に根拠が置かれている[10]。

なお，1679年人身保護法は刑事上の拘禁に適用されるのに対し，その後1816年の人身保護法（Habeas Corpus Act 1816）が制定され，そこでは，たとえば子どもが親から離されて拘禁された場合とか，精神病院における被収容者のように民事上の理由で在監されている場合，女子が修道院に拘禁されているような場合に，この人身保護法が適用されることとなった。

日本においても，イギリスの人身保護法にならい，不当に自由を奪われている者のため，1948年に人身保護法が制定された。

---

(8) Denning, *Freedom under the Law*, Hamlyn Lecture, 1949, at p. 7.
(9) A. V. ダイシー（伊藤正己・田島裕訳）『憲法序説』（学陽書房，1983年）206頁。
(10) バーネット・前掲書578頁参照。

3　人身の自由と警察権力

　人身の自由は，重大な犯罪の容疑にある間，あるいは重大な犯罪について有罪の判決が下される間，ある程度，否定されうるのは何人も認めるであろう。人身の自由が制限されざるをえない状況が起きるのは，逮捕されたり，抑留されたり，家屋などに立ち入りされたり，捜索，押収されたりする場面である。それだけにこれらの場面においてはとくに法の適正な手続によらなければ正当化されないであろう。

　しかし，それ以前に，一般の市民は警察と相対峙する場面がある。警察による職務質問（questioning）の場合がそうである。1966 年の *Rice v Connolly* (1966) 3 WLR 17 で，市民は警察の職務質問に答えずともよいという原則が確認された。市民には原則として黙秘権（right to silence）があるからである。

　しかし，一定の状況では市民は質問に答える義務がある。たとえば，道路交通法に基づき，免許証の提示を求められ，名前や住所を尋ねられるが，それを拒絶すると犯罪になるからである[11]。また，酒気帯び運転を発見するために，息を検査するため，運転者が停止を命ぜられることもあるであろう。

　以下に人身の自由と警察権力の主なる場面を捉えて考察してみる。

3.1　逮　　捕

　逮捕（arrest）は自由に対する重大な侵害であるので，いずれの場合も正当化されねばならない。正当化されない逮捕は違法である。その場合には，不法監禁などを理由とする民事訴訟の対象にもなりうるし，場合によって刑事事件にまで発展することもありうるであろう[12]。

　いずれにせよ，逮捕には令状ありの逮捕（with a warrant）と令状なしの逮捕（without a warrant）がある。そのうち，令状なしの逮捕にはコモン・ロー上のものと制定法上のものがある。

---

(11)　バーネット・前掲書 581 頁。
(12)　たとえば，そのような場合には，マグナ・カルタの「何人も法の適正な手続によらず生命，自由または財産の喪失に責任を有しない」との規定がある。

令状ありの逮捕の場合は，1980年の治安判事法（Magistrates' Court Act, 1980）の第1条に基づいて逮捕令状が発給される。すなわち，同条によれば，犯罪を犯したか，または犯したと疑うに足る相当な理由がある者について，宣誓の上主張された犯罪事実を提示する。その上で，治安判事裁判所は，逮捕令状を発給できるのである。

　しかし，その場合，一定の条件を満たさなければならない。たとえば，令状は，あくまで警察官憲に対して発給するのであって，私人訴追に発展するような私人に対してなされるのでないこと，また，いわゆる一般令状（general warrant）は違法であること，さらに，令状は，通常，正式起訴状による犯罪のような場合に発給されること，などである。そのうち，一般令状については，有名な *Entick v Carrinton* (1765) 19 St. Tr. 1029 の先例がある。その中で，裁判官のカムデン卿（Lord Camden, C. J.）は何人も許可なしに人の土地に足を踏み入れることはできないと述べている。

　しかし，多くの場合，令状を申請する時間がない場合がありうる。令状なしに行う逮捕には，コモン・ロー上のものと，制定法上のものとがある。しかし，今日では，制定法上の権限が重要となっている。一般的に制定法上の権限については，1984年の警察犯罪証拠法（Police and Criminal Evidence Act 1984, いわゆる PACE）が規定している[13]。とくにその24条は，重大な犯罪に対する令状なしの逮捕権について具体的に規定している。規定の中では逮捕しうる犯罪（arrestable offence）には，謀殺などのような犯罪，あるいは21歳以上の者が5年以上の拘禁刑に処せられうるような犯罪，例えば重大な暴行，窃盗，不法目的侵入などが含まれる。

　この権限は警察官によってはもちろんのこと，私人によっても行使されうる。他方，平和への侵害に対して令状なしで逮捕するコモン・ロー上の権限が今も存在している。*Foulks v Chief Constable of Merseyside Police* (1998) 3 All ER 705 で確認されたものだが，平和への侵害が実際に生じていない場合でも，この権限を行使する警察官が，それがまさに生じる可能性があると合理的に信じた場

---

[13] 他に1986年の公秩序法（Public Order Act 1986）の3条6項，4条3・4項，5条4項なども犯罪が行われつつあると合理的に信ずる場合，警察に逮捕する権限を与えている。

合には，令状なしで逮捕できるとするものである(14)。

3.2　抑留 (detention)

ひとたび容疑者が逮捕されると，それが令状あるなしにかかわらず，直ちに警察署に連行され，留置され，告発するために尋問を受けることになる。すなわち，起訴するに足る十分な理由があるかどうかを決めるために尋問に移されるのである。

容疑者が逮捕され，告発されずに拘留されている場合，1984年のPACE41条は，拘留できる最高の期限を定めている。一般的な最高権限は24時間であり，起算点は逮捕され，最初に警察署に連行されてきたときからである(15)。

24時間が経過して何の告発もされない場合，24時間を超える延長が認められない限り，保釈金を払うかどうかは別として，釈放しなければならない。しかし，一定の条件を満たせば延長できる。最高で，36時間まで延長できるが，その場合，証拠を確保する必要があると信ずる根拠があり，捜査を続行している犯罪が重大な逮捕しうる犯罪であり，かつ捜査が熱意をもって行われていることが条件となる。36時間の拘留の後，さらに必要であれば，治安判事の裁量となり，申請によって96時間まで拘留が可能になる。

PACEの58条1項によれば，逮捕され身柄が拘束された場合は，弁護士であるソリシタに相談する権利を有する。また黙秘権を有するが，「逮捕された者の立場は，逮捕される前の市民の黙秘権とは異なっており，1994年の刑事公秩序法（Criminal Justice and Public Order Act 1994, CJPOAと略称で呼ばれる）はこの権利に実質的な修正を加えた」(16)。

---

(14)　この場合，必要条件としては，平和への侵害が真実かつ現実の惧れ（real and present threat）が十分に存在しなければならないとされている。
(15)　もっとも任意出頭してきて，その後に逮捕された場合には逮捕時から起算される。
(16)　Barnett, *op. cit.*, at pp.587-8. バーネットによれば，改正以前は「あなたが望まない限り，何も言う必要はありません。しかし，あなたの述べることは証拠として取り上げられることがあります」というものであった。改正後は次のようになった。
　　「あなたは何もいうことはありません。しかし，もしあなたが防護のため，後で用いる何かを今言わない場合，裁判所は，今あなたがそれを言わないことがあなたに不利な主張を強化するものと決定するかもしれません。あなたの言うことはいかなることも記録にとられます。そしてもしあなたが出廷する場合，証拠として提出されうるのです。」

3.3 捜索権 (power to search)

　官憲による捜索は人身の自由への制約になる。場合によっては財産権の自由の制約になりうる。逮捕権限と同様，人および家屋（敷地）のいずれを捜索する権限はコモン・ローまたは制定法に根拠を置いている。

　ある者が逮捕しうる犯罪（arrestable offence）で逮捕されている場合，PACE の 18 条は，治安判事に警察からの申請に基づき，家宅を捜索する令状を発給するのを認めている。それにより，警察は占有または所有している如何なる不動産（premises）に立ち入り，捜索する権限が与えられる。ただし，その場合，警察が当該不動産に逮捕しうる犯罪，または当該犯罪に関連する他の逮捕しうる犯罪に関する証拠があると疑うに足る合理的な理由を持つことが前提になっている。

　その者が占有または所有している如何なる不動産には，居住している場所と仕事場が含まれる。捜索令状なしの捜索もありうる。PACE の 17 条は，一定の条件で警察に捜索令状なしに家宅を捜索する権限を与えている。

3.4　押収権 (right of seizure)

　PACE の 19 条は，警察にいかなる家屋に合法的に入る一般的な押収権を与えている。押収権は，ある犯罪を犯した結果として警察によって獲得されたものであるか，または彼が調査している犯罪もしくは他のいかなる犯罪に関連する証拠であると信ずる合理的な理由がある場合のいづれかに行使される。それはその物品が隠されたり，喪失されたり，修正されたり，破壊されたりするのを防ぐために行われるのである。

第 18 章　表現の自由
　　　——言論・出版の自由，結社・集会の自由——

1　表現の自由

　イギリス憲法は軟性憲法であり，したがって表現の自由に関しても明確かつ積極的な権利という意味での法的根拠は存在しない。したがって，イギリスで表現の自由という場合，他の市民的自由と同様に，コモン・ローおよび制定法上の制約に服することを条件として，市民は欲することができる残余の自由をもっていると言うしかない。

　しかし，表現の自由はイギリスのみならず，近代憲法における最も重要な人権の 1 つであり，イギリスではとくに十分な保護が与えられるべく力点が注がれてきた[1]。しかし，現代において，われわれが想像している以上に，表現の自由は脅威にさらされている。後述するように，表現の自由には，コモン・ローおよび制定法から実にさまざまな制約があることも事実である。

　表現の自由は，さまざまな側面をもっている。その中核にあるのはおそらく言論の自由，出版の自由[2]（プレスの自由）であろう。イギリスにおいて表現

---

(1)　たとえば，Philips, O. H. and Jackson, *Constitutional and Administrative Law*, 8th ed., 2001, at 571. Alder, John, *Constitutional and Administrative Law*, 3rd ed., 1999, at 343. 藤田達朗「名誉革命期における『出版の自由』の歴史的構造(1)（2・完）——イギリスにおける近代的出版の自由の史的展開」立命館法学 161 号 20 頁，162 号 33 頁（1982 年）を参照のこと。そこでは，表現の自由が近代革命を契機としていることは疑いないとしても，それに対する制度的保障が他の人権とくに財産権と比べてタイムラグがある点を指摘し，出版の自由の史的発展について論述する。

(2)　ブラックストンは「プレスの自由は自由な国家の性質にとって中核的なものである。あらゆる自由なものは公衆に対してどのような感情をおくかについて有する疑いなき権利をもつ。これを禁止することはプレスの自由を破壊することになる」（Blackstone, Commentaries, 1765.）。このような観点で見るとき，イギリスではプレスの自由は比較的政治かつ政府からの干渉に対し守られて

の自由はむしろ言論の自由，あるいはプレスの自由を中核的権利として発展をとげてきた。

　また，表現の自由は，イギリスでは主としてコモン・ローと議会の制定する法律の問題として発展してきた。しかし，表現の自由は，今やヨーロッパ人権条約に定める表現の自由との関係を考慮しなければならない。同条約10条は，イギリスのアプローチと異なり，表現の自由を明確に定めている。

　イギリスはヨーロッパ人権条約を1998年人権法を変型する形で国内法化した今，イギリスの裁判所は，少なくとも，表現の自由に関するこれまでの国内法をこの10条の規定に適合するように解釈しなければならなくなった。というのは，イギリスのいかなる公当局も，ヨーロッパ人権条約上の諸権利に矛盾する行為をとることは違法とされるからである。

　また，10条によれば，表現の自由は，一定の義務と責務に服す。それら義務と責務は一定の目的で国家に「法律に定められている方法により」かつ「民主社会の中で必要な方法で」表現の自由を制約できるのみと規定する。一定の目的とは，上に規定するように，国家の安全保障，領土の保全または公共の安全，秩序びん乱または犯罪の防止，保健または道徳の保護，他人の名誉または権利の保護等の目的のためとされている。

2　言論・出版の自由

　言論の自由・自由な出版（プレス）は健全な民主社会の指標である。ミルトン（Milton, John: 1608-74）は名著『アレオパジティカ』（Milton, *Areopagitica*, 1644）の中で，「あらゆる自由の上に，良心に従って，われに知る自由，話す自由，そして腹蔵なく議論する自由を与え給え」と述べた。それは，言論および出版の自由な表現により，聴く者・読む者に健全な批判精神を注ぎ込むからである。政府はその権力を誤って行使しないように健全な批判を甘受すべきである。

　きたとされる。ここでのプレス（the press）とは，公刊されるあらゆる種類の印刷物およびそのような公刊に携わる組織また人々を指し，プレスには公当局からの検閲はないとされる。

しかし，権力は権力の性(さが)として表現の自由を，機に乗じて縮減しようとする。だからこそ，ブラックストンは言う。出版の自由とは「出版に際して事前の抑制に服しないことであり，かつ，出版後に刑事上の問題として処罰の対象から自由であること」であると。

では，実際にはどうか。一般的にイギリスにおいて平和時にはプレスに対する検閲はないとされている。しかし，忘れてならないのは，戦時には政府の期待するような情報だけがプレスに提供され，その分言論・出版の自由が制約されうることである（例えば de Smith, *op. cit.*, 7th ed., 1994, at 525）。したがって，平時における表現の自由にのみ目を奪われてはならない。

ここでは主として出版の自由についてみることにする。まず，"出版"(the press)とは何を指すかであるが，それは単に新聞や定期刊行物だけではなく，あらゆる種類の印刷物を含むと解される。

歴史的には[3]，15世紀に印刷技術がイギリスにもたらされると，絶対王制の下，布告によって印刷を制限する慣行が生じた。それによれば，本の印刷は，ロンドンの印刷出版業組合（ギルド）の成員，オックスフォード大学，ケンブリッジ大学に限定され，彼らに印刷を独占させた。彼らに独占させることによって国家による言論統制を可能にし，絶対主義の基盤とした。

さらに，16世紀から17世紀にかけて，出版印刷するには国王の特許または免許を要するとされ，いわゆる免許制を敷いた。免許制にすることにより，国王大権の下で設置された星室裁判所による事前検閲を可能にした。

スチュアート王朝の下での専制政治はピューリタン革命により打倒され，星室裁判所は廃止された。にもかかわらず，出版免許制と検閲制は，革命後も，議会に引き継がれた[4]。それはさらに共和制の時期を経て，王政復古後，1662年の出版免許法（Licensing Act 1662）になって表われた。

---

(3) 堀部政男「報道の自由――イギリス」比較法研究33号20頁（1972年）。藤田・前掲論文を参照のこと。そこでは，表現の自由が近代革命を契機としていることは疑いないとしても，それに対する制度的保障が他の人権とくに財産権と比べてタイムラグがある点を指摘するとともに，イギリスにおける近代的出版の自由の史的発展について論述する。

(4) ジョン・ミルトンは『アレオパジティカ』の中でこのような議会による免許制に批判を加えたことで知られている。

しかし，いくつかの制定法を経て，1695年に同制定法が失効するに及んで免許制はようやくなくなった。だが，それ以降，免許法に代わって多くの言論統制法が制定され，出版物は煽動罪，反逆罪および神冒瀆罪による事後的な統制に服することになった。煽動罪・反逆罪などについては表現の自由に対する刑法上の制約として後述する。

　1712年，新たな統制手段とも言うべき「印紙税法」(Stamp Act 1712) も登場した。印紙税法は，出版物に印紙税を課すことによって間接的に出版統制をはかろうとするものである。このような間接的な出版の自由に対する制約は印紙税法が撤廃される19世紀まで続いた。

　さらに，1792年文書毀損法（Fox's Libel Act 1792）および1843年文書毀損法（Lord Cambell's Libel Act 1843）により，出版の自由に関する陪審の役割について重要な発展をみた。これらの法律ができるまで，煽動罪の疑いのある文書や刑事上の文書誹毀に関して，陪審員は争点の一部のみを認定する権限しかあたえられなかったが，前者の法律により一般的な争点を決することが認められた。また，刑事上の文書誹毀において，従来，コモン・ローでは真実抗弁は認められなかったが，後者の法律により，それが認められたのである。

　しかし，今日，とくに第一次世界大戦以降，国家秘密保護法（Official Secrets Acts）が制定されると，出版の自由の限界も表面化していく。さらに，裁判に関する新聞等の報道が，裁判所侮辱罪により大きく制約され，出版の自由を含めたイギリスにおける表現の自由の弱さがさらに露呈していく。

　いずれにせよ，それらの問題は表現の自由を刑事上の抑制として，順次以下に述べることにする。さらに民事上のプライバシーや信任違反との関係についてもあわせて論じよう。

3　集会の自由

　他方，集会の自由（freedom of assembly）についてであるが，以下のように，いくつかに分節して述べよう。

3.1 集会をもつ権利

　集会をもつ権利（right to hold meetings）は，私的かつ公的財産（土地・家屋内）双方での集会が考えられるであろう。まず，私有地で集会をするには，地主の同意を要する。それを得ることなく集会を開けば，不法侵害訴訟（trespass）を引き起こすことになろう。

　これに対して，公的財産のもとで集会を開く場合は，多くの制約に服することになる。例えば，原則として，ハイドパーク公園やトラファルガー広場のような場所で集会を開く権利はない。そのような場所で集会しようとすれば，環境大臣の許可を要し，許可に当たって同大臣は一定の制約を課すことができる。

　さらに，地方当局の財産上（土地・家屋）で集会する場合，多くは集会を規制する条例にぶつかるであろう。地方当局の持つ財産上で集会するに際して許可を要する条例がある場合，事前に許可を得ないで行われた集会は犯罪となる。

　また，その公園または家屋で集会を開こうとする場合，地方当局はそれを不許可にするための広範な裁量権を有している。しかし，その決定は裁判所による司法審査に服さなければならないであろう。さらに1983年人民代表法（Representation of the People 1983）に基づき，総選挙または地方選挙での立候補者は，地方当局の有する財産上で選挙のための集会を開く制定法上の権利を有するものとされた。

　さらに，1986年公安法（Public Order Act 1986）は，上級の警察官に公的な集会に対し，それが結果として治安びん乱などを招く惧れがあると信ずる場合，開かれる場所および時間に関して一定の制約を課す権限を与えた（14条）。

3.2 公道での集会

　コモン・ロー上，公道（highway）は歩行者および車が自由に行き来するのに用いる通路である。もし，これを不当に使って（集会）本来の機能を超えることになれば，多くの制裁に服することになる。1980年公道法（Highway Act 1980）の137条1項によれば，公道での自由な通行を故意に阻害すれば刑法上の犯罪となる。

3.3 集団行進

集会に始まり，やがてそれが公道を行進したとする。公道を集団で行進することはそれ自身，公道は通行するのに用いられる以上，コモン・ロー上，合法的である。しかし，その行進が公道の合理的使用を超えれば，それはコモン・ロー上の犯罪である"公的ニューサンス"（public nuisance）[5]となる。

1986年の公安法によれば，一定の状況の下では，集団行進する場合は，警察に事前通告する義務が課せることになった。事前通告は書面で一定の期日内に警察に対して行わなければならない。

4 結社の自由

人は，その見解を公衆に訴え，かつ公衆の支持を得るためにグループを結成する権利をもつ。そうした支持を得るために公衆に訴えることは，個人で行うよりグループで行う方がいっそう効果のあることは誰しも認めるであろう。一般的に言うと，イギリスで結社の自由（Freedom of Association）は共同謀議（conspiracy）が存在しない限り，さほど制約がない領域といってよい。しかし，それは2つの領域で一定の条件（とくに制定法上の）に従わねばならないであろう。1つは暴力の使用と結びつくようなグループに関して，2つ目には，労働組合に関しての制約である。

暴力と結びつくグループの制約に関して，1936年の公安法の下では，軍隊を組織したり，准軍隊的な組織を結成することを禁止している（2条）。何をもって准軍隊（quasi-military）と見るかの基準は，2条1項b号で規定されている。それによれば，1963年，ネオ・ナチ組織とされる"Spearhead"は，爆発物に用いる目的で関連する薬物などを所有しており，結局そのリーダー達は同法の2条に基づき有罪とされた。

さらに，1989年のテロ防止（暫定規定）法〔Prevention of Terrorism (Temporary Provisions) Act 1989〕により，一定の結社を犯罪とした。目下，非合

---

(5) 公的ニューサンスは，近隣の成員が享受していた公道などの日常の使用を不当に妨げ，被害，障碍，または不便を負わすようなことが起きれば発生する。

法化されているグループは同法の付則1条に指定されており，その中にはIRA（アイルランド共和国軍）やINLA（アイルランド国民解放軍）が含まれている。

　結社の自由および前述した集会の自由も，ヨーロッパ人権条約（11条）との関連で考えなければならない。この結果，労働組合の成員についての制約に関しては，ヨーロッパ人権条約の11条に定める結社の自由により従来のクローズドショップに変更をもたらした。すなわち，クローズドショップが敷かれている場合でも，労働者は政治的信条により組合に加入する必要はなくなった。ただし，11条は，必ずしも完全に労働組合を選択する自由まで要求しているわけではないとされている。

第19章　表現の自由の制約

1　民事上の制約——名誉毀損・プライバシー

　表現の自由は他のコモン・ロー上または制定法上の規制に服すことは言うまでもない。それら規制には民事上のものと刑事上のものとがあるが，ここではまず，民事上の制約から考察することにする。民事上の制約には名誉毀損とプライバシー（信任違反を含む）が挙げられる。

1.1　表現の自由と名誉毀損

　名誉毀損（defamation）とは，ウィンフィールド（Winfield, Sir P. Henry : 1878-1953）によれば，一般的に，ある人の持つ社会の良識ある成員の評価を貶める傾向のある陳述を公表すること，あるいはまたそれらの成員をその人から遠ざける傾向のある陳述を公表することとされる。それには2つの方法がある。1つは文書誹毀（libel）であり，もう1つは口頭誹毀（slander）である。前者はどちらかというと，永遠に残るような書面の形をとるが，後者は言論などによる一時的な形式をとるであろう[1]。

　名誉毀損は通例刑事責任か，または民事責任を伴うものであるが，ここでは民事上の名誉毀損について取り扱う。民事上の名誉毀損は「しばしば起こることであり，表現の自由が他人，それが個人であろうと，組織であろうと，評判の保護に対して均衡をとるべき範囲に関する難しい問題を提示する」（Bar-

---

(1) 1952年の名誉毀損法に基づき，放送で流され，またはテレビで放映されたいかなる名誉毀損の問題も文書誹毀（libel）となる。

nett・前掲書606頁)。名誉毀損で勝訴するには，原告は以下のことを立証しなければならない。①使われた文言が名誉毀損であること。言い換えれば，文言が原告の名誉を害したこと。②使用された文言が原告に言及していること。③その文言が第三者に対して公表されたこと。④陳述を向けられた者がその名誉毀損の意義を評価できかつそれが原告に対して言及していることを理解できること，である。これに対して，被告側が名誉毀損で免責されるには，一般的には，真実抗弁[2] (defence of truth)，公平な論評[3] (fair comment)，善意の名誉毀損[4] (unintentional defamation)，絶対特権[5] (absolute privilege)，条件付特権[6] (qualified privilege) などの特別抗弁により正当化される必要があろう。

1.2　表現の自由とプライバシー

　プライバシー (privacy) は個人の私的生活への侵入をどう抑制するか，および個人の情報をどのように自己コントロールするかの問題である。しかし，プライバシーはもちろん絶対的なものではない。それは他人の表現の自由，とくにプレスの自由や犯罪の防止との利益と調節されなければならない問題であることはいうまでもない。

---

[2]　陳述がたとえ他人の評判を傷つけたとしても，それが真実に基づいてなされたのであれば正当化される。

[3]　「公の興味をひく事柄についての論評で，……その事柄と人物の行為に対象を限定し，……個人の人格や動機についての批判には立ち入らないもの。……書評，……劇評，……評論において，……論評の対象について主要事実を正確に伝え，……評者の見解を述べるに留まり，……作者，……製作者への人身攻撃や批判を目的としたものではない批評。……Fair comment については名誉毀損が成立しない。」(田中英夫『英米法辞典』から)

[4]　1952年の名誉毀損法第4条によれば，その論評が通常ならば名誉毀損を構成するが，意図せず，善意の陳述の結果がそうなったのである場合，公表者が謝罪または虚偽の陳述を訂正することによって回復できる。

[5]　絶対的特権 (absolute privilege) については，いかに名誉毀損であるにせよ，その陳述に関して訴えることはできないとされている。たとえば，司法手続の中で述べられた陳述，議会特権 (1689年の権利章典9条) といわれているもので，上院・下院いずれかの院の議員により述べられた陳述，議会資料および上院・下院いずれかの院の命令で公表された陳述，さらには職務の過程で公務員から他の公務員によりなされた陳述などがそうである。

[6]　これに対して条件付特権とは，法的，倫理的または社会的義務の追求の中で，利害関係を有する人に向けてなされた陳述がそうであり，ラジオ・テレビ放送などに与えられるものである。

しかし，イギリス法は，私的生活，すなわちプライバシーに対する"一般的な"権利，すなわちプライバシー権を正面から承認してこなかった。この点，イギリスにおいてプライバシー権の発達は，情報公開制度とともに，遅れてきた領域である。それは他の多くの国，とりわけ同じ英米法系のアメリカにおけるプライバシー権の発展と比べるとかなり遅れた。

承知の通り，ウォーレン＝ブランダイスがかの有名なプライバシーに関する論文[7]を書いてから，しばらくして1905年，*Pavesich v New England Life Insurance Co* 122 Ga. 190 (1905) で，早くもジョージア州の最高裁判所が，ウォーレン＝ブランダイスの主張するプライバシー権を認めた。さらに，1960年，プロッサーが不法行為法上のプライバシー侵害の類型を体系づける重要な論文[8]を書き，多くの司法上の承認を得た。それからわずか5年後の1965年，*Griswold v Connecticut* 381 US 479 (1965) で，それは始めてアメリカ憲法上の権利として認められたのである。

これに比べると，イギリスにおけるプライバシー権の発達は遅れたままだった。しかし，イギリス人にとって"住居は城なり"（Englishmen's castle）という格言があるように，プライバシーがまったく法的に無視されてきたわけでない。事実，不法行為法上あるいはエクイティ[9]上，不法侵害（trespass）や信

---

(7) サミュエル・ウォーレン（Warren, Samuel, 1852-1910）はボストンのイエロー・ジャーナルにいらだっていたとされる。こうしてボストンの Law firm におけるパートナーの弁護士で後の連邦最高裁判所判事になったルイス・ブランダイス（Brandeis, Louis, 1856-1941）とともに，かの有名な論文「プライバシー権」（The Right to Privacy）を書いた（(1890) 4 Harv. Law Rev. 193）。そこではプライバシー権は"一人に放っておかれる権利"（right to be let alone）と主張された。この論文は世界におけるプライバシー権のその後の発展に大きく寄与した。なお，共著者ブランダイスから見た本論文の考察として宮下紘「ルイス・ブランダイスのプライバシー権」駿河台法学26巻1号71頁以下（2012年）を参照。

(8) 彼はプライバシー侵害の4つの類型を次のように体系づけた。①原告の閑居もしくは孤独または私事への侵入，②原告の私的な事実の公開，③原告に関し世論を誤認せしめるような表現，④原告の氏名などを，被告の利益のために，盗用すること。Prosser, *Privacy* (1960) 48 Calif. Law Rev 383.

(9) エクイティ（Equity）は，15世紀にエクイティ裁判所によって作られた判例法である。衡平法とも訳される。コモン・ロー裁判所によって作られた判例法がコモン・ローであり，互いに独自の法体系であったが，イギリスでは1875年に裁判所の統合が図られ，両者は同じ判例法として融合した。しかし長年別々の流れで発展してきたので，用語上は，コモン・ロー上の権利，エクイティ上の権利として使われることが多い。

任違反 (breach of confidence) や著作権侵害や名誉毀損はある意味でプライバシー権の一形態をなす役割を演じてきたし，こうして判例は間接的にではあるが，ある程度プライバシーに保護を与えてきたのである(10)。

たとえば，もし何人かが許可なしに他人の敷地に押し入ってその家屋の占有者を監視すれば，その者はトレスパスという不法行為を犯したことになる。これによりその者のプライバシーは事実上守られたことになる。

また，信任違反について見てみよう。信任違反とは，信任関係の下にある情報を信任関係にある者（原告）の信頼を裏切って不当にそれを利用すべきではないというエクイティ法上の原則(11)であるが，被告がこれを破れば信任違反となる。

1849年の *Prince Albert v Strange* (1849) 1 Hall & Twells 1 は，プライバシーと信頼の破棄の関係を規律するイギリス法の基礎になった事件と言われている。アルバート公 (Prince Albert) はヴィクトリア女王の夫君であるが，夫妻は家族のスケッチを作り，ごくわずかの数であるが，人を雇ってそれを私的に印刷させ，ウィンザー城の小部屋に保存していた。ところが，それはやがて第三者を通じて出版社である Strange の手に渡り，そこで複製され，ロイヤルエッチングのカタログとして，一般に供されることになった。アルバート公はこのカタログの出版を抑えるため差止命令の発給を求めた。これに対して出版社は出版権に基づき反論した。裁判所は，同公の主張を認め，かかるカタログはもともと使用人との間の信頼の破棄より生じたものであり，差止命令を認めたのである。

さらに信任違反の原則は1967年の *Argyll v Argyll* (1967) Ch 302 でも用いら

---

(10) その中で，彼らは，イギリスの財産権，信任違反，著作権，名誉毀損に関する諸判例を分析し，これらの諸事件は"一般的なプライバシー権"の場面であり，適用であると述べた（前掲論文 (1890)4 Harv. Law Rev. 193）。さらに，Wacks, R., *The Protection of Privacy*, 1980, at 4 を参照されたい。

(11) デニング卿は，*Seager v Copydex* で次のように述べている。「本件に関する法はいかなる黙示の契約に基づくものでない。それは，信頼（秘密）のなかで情報を受領した者はそれを不当に利用してはならないという衡平法（エクイティ）上の広い原則によるものなのである。彼は，同意なしにそれを与えた者の偏見に導くようなやり方でそれを利用してはならないのである」((1967) 1 WLR923 at 931)。なお，See Lord Denning, *What Next in the Law*, 1982, at pp 217-245.

れた。Argyll公とサンデー・タイムズ紙は，同公（Duke of Argyll）と同紙が，同公より知り得た同公の元妻（Duchess of Argyll）との婚姻上の秘密，とくに彼女の私生活を漏らす記事を発表しようとした。元妻Argyllは直ちに差止命令の発給を求めた。裁判所は，これを認め，これらの情報は同公が信任違反することでもたらされたと判示した。これも信任違反により同公と同紙の表現の自由が制約された例である。

さらに，公表された私的な生活上の情報が虚偽であれば，名誉毀損で訴えることができるが，真実であれば，名誉毀損は免れる。これは要するに，コモン・ロー上あるいはエクイティ上，プライバシーは寄せあつめ的，あるいは断片的に守られているにすぎないことを物語っている。これがイギリスのプライバシーが，一般的な権利（general）でなく，"寄せあつめ的権利"（piecemeal）だと揶揄される一因ともなっており，全体を合わせても救済の範囲は狭く，これらが保護しようとする利益はプライバシーが保護しようとする利益と必ずしも一致しないとも批判されてきた[12]。

これに対して，プレスは，個人のプライバシー侵害に対しプレス苦情委員会（Press Complaints Commission, PCC）を通じて自主規制を図ってきた[13]。しかし，これは個人のプライバシーを保護するのに必ずしも十分な機能を果たしてこなかったといわれている。

プライバシーとはやはり基本的にはウォーレン＝ブランダイスが述べたように"一人にしておかれる権利"（right to be let alone）であり，その意味で，プライバシーの侵害に対して一般的なプライバシー権（general）の確立が必要とされる。にもかかわらず，「今日のイギリスの裁判官はかつての先人の幾人か達のような革新者ではない。現代の裁判官の手中で，コモン・ローは拡張する能力を失った」[14]とさえ言われる。とくに，プライバシーはいろいろな形で

---

(12) *Winer v United Kingdom* Case No. 10871/84 (1986) 48 DR 154で，1998年の人権法が制定される前，イギリスがプライバシー権を発達させるのを怠ってきたが，名誉毀損で訴える権利など他に救済手段があるので，それは8条違反に相当しないと人権委員会に宣言された。

(13) 1991年にそれまでのプレス参事会（Press Council）に代えて設置された。1名の独立した委員長と15名の委員から成り，そのうちの10名は新聞社側からの代表である。同委員会はプレスと一般人へのガイドラインを示す実務綱領（Code of Practice）を公表し，それをモニターする。

(14) Wacks, Raymond・前掲論文5頁。

侵害されうるが，1979 年の *Malone* 事件では，公権力による電話盗聴に関しその合法性が争われたが，そこでもプライバシー権の欠如が露呈したのである[15]。

その意味で，ヨーロッパ人権条約がイギリスの国内法である 1998 年人権法の中に変型された意義は大きい。プライバシー権は同法 8 条の中に規定されるに至ったからである。それによれば，

　1 項：何人も，私的かつ家族生活，その家および通信を尊重される権利を有する。

　2 項：この権利の行使に際して公当局による干渉があってはならない。ただし，国家の安全保障，公的安全または国の経済上の利益上，治安びん乱または犯罪の防止，保健または道徳の保護のため，あるいは他人の権利および自由の保護のため，法に従いかつ民主社会において必要な場合は別である。

他方，個人情報をどのように自己コントロールするかというプライバシーの現代的側面については[16]，1980 年代になってヨーロッパ評議会が「個人データの自動処理に係る個人の保護に関する条約」を採択するなど，国際情勢がプライバシー保護の方向に動いた。すると，イギリスもプライバシー保護法を制定する方針を固め，1982 年 4 月，政府は「データ保護――立法に関する政府の提案」なる白書を議会に提出した。これに基づいて，翌年，データ保護法案は議会に出されが，最終的には，1984 年 7 月，1984 年の個人データ保護法 (Data Protection Act 1984) となって成立した。

現代のプライバシー保護は，個人情報がどのように扱われるかという個人の自己情報コントロール権の問題であるが，もう一方で，個人のデータ保護法を，

---

(15) 本件はさらにヨーロッパ人権条約に基づいて，人権委員会に申し立てられたが，最終的には 1984 年の *Malone v UK* で，イギリス政府は，同条約 8 条違反で敗訴した。その後，イギリスの議会は 1985 年の通信傍受法を制定し，その 1 条で，郵便の過程で，または公の通信により，通信を傍受することは，大臣による許可に基づき令状が発給されない限り，犯罪であると定めた。なお，Malone 事件と通信傍受法との関係については，倉持・前掲書 57 頁以下に詳細な考察が見られる。

(16) 1967 年，アメリカのウェスティン (Westin, A.) は，『プライバシーと自由』(Privacy and Freedom) で，プライバシーの現代的概念を，「自己に関する情報に対するコントロール権」として位置づけた。石村善治・堀部政男『情報法入門』(法律文化社・2000 年) 76 頁以下を参照。

もう少し別な側面から考えてみる必要があるかもしれない。というのも，プライバシーが内心の自由な精神的活動という領域から外に流出して，個人以外の者により取り扱いが可能となったとき，保護法は，その取扱者をどう取り締まるかという側面に焦点を当てなけれならないからである。つまり，個人情報保護法の趣旨は，個人以外の者がわれわれ個人の情報を収集し，集積した情報（それを"個人識別情報"という）をその者（情報管理者）が厳格な方法で管理するよう，また違法な方法で利用しないよう取り締まろうとする意味合いを持っている。

こうして，個人情報の違法な流出および利用についてはこの新法よって規制されることになった。それによれば，コンピュータ化された個人に関するデータを保有する者（公的部門，民間部門を問わない）は，データ保護登録官に登録しなければならず，犯罪または国家安全保障のような範疇に入らないかぎり，そこでの個人データはアクセス権の対象になった[17]。

2　表現の自由と刑法上の規制

ここでは，表現の自由を制約する刑法上の問題，とくに煽動罪，反逆罪，わいせつ罪，神冒瀆罪，刑法上の名誉毀損，裁判所侮辱罪などとの関係を見る。

2.1　表現の自由と煽動罪，反逆罪など

煽動罪（sedition）とは，合法的手段によらず国家の平和または権威に対して向けられた下記のような意図を有する主張，ないしその旨を含む主張を文書にして出版し，頒布するコモン・ロー上の犯罪である。*R v Burns* (1886) 16 Cox CC 355 で，煽動罪が成立するには次の意図を有することと述べられた。

「女王陛下の人格，または法によって確立された政府および連合王国の憲法，または議会のいずれかの院もしくは司法の運営を憎悪もしくは侮辱させ，または

---

(17) 詳細については，堀部政男「イギリスの個人情報保護法——1984年データ保護法の運用状況を中心として」ジュリスト879号35頁（1987年），飯塚和之「イギリスにおける1984年データ保護法の成立」法律時報57巻11号108頁（1985年）を参照されたい。1984年法は1998年その後データ保護法にとってかわられている。

それらに対する不満を駆り立てること，または合法的手段以外の方法で，法によって確立された教会または国家のいかなる事項の変更を試みるために女王陛下の臣民を駆り立てること，または女王陛下の臣民の間に不服従もしくは謀反心を高めること，またはかかる臣民の異なる階層間に悪意もしくは敵意の感情を促進する意図」があること。

 そうした意図に基づく謀反，転覆，暗殺，いかなる種類の物理的暴力は，煽動罪を引きこすことになりうる。そこでは用いられた煽動的言辞が暴力や治安を騒擾させようとする内容であることが問題となるのである[18]。そのような意図のない単なる強い批判は問題にならないことは言うまでもない。さらに表現の自由は，謀反煽動罪[19] (incitement to disaffection) や反逆罪[20] (treason) を招来することもありうる。後者の反逆罪は，近いところでは第二次世界大戦の際，ナチス・ドイツに加担したイギリス人に適用された。だが，それ以降，適用された例はなかった。しかし，近時，イギリス政府は義勇兵としてアフガニスタンのタリバンに参加したイスラム系イギリス人に反逆罪を適用すると警告した[21]。

 さらに，人種的憎悪 (racial hatred) を掻き立てるような言辞はとくにマイノリティに属するグループに対してしばしば行われがちである。そのような状況を回避するために，表現の自由はある程度制約されねばならない。こうして，彼らを守るための最初の規制は1965年の人種関係法 (Race Relations Act 1965) で実現された。しかし，それは現在，1986年の公秩序法 (Public Order 1986) の17条から23条に引き継がれた。同法の17条は人種的憎悪について

---

[18] R v Caunt (1948) で，バーケット判事 (Birkett, J) は，陪審員に対して，暴力を促進する意図の立証が煽動罪成立の不可欠の要素であると説示している。
[19] 1934年の教唆法 (Incitement to Disaffection 1934) によれば，軍隊の一員を国王に対する義務または忠誠義務から思いとどまらせようとの意図あるものである。また，いかなる者も，主たる犯罪を犯し，または手助けし，相談し，周旋する意図をもって，軍隊の間に配布すれば犯罪となるような性質の文書を所有しもしくは制御下においているような場合も同様である。1964年の警察法にも同様な規定（53条）がある。
[20] 忠誠義務に反する行為。反逆罪は14世紀の中頃，イギリスがフランスと戦った百年戦争の時代に成立した。最高刑は死刑であったが，1998年にイギリスが死刑を禁じたヨーロッパ人権条約を国内法化した結果，終身刑になった。
[21] 2001年11月1日付讀賣新聞。

次のように規定している。すなわち「（それは）肌の色，人種，国籍（市民権を含む）またはエスニック的出自に対する言及によって明確にされるグレート・ブリテンにおけるいかなるグループに対する憎悪である」と。

2.2 表現の自由とわいせつ罪，神冒瀆罪

　表現の自由の憲法上の問題は，そのわいせつ性（obscenity）およびポルノ性[22]との関連で起こりうる。とくに表現した文書，文学などについて，表現の自由が問題となる。伝統的立場は，*R v Hicklin* (1868) で述べられた「それを入手する可能性のある者でその種の不道徳な影響に心を閉ざしてはいない者に対して，これを堕落させ腐敗させる傾向をもつ」ものであるとされた。しかし，これでは性に関する新しい思想，芸術的表現を阻害するおそれがあり，1959年のわいせつ出版物法（Obscene Publications Act 1959）が，わいせつであるための判断はその刊行物などを全体として見てなされるべきであり，かつ具体的諸情況の下でそれを読み，見また聞く可能性が相当にあり，その状況下で読者・視聴者が堕落させられる点を基準としてなされるべきであるとした。

　これにより，著書や記事などについて，その一部だけを選んでわいせつ性を論じるようなやり方はもはや可能でなくなり，全体として見る必要が出てきたわけである。全体として見て，読者を堕落させ（depraved），腐敗させ（corrupted）なければならないのである。かくして，かの有名な D. H. ローレンスの小説『チャタレー夫人の恋人』[23]（Lady Chatterley's Lover）に関する裁判で，訴追側がこの小説のもっとも悪名高いとされる部分の描写だけを捉えようとしたが，裁判所によって斥けられた。文学やプレスの自由はこの法律により，

---

(22) 高まりつつあるポルノの輸入を取り締まるために，1964年のわいせつ出版物法（Obscene Publications Act 1964）が制定された。1959年法だけでは，出版という条件が整ったときだけ，警察は猥褻文書を捜索し，押収することができるだけだった。言い換えれば，出版という条件がなければ捜索も押収も訴追もできなかったわけである。しかし，1964年法はこれを変えた。この法律により，猥褻資料を単に占有していれば，警察はそれを捜査し押収する令状を入手できるようになった。

(23) 1928年に出版された問題作。戦争で性機能障害者となった貴族の夫をもつチャタレー夫人が，森番の男との性愛によって生の回復をはかろうとする小説。

(24) あわせて劇場法（Theatres Act 1968），放送法（Broadcasting Act 1981），ビデオ・レコーディング法（Video Recording Act 1984）をも参照のこと。

その範囲が一般的に拡大したといえよう[24]。なお、1994年刑事公秩序法（CJPOA）により、インターネット等を通じたわいせつ性のある電子媒体による公表もわいせつ表現とされるに至った[25]。

他方、神冒瀆罪（blasphemy）は、イギリスはキリスト教国であり、国教会を国の宗教としているがゆえに起きるコモン・ロー上の犯罪である。イギリスでは、このように、キリスト教は、それなりに尊崇されなければならない。神冒瀆罪とは、キリストそのものや、国教会（Church of England）をスキャンダラスまたは下品な方法で否定したり、侮辱した場合に起こるコモン・ロー上の犯罪である。このように表現の自由は刑法上の瀆神罪によって制約される。*Bowman v Secular Society* (1917) AC 406 で、サムナー卿判事（Lord Sumner）は「かかる行為はそれが一般的に社会の基本的枠組みを揺るがす傾向をもつがゆえに犯罪である」と述べている。

ただし、冒瀆罪はキリスト教以外の他の宗教には及ばないと解されるべきである。*R v Chief Metropolitan* (1991) 1 All ER 306 で、イスラム教まで保護を拡大するものではないとされた[26]。

また、*R v Lemon* (1979) AC 617 で、あるホモセクシュアル新聞（"Gay News"）で十字架上のキリストを示す詩とイラストを掲載した[27]が、それはキリストの生涯と十字架を中傷するものだと主張された。貴族院まで争われたが、冒瀆的な文書でキリスト教信者の救済を侵害し、侮辱するものと判示された。

2.3 表現の自由と刑法上の名誉毀損

刑法上の文書誹毀（libel）は極めて重大なものではあるが、これにより刑事責任を問われることは今日ではほとんど稀と言っていい。事実、法律委員会

---

(25) 長谷部恭男「イギリスにおけるインターネット利用と法律問題」ジュリスト1156号96頁（1999年）参照。
(26) イスラム系のイギリス人小説家サルマン・ラシュディにより書かれた小説を巡って、イランの最高指導者がマホメットを侮辱したとして死刑宣告をしたセンセーショナルな事件があった（内野正幸「神を冒瀆する表現の自由──『悪魔の詩』事件を契機として」法学セミナー413号14頁（1989年）。
(27) その詩は、一人のローマ兵士がキリストに対しホモセクシュアルな愛を表す内容を含んでいた。

(Law Commission) は，刑事上の文書による名誉毀損は廃止されるべきであると勧告（Working Paper No. 84, 1982）したことがある。なお，手続的には訴追が開始される前に，高等法院の裁判所による許可が必要となろう。

2.4 表現の自由と裁判所侮辱罪

裁判所侮辱罪（contempt of court）は，裁判所の権威を傷つけたり，司法の運営を害することで生じるコモン・ロー上の犯罪である。民法上の裁判所侮辱[28]もあるが，ここでは刑法上の裁判所侮辱罪についてとりあげる。

表現の自由が裁判所侮辱罪により制約を受けるのは，次のような場面である。すなわち，それが表現の自由とかかわるのは，ある公刊物が，裁判所の権威を害したり，裁判所による司法の運営（administration of justice）を重大な程度に偏向する実質的な危険性を創出する場合である。とくにイギリスで問題になるのは，報道側が裁判について論評することは訴訟当事者にプレッシャーを与え，裁判の行方に予断を与えるという論拠である。

例えば，このような場合，アメリカ合衆国憲法では，当然に報道側の表現の自由の問題として保障されるが，イギリスでは裁判所侮辱罪という制度により表現の自由が必要以上に抑制されるのである。

1950年の後半から1960年の前半において多くの子どもが奇形で生まれた。これは妊娠中に精神安定用や睡眠用にとサリドマイドを母親たちが服用したためであるとされた。そのため，イギリスのサリドマイドの製造・販売元である生化学会社〔Distillers Company (Biochemicals) Ltd.〕に対し多くの親たちが訴訟（いわゆるサリドマイド事件）を提起した。1972年9月，サンデー・タイムズ紙は「わが国のサリドマイド児——国民的恥辱の原因」と題する記事を掲載した。さらに，同紙はこれまでのサリドマイド悲劇史，製造，試験の歴史を辿る記事を次回に掲載する旨を予告した。

これに対して，生化学会社は，現在係争中の訴訟にかんがみ，予告された記

---

[28] 裁判所侮辱には民法上のものと，刑法上のものとがある。民法上の裁判所侮辱とは，判決，命令，または裁判所の他の手続に対する不服従により生じる。他方，裁判所侮辱罪は，司法の運営を妨害し，または妨害・干渉する傾向をもつ言葉や行為により成立するものである。

事等が，裁判所侮辱罪を構成するものと主張した。これを受けて，法務長官は未発表の記事により裁判所侮辱罪を招来する怖れがあるとして，同草稿の掲載を差し止める命令を求めて高等法院に申し立てた。1972年11月，同法院は差止命令を認める決定を下した。サンデー・タイムズ紙はこれを不服として上訴し，最終的には貴族院まで訴訟は持ち込まれた。同貴族院は1973年7月，全会一致で一審の決定を支持し，未発表の記事の公表は係争中の争点に対し世論の予断を引き起こす恐れがあり，裁判所侮辱罪を構成するものであると判示した。

　この事件はさらにヨーロッパ人権裁判所で「サンデー・タイムズ事件」として争われ，この記事差し止めをめぐり，逆にイギリスは人権条約第10条（表現の自由）違反に問われ，敗訴した。すなわちイギリスの裁判所侮辱法は極めて厳格で，表現の自由（ここでは報道の自由）を過度に制約していると認定されたわけである[29]。これにより記事差し止めの根拠となっていたイギリスの裁判所侮辱罪に関するコモン・ローは修正を迫られ，これを受けてイギリスは1981年の裁判所侮辱法（Contempt of Court Act 1981）を制定することとなり，これにより裁判所侮辱罪の厳格性を緩和したのである。

3　国家機密保護法（1911～89年）と情報自由法

　法が表現の自由とりわけ言論の自由に対する重大な制約を課す1つの領域は，国家による公的秘密の保持である。イギリスはこの点，ヨーロッパの民主主義国家の中でも伝統的に秘密主義で名高い国といわれてきた。

　権力側に立つ者は情報の流れを容易にコントロールでき，これを放置しておけば，市民は政府がある政策についてそれがどのように決定されたのかなどについて精査できないままとなる。このような状況では公的秘密の領域に足を踏み入ればスパイ行為などとして刑罰の対象にもなりかねない[30]。多くの国で，

---

(29) イギリスの貴族院で判じられたサリドマイド事件は *Attorney-General v Times Newspapers* (1974) AC 273 であり，さらにヨーロッパ人権裁判所におけるサンデー・タイムズ事件の経緯については，拙稿「サンデー・タイムズ事件のヨーロッパ人権裁判所判決とイギリスにおける裁判所侮辱の基準」駿河台法学1巻95頁以下（1988年）を参照されたい。

一定の条件の下で，市民の知る権利が認められている状況を考えれば，イギリスはこの点でかなり遅れているといわねばならない。

しかし，そのイギリスでも「秘密記録を維持する当局の権利と，その情報へのアクセスに対する個人の間にどのような均衡を保つかは，ますます高まる関心事項」[31]となっている。以下，この問題について触れてみよう。

1911年国家機密保護法（Official Secret Act 1911）の1条は，いかなる者も，国家の安全または利害を害する目的で，いかなる他の者に，いかなる国家機密となる情報または直接間接に敵に有用であるかもしれない，またはそのように意図する情報を公刊し，または伝達した場合，それは犯罪で，14年の拘禁刑をもって処罰されると規定していた。かくして2条では，公務員がその地位に委ねられている文書または情報を権限のない者に伝達した場合，また，そのような文書を保持していたり，違反となる文書や情報を受け取ることは犯罪である，と定められていた。

しかし，それにより多くの犯罪を生み出し，また，対象となる情報には国家の安全保障とまったく関係のない情報まで含まれていたため，とくに2条は"包括的"規定として批判の対象となっていた。1971年，国家機密保護法の2条を検討するフランクス委員会（Franks Committee）が設立され，同秘密保護法の秘密保持の範囲が綱羅的すぎ，民主主義の下で，情報の流通を制約する法律は厳格に作られなければならないと報告された（Cmnd 5104, Sept. 1972）。これにより，1911年法は廃止され，1989年国家機密保護法（Official Secrets Act 1989）によって取って代られた。そこでは公務員の範囲を狭め，安全保障や諜報業務に携わっている者またはそこを退職した者に厳格な義務を課すとした（1条）。かくして，もしその者が法的権限なしに職務等の過程で受けとった情報または文書を開示する場合には犯罪になるとした[32]。

---

(30) 田島泰彦「イギリス国家秘密保護立法——そのスパイ条項の検討を中心に」法律時報57巻12号46頁（1985年）以下参照。そこでは，公務秘密法制定の経緯とくに1911〜39年の公務秘密法を取り上げ，とくにスパイ条項を中心に，その規範と特質を検討している。
(31) Barnett・前掲書617頁
(32) 1958年の公的記録法（Public Records Act 1958）によれば，以前は政府に関する公的機密であった文書が歴史的な利益しかないとみなされると解放されることになった。この法の下では，公表が禁止される期間を50年としていたが，1967年に改正され，30年に引き下げられた。

しかし，このような改革にもかかわらず，イギリスにおける公的情報に対する一般的な態度は秘密主義であったし，国内法は，他の国で見られるような情報自由法という形で，国家が保持する情報への一般的かつ積極的な「アクセス権」あるいは「知る権利」などは規定されなかった[33]。しかし，このイギリスにおいても「この100年で，知る権利（right to know）は政府活動が増大するにつれて以前よりずっと重要になった」とことは疑いない[34]。

1985年にまず地方レベルで，地方自治（情報アクセス）法（Local Government (Access to Information) Act 1985）が制定され，地方自治レベルでの情報公開制度が確立した[35]。

さらに中央レベルでも動きがあった。1993年，保守党政権によって"Open Government"（Cm 2290）と題する白書が発表されたからである。これはメージャー保守党政権の進めるシティズン・チャーター政策の一環であるが，この白書に基づき1994年，「政府情報へのアクセスに関する実務コード」（Code of Practice on Access to Government Information）が施行されるに至った。これによりある程度有用な公的情報が入手可能となった。しかし，これは諸大臣の同意に基づく（恩恵的）情報公開にすぎず，制定法に基づく一般的なアクセス権ではなかった。したがって公的情報に対して多くの公共の利益に基づくアクセスへの制約が課せられていることも事実である。

1997年の総選挙で労働党政権が誕生すると，情報自由法の制定が約され

---

(33) もっとも，1984年のデータ保護法が制定され，国家が保持する個人情報に関する限定的なアクセス権が認められるに至った。しかし，捧剛によれば，「イギリスでは，一般的に，日本でいう情報公開と個人情報保護の双方を『情報へのアクセス』という広い概念に含める傾向にあり，『開かれた政府のための政策』という場合でも，必ずしもこの両者を区別していない」と言う（捧剛「イギリスの情報公開制度」ジュリスト増刊『情報公開・個人情報保護』1994年5月号178頁を参照のこと）。

(34) Phillips, O. H. and Jackson, *Constitutional and Administrative Law*, 8th ed., 2001, at 598. その中で，市民は，政府に民主的な責任を果たさせるために，政府の諸活動に関する情報をもつべきであり，情報を公開することで，政府の高度の意思決定を鼓舞し，不当行政などを食い止め，結果としてよりすぐれた統治を可能にすると主張されている。

(35) 地方参事会（Council）の議事のみならず委員会の議事およびそれに関連する文書に対して地方住民にアクセスを認めるものである。詳しくは，捧剛・前掲論文および安藤高行『情報公開・地方オンブズマンの研究』（法律文化社・1996年）参照。

た(36)。1997年暮れ，同労働党政権は"Your Right to Know"と題する情報公開に関する白書を発表した。それによれば「情報自由法の目的は，公的記録と情報に対する一般的な制定法上のアクセス権（right to access）を創設することによって，より開かれ（open）かつ，より説明責任を果せる（accountable）政府を促進することである」と述べている。

かくして2000年情報自由法（Freedom of Information Act 2000）が制定された(37)が，その第1条で，上の白書に述べられた通り，何人に対しても，公当局の保有する情報への一般的かつ積極的な"アクセス権"が認められた。特筆されるべきは，「公当局」に当たるものについて附則の中で広範なリストが提示されたことである。その中には，中央・地方両政府当局，国民保険サービス当局，人種平等委員会など広範な種類の団体が含まれている。

請求方法は，8条1項(a)号で書面によりなすこと，また，(b)号で請求者の氏名と連絡する住所，さらに(c)号で請求しようとする情報と規定する。請求権者は，上述したように，1条で「いかなる者も」とある。請求決定等の期限については，10条1項で，「受領した日から直ちに，遅くとも，20日以内に行う」ことが原則となっている。手数料については，9条1項で，「請求者に対して書面で手数料の通知をなす」ことと定めている。さらに，開示の実施方法に関しては，11条1項で，「請求者は，情報の開示を請求するとき，当該情報の写しの交付，当該情報を含む記録の交付，要約の提供，のいずれか1つ以上の方法で開示するよう申し出る」こととなっている。

情報開示義務の免除，すなわち，不開示情報に関しては，第2部23条1項

---

(36) こうして遅まきながら，イギリスに情報自由法が制定され，また，同じイギリス連合諸国のカナダ，オーストラリア，ニュージーランドも，1982年にこぞって情報公開法を制定した。このように見ると，いわゆる「ウェストミンスター制（イギリス型議院内閣制）には情報公開法はそぐわないという議論は，通用しないものとなった」（小早川光郎編『情報公開法――その理念と構造』〔ぎょうせい・1999年〕27頁参照）。また，平松毅『情報公開――各国制度のしくみと理論』（有斐閣・1986年）も参照。
(37) 宇賀克也「イギリスの情報公開法草案」ジュリスト1159号109頁（1999年），俸剛「イギリスの情報公開制度」堀部政男編・情報公開・プライバシーの比較法（日本評論社・1996年）118頁。なお，世界で初めての情報公開法は，1766年，スウェーデンにより制定された。アメリカは1966年に連邦情報自由法（FOIA）を制定した。同法については宇賀克也『アメリカの情報公開』（良書普及会・1998年）を参照のこと。

において「もし公当局によって保持される情報で，それが3項に指定する機関のいずれかによって公当局に直接または間接的に提供され，もしくは指定された機関に関するものであれば，それは開示免除情報である」と規定する。また，同条2項で，「情報が，3項に指定された機関のいずれか直接または間接的に提供され，もしくは指定された機関に関するものであることを証明する大臣が署名する認定書は……当該事実の最終的な証拠である」と規定し，3項で1項，2項で言及された機関を以下のように列挙した。①安全保障サービス，②秘密諜報サービス，③政府通信参謀本部，④特殊部隊，⑤2000年の調査権限規制法の65条に基づき設置された行政審判所，⑥1985年通信傍受法 (Intercept of Communications Act 1985) の7条に基づいて設置された行政審判所，⑦1989年安全保障サービス法 (Security Service Act 1989) の5条に基づいて設置された行政審判所，⑧1994年の諜報サービス法の9条に基づき設置された行政審判所，などなどである。

さらに開示が免除される情報は，24条で，23条1項に該当しない場合でも，国家安全保障を防御する必要がある場合，26条では，本法に基づく情報の開示が国家防衛を害するような場合，27条で，情報の開示が，他の国との国際関係を害するような場合，また，28条では，国内上の問題として政府とそれ以外の行政部の間の関係を害する場合，その他，捜査目的あるいは裁判所記録等についても，情報開示は免除される。ただし，捜査目的あるいは裁判所記録のような情報については，絶対的に不開示とされるが，それ以外のものは，その開示により公益が害されるかどうかの公益基準 (public interest test) に服さなければならない。すなわち，それらの情報開示が，特定の公益を害するおそれありと認められてはじめて開示義務が免除されるのである。その場合の基準とは，害するおそれが"現実かつ実質的" (real and substantial) なものであるかどうかである。

開示にかかわる不服申立は，新しく作られる情報コミッショナー (Information Commissioner) に対してなされることになっている。その裁決に対してはさらに，情報審判所 (Information Tribunal) へ上訴する道が開かれており，最終的には通常裁判所へ上訴が可能である。

第20章　信教の自由

1　信教の自由の意義

　ヨーロッパにおける近代国家の自由主義は，信教の自由から発展したといっても過言でない。個の絶対性を求める市民革命も，信教の自由を中心に獲得されたといってもよい。したがって，さまざまな政治的自由も，実は信教の自由を通して発露することが多いであろう[1]。

　ところで信教の自由は，第1に，内面的な信仰の自由という側面はもちろん，個人の宗教活動が国家によって妨げられないことをさす。宗教活動とは，礼拝・集会・布教などを通して信仰を社会へ表明していくことである。この意味で，イギリス人は何人も，コミュニティあるいは国家からの干渉を受けることなく，宗教上の自由に対する権利を有する。第2に，信教の自由という場合，ヨーロッパにおいて国家と教会の関係，すなわち政教分離制が問題となる。政教分離とは，原則として宗教に対する公認の禁止と公金支出の禁止を命じるものである。前者は，イギリスはもちろん，近代諸国の憲法における普遍的な原理であるが，後者は，必ずしも普遍的な憲法原理でなく，国教制の国もあれば，分離制の国もある[2]。国教制をとっていても，個人の信教の自由は保障され，個人が国家により宗教活動を禁止されたり，抑制されたりするわけでない。

---

[1]　もっとも，有賀は「宗教改革期のドイツ諸領邦において，多くの領邦君主たちがプロテスタンティズムに走った際には，宗教的純粋性からの要求よりは，むしろローマの支配体制から脱することによって勢力の増大をはかろうとする政治的要求のほうが優先していた」と述べている。有賀弘「宗教的寛容──信仰の自由の思想史的背景」東京大学社会科学研究所編『基本的自由5 各論II』（東京大学出版会・1973年）6頁。

政教分離制をとる国は典型的にはフランスで，1905年の「政教分離法」を基礎とする[3]。また，アメリカ合衆国憲法第1修正（First Amendment）も，「連邦議会は，国教を定め，または自由に宗教活動を行うことを禁止する法律を制定してはならない」と定める。このように，アメリカにおいても政教分離を信教の自由の重要な原則としている。日本国憲法もまた同様である。

これに対してイギリスは厳格な政教分離の原則をとらず，融合型といわれる国教制を敷いている。16世紀にヘンリー8世の離婚を契機としてローマン・カトリックと決別し，宗教改革を断行した。次いで，エリザベス1世の治世下，穏健的なプロテスタント，すなわちアングリカン・チャーチとしてのイギリス国教会（Church of England）がイギリスの国教として公認されたからである。

2　イギリス国教会および国家との関係

国家が自国の国民が信仰すべき宗教と認定すると，それを英語で"Established Church"と呼ぶ。現在，イギリスには2つの"Established Churches"がある。1つが"(Anglican) *Church of England*"であり，もう1つが"(Presbyterian) *Church of Scotland*"である。前者がイギリス国教会であり，後者がスコットランド（長老派）国教会[4]である。ここではとくに前者を中心に述べること

---

(2) たとえば，大石眞『憲法と宗教制度』（有斐閣・1996年）236頁を参照。現代の諸憲法の類型を見ると，①国教制，②公認宗教制と③分離制とに区別され，①と②の下でも個人の信教の自由は保障されているとする。

(3) 大石・前掲書13頁以下参照。同書において，日本国憲法における政教分離の原則について述べる際，必ずフランスにおける現行法である1905年の政教分離法が引き合いに出されると指摘する。かようにフランスの共和主義の伝統は，国家の非宗教性，すなわち「ライシテ」を原則とする。

(4) スコットランド国教会がイングランドのそれと別個になっているのは，スコットランドで宗教改革がなされたとき，スコットランドは独立の王国であったことによる。スコットランドの宗教改革はイングランドにわずかに遅れて1560年に起きた。スコットランドはイングランドよりカルヴィン主義の強い影響を受けた。17世紀にいくたびかスコットランド教会をイングランド教会の方式に変えようという試みがあったが，1690年に今日のように確定した。1707年，イングランドとスコットランドが合併した際も，スコットランド国教会を従来どおり維持すべく条約が締結された。ウェールズと北アイルランドにはもはや国教会は存在しない。なお，イングランドおよびスコットランド国教会については，たとえば，Yardley, D. C. M., *Introduction to British Constitutional Law*, 7th ed., 1990, at 118, 青柳かおり『イングランド国教会』（彩流社・2008年）を参照。

とする。

　イギリス国教会が議会に服すことが条件づけられていると同時に，それが特別な地位を有していることは，典型的には，カンタベリー大寺院とヨーク大聖堂の大主教，並びに，ロンドン，ダーラムおよびウィンチェスター寺院の主教を含む計26名の聖職者が，今も貴族院の議席を有していることで，ある程度，理解できるであろう(5)。

　キリスト教は，紀元後2世紀，ローマの支配の時代，すでにイギリスに入ってきたといわれる。しかし，ローマ軍がイギリスを撤退して後は，アングロ・サクソン人の侵入によって，キリスト教はわずかに北部と西部に孤立してとどまった。しかし，イギリス人をローマン・カトリックにするため，597年，ローマ法王が，聖オーガスティン（Augustine, St.: ?-604）をイギリスに派遣するに及び，キリスト教は本格的にイングランド全土に布教されていった。こうして1066年までには，ローマン・カトリック教会がイングランドで普遍的に認められたようである。

　中世時代，いわゆる聖俗二元論に立ち，イングランドは，俗の領域は国王が，聖の領域はローマ法王の支配するところとなっていた。しかし，上述したように，1534年，ヘンリー8世は，主として妻との離婚という個人的な理由と，政治的覇権を主張して，ローマと宗教上の関係を断って宗教改革を断行し，聖俗一元化に成功した。こうして，イギリスはカトリック教国からプロテスタント教国へと変身し，ヘンリー8世は，イギリス国教会の首長（Supreme head, 後に Supreme Governor とされる）となった。

　ヘンリー8世の死後，メアリ女王がイギリスをカトリック教国に戻そうとしたが，異母姉妹であるエリザベス1世女王は議会と協同して1559年の礼拝統一法，1559年の国王至上法を成立させ，現在のイギリス国教会の基礎を築いた。国教会の教義については，1571年に最終的なものとなった39ヶ条（Thirty-Nine Articles）で確立された。

　しかし，1603年以後のスチュアート王朝の国王たちは，カトリック教国で

---

(5) それと引き換える形で，これらの聖職者たちは，庶民院の議員にはなれない（Wade, E. C. S. and Bradley, A. W., *Constitutional and Administrative Law*, 11th ed., 1993, at p. 175）。

あるフランスと密かに連携を図ろうとし，しばしばカトリックへの帰依を発露させた。それは最終的に1688年の名誉革命が勃発してカトリック信者であるジェームズ2世は追放された。これにより国教会はイギリスの国教として確固たる地位を得，国家との関係において一定の協同関係が成立した。

たとえば，イギリス国王はイギリス国教会の首長として国教会の一員でなければならず，王位継承の条件として，プロテスタントであることが義務づけられている。また，配偶者がカトリックであっても王位継承から除外され，それは今日に至っても不変である。

国王の即位を含めて多くの国家行事はウェストミンスター寺院かセントポール寺院で行われる。そこではカンタベリー大寺院の大主教（Archbishop）が新国王に王冠をかぶせる国家行事をつとめ，また他の王族の結婚行事も執り行うのである。さらに，彼およびヨーク寺院の大主教その他の一定の主教は，今も貴族院の議席を有する特権が与えられている。

なお，19世紀にイギリス国教会は国家宗教として有していた特権を次第に失っていった。その1つがタイズ（tithe）であろう。これは，教会および聖職者の維持のため，教区住民により教区教会（parish）の維持のために支払われるべき十分の一税のことである。イギリスでは10世紀以降これの支払いを義務づけるようになったが，1836年に物納から金納化（地代負担）の方向となり，1936年の法律により，これに代えて土地所有者が以後60年間（1996年まで）国王に償還年金（redemption annuity）を支払うことにし，その後はその土地は十分の一税を負担しなくなることにした。その後1977の法律により，2倍の額を支払えば，この償還年金も廃されることになった。こうして今日では原則としてタイズは廃止されたのである。

原則として，イギリス国教会は自律的であり，教会の運営自体について建前上，国家より財政支援を受けていない。しかし，軍隊，学校あるいは病院において聖職者が従軍牧師等の肩書きで一定の役割を演じており，そのような仕事に対して聖職者は国家より給金を得ており，また国教会が運営する学校等に対しては基金を受けていることも事実である。

しかし，一方で，現在，教会は自ら投資し，その収入は主として教会コミッショナー（Church Commissioners）が管理し，聖職者の年金の支出に対し責任

を有する。また，聖職者給および住居などの一定の支出を提供し，残りは任意の献金により賄われているようである。教会コミッショナーの活動は，議会の制定法および自律的な"General Synod"と呼ばれる聖職者の会議体で採択される諸措置により規制され，コミッショナーはそれらの会議体に報告する義務を有している。

3 信教の自由と寛容

このようにイギリス国教会がイギリスの国教となれば，国教会以外の宗教の立場，それを信仰する人々の自由はどのように位置づけられるであろうか。現在では，上に述べたように，国王の王位継承の条件にプロテスタントであることとか，一部の国教会の主教が貴族院の議席を与えられるとか一定の特権が与えられるが，原理的には，国教制度の下においても，どの信仰も保障されなければならない。

しかし，現実にはそうではなかった。宗教改革以後，国教会以外の信仰に対しては多くの差別が存在した。もちろん，われわれはイギリスのプロテスタントへの信仰の自由が市民の政治的な自由を求める近代革命の背景をなしていたことを忘れてはならない。

しかし，他方で，市民革命後，徐々にではあるが，国教会以外の信仰に対して"宗教的寛容"(religious tolerance)という名の下に差別を除去する要求が実現していった点も忘れてはならない[6]。その意味で言うならば，国教徒以外の信仰に対しては寛容法（Tolerance Act）と厳しく取り締まる審査法（Test Act）の繰り返しの歴史でもあった。

まず，イギリス国教徒以外の少数のプロテスタントたちは"非国教徒"(Nonconformists or Dissenters)と呼ばれ，こうした異端は犯罪とされた。それが解放されたのは1677年教会管轄権法（Ecclesiastical Courts Jurisdiction

---

(6) 種谷春洋『近代寛容思想と信教自由の成立——ロックの寛容論とその影響に関する研究』（成文堂・1986年）。同書はとくにアメリカにおける信教自由起源としての近代寛容思想に即してロックの寛容論を考察する。さらにDavid, A. J. R., *Toleration and the Constitution*, 1986を参照のこと。

Act 1677）による。同法に基づき，異端は犯罪でなくなり，さらに，1688年寛容法（Tolerance Act 1688）により，プロテスタントの少数派に対し信仰の自由が許された。それでも，彼らにはまだ政治上の権利は与えられず，1828年に審査法が廃止されるに及んでついに公職に就くことが許され，政治上の権利も与えられた。しかし，地方当局レベルで公職に就けるようになったのは，それから後の1835年になってからである。

これに対してカトリック教徒に対する解放は遅れた。しかし，1791年ローマン・カトリック救済法（Roman Catholic Relief Act 1791）により彼らが公職に就くことを認め，次いで1829年ローマン・カトリック救済法（Roman Catholic Relief Act 1829）によりカトリックが国会議員になることを含めて政治的権利が付与された[7]。

---

(7) しかし，オックスフォード大学，ケンブリッジ大学およびダーラム大学のアカデミック・スタッフたちは一定の宗教的審査が義務づけられていた。しかし，それは1854年，1856年，および1871年に漸次廃止された。他方，ユダヤ教徒に対しては1858年のユダヤ救済法（Jewish Relief Act 1858）により国会議員になることが許されるようになった。

第21章　法の下の平等
―― 差別からの自由 ――

1　人種差別からの自由

「コモン・ローは，人種または性のいずれかを根拠とする差別に対して個人を保護するのに不十分であることを示した」[1]とは多くの憲法学者が語る主張である。もちろん，まったくコモン・ロー上，救済手段がなかったわけではない。たとえば，そのような差別を立証できた者は，間接的ではあるが，コモン・ロー上，勝訴できたのである[2]。

しかし，そのように差別を立証して勝訴するのは容易なことではない。やはりコモン・ローでは不十分であった。不十分のままでいる理由はいくつかあった。その理由の1つは契約自由の原則にあった。第二次世界大戦後，にわかに差別からの自由への高まりが大きくなった。それが契約自由の原則とぶつかると，なかなか溶解できなかった。とくに「雇用上の問題でそれが衝突すると，産業関係というイッシューに対する法的不干渉という伝統に助けられ，契約自由の原則の方が優先した」[3]。

しかし，コモン・ロー上の救済が不十分だとすれば，人種差別からの自由に関しては，原則として，法律の制定による保護を期待しなければならない。こうして，人種に関しては初めて1965年人種差別禁止法（Race　Relations　Act

---

(1) Barnett, H., Consfitutional and Admmistrative Law, 1997 at p590.
(2) McCrudden, C. and Chambers, G. ed., *Individual Rights and Law in Britain*, 1995, at 411. 例えば，*In re Dominion Students' Hall Trust* (1947) Ch 183 ; *Clayton v Ramsden* (1943) AC 320 を参照のこと。
(3) McCrudden, C. and Chambers, G., Id., at p409.

1965) が制定された。それからさらに，1968年および1976年に人種関係諸立法が制定され，差別からの保護が拡大されてきた[4]。

ところで，人種差別とは，これらの立法によれば，肌の色，人種，国籍，エスニックまたは民族の出自を理由とする差別であると定義された。ただし，法はあらゆる形態の人種差別を禁止の対象にしているのでなく，雇用，警察，地方当局，教育などの領域に限定して保護を与えている。

バーネットやマックラデンによれば，人種差別（racial discrimination）がとくにあらわれるのは移民に関する管理においてであるとする。イギリスの旧植民地からの移民は時代に応じて増大する。そうすると国は移民政策において制限的な措置をとりがちになる。1960年代は海外からの移民がとくに増大した。そのため，1968年のコモンウェルス移民法(Commonwealth Immigrants Act 1968) が制定され，イギリスにおける居住権はイギリスで市民権を獲得した祖父母とつながりのある者に限定された。それにより多くの東アフリカ系移民が困難に直面することになり，彼らは，この問題をヨーロッパ人権委員会へ申し立てた。同委員会は，調査の上，1968年法が人種的動機を有し，人種グループをカテゴライズしていること，および同法の適用によって被る人種差別は，人権条約の3条にいう"人格をさげすむ処遇"に当たり，人間の尊厳に対する干渉であると認定した[5]。

ところで，イギリスは，多元的人種社会（multi-racial society）だといわれている。国民の93.2％がヨーロピアンであるが，残り6.7％がマイノリティである。マイノリティのうち，カリブ系が0.9％，アフリカ系が0.7％，インド

---

[4] イギリスにおける人種差別禁止法の発展の陰に，アメリカの影響があることも見逃せない。1960年代における公民権運動はもちろんのこと，1971年の *Griggs v Duke Power Company* 401 US 424 (1971) における連邦最高裁判所の判決でみられるアプローチも影響を及ぼしているといわれる。同事件で，被告の会社はすべての求人申込者に適正テスト（aptitude test）を課したが，白人より黒人の方がテストに合格しなかったとされた。しかし，本件で，適正テストによって試された技能は申し込まれた仕事と特別な関連性はないことが証明され，その結果，かかるテストは差別的であると判示された。

[5] European Commission of Human Rights, report on the East African Asians Case (First Report from the Select Committee on Race Relations and Immigration), HC Paper 303, HMSO, 1978. これにより，イギリスの議会は1968年のコモンウェルス移民法に代えて，1971年移民法（Immigration Act 1971）を制定した。

系が 1.7％，パキスタン系が 1.2％，バングラディッシュ系が 0.5％，そして中国系が 0.2％などで形成されている[6]。

　こうした多元的人種社会においては，人種的マイノリティへの差別に対する保護は極めて重要である。1950 年代と 1960 年代の初頭，人種差別に取り組もうと陣笠議員の間に立法の動きがあったが，保守党は動きが鈍かった。野党だった労働党は，1958 年にノッティンガム・ヒルでの人種暴動が起きるに及んで，立法に重い腰を上げるに至った。さらに，上述したように，1960 年代に海外からの移民が増大し，次第に移民政策が厳しくなっていったことも理由の 1 つである。こうして 1965 年に初めて人種差別禁止法が制定された。その中で，限定的ではあるが，一定の差別を刑法上の犯罪とした。ホテル，公的家屋，レストラン，映画館，劇場，公的輸送機関，その他公当局が維持するいかなる場所における差別を処罰の対象としようとするものだった。しかし，雇用上の差別など，なお多くの差別は違法とはしないというものだった。

　差別からの保護を得るには裁判所に訴えるのではなく，同法により設置された人種関係委員会（Race Relations Board）に申し立てることになっていた。また，同委員会は，差別を受けたと考える者からの苦情を調査するために地方調停委員会（Local Conciliation Committees）を設置した。もし，調停委員会での調停が整わなかった場合，その旨が人種関係委員会へ報告された。でもし，同人種関係委員会が差別があり，なおもそれが継続するおそれありと思料する場合は，それを法務総裁に付託することができた。同法務総裁は，裁判所に提訴する権限をもち，それにより差止命令をうることができたのである。しかし人種関係委員会にも，地方調停委員会にも，証人を出頭させたり，罰則付召喚令状（subpoena）を発したり，命令を発する権限は与えられなかった。

　1968 年法では，いくつかの進展があった。たとえば，人種関係委員会は，個人の苦情があって動くのではなく，自らのイニシアティブで調査できるように改善された。また，公的および私的な雇用における差別および住宅における差別も禁止された。他方，人種関係委員会と地方調停委員会という 2 階層のシステムは維持された。

---

(6)　全国統計局（労働者調査）1999-2000 から。

現在，1976年の人種関係法に基づき，委員会は人種平等委員会（Commission for Racial Equality, CRE）に取って代わられた。また，これまで人種，肌の色，エスニックおよび民族の出自に基づく差別を禁止していたが，1976年法により，国籍に基づく差別も違法であるとした。

もし人種平等委員会が差別行為の存在したことを認定すれば，差別否定通告（non-discrimination notice）を発給できることになった。また，通告した日から5年の期間，委員会は県裁判所（county court）から問題の差別を差止める差止命令を求めることができることとした。

なお，雇用上の人種差別に対する個人の苦情申し立ては，産業労働審判所（industrial tribunal）になすことができる。同審判所は，損害賠償命令および差別を解消すべき方法に関する命令を出す権限をも有する。

2　性差別からの自由

2.1　はじめに

1928年に，21歳の成人男女の普通選挙権が獲得されて以来，女性の参政権それ自体の問題はもはや過去のものになった。しかし，フェミニズムによる女性の権利闘争は，いまだ続いている。フェミニズムによる権利闘争を少し紐解けば，18世紀の Mary Wollstonecraft (1759-97) の名が挙げられるだろう。彼女は『女性の権利擁護』（*A Vindication of the Rights of Women* (1792)）の中で，男女間における待遇の面での平等を強く主張した。18世紀以降，イギリスの経済社会は次第に向上し，多くの中間層を生み出したが，それは却って女性を家庭に閉じ込める結果となった一面もある。確かに社会は以前よりは少しばかり豊かになったかもしれない。その中で女性は洗練されていった。しかし，彼女に言わせれば，それは"虚偽の洗練"（false refinement）であって，「文明化された女性は，それゆえ，虚偽の洗練によって非常に弱められ，道徳を尊重しつつ，彼らの条件は自然に近い状態で置かれていたときよりずっと低いものになっている（67頁）と述べた。

事実，女性は相変わらずコモン・ロー上，無能力者のままにおかれた。バーネットは言う，「結婚した女性は，1882年[7]まで，有効的に財産を所有するこ

とはできなかった」「婚姻によって，女性は黙示的に夫が要求すればいつでも夫との性交に同意しなければならなかった」「1991年の $R\ v\ R$ 事件[8]における貴族院の判決で，はじめて婚姻した男性がレイプすることは違法になった」「夫は，婚姻による子どもに対して独占的にコントロール権あるいは親権を有していた。母親は，1839年まで親権はまったくなく，子どもが7歳になって初めて持てた」「しかし，この権利も姦通を犯すことで喪失した。親権に対する男女の平等は1973年[9]になってからである」[10]と。

しかし，バーネットによれば，まだまだ達成されるべき差別が残存しており，「女性の平均賃金は伝統的に男性のそれより低かった」「女性は大多数が非常勤で，低い賃金に抑えられた労働者である」「また，子どもを育児する必要性が雇用上，女性の機会均等を減らし続けている」，にもかかわらず，「国は，雇用主が育児施設を提供すべしとの主張に及び腰である」[11]という。

2.2　性差別禁止法と平等賃金法

バーネットがいう通り，なるほど女性は多くの分野で法的平等を獲得したが，雇用分野において男性よりまだ著しい差別に置かれていた。しかし，この分野においても，近年，女性の権利は，目覚しい法的発展をみた。その証左の1つが，1975年性差別禁止法（Sex Discrimination Act 1975）と1970年平等賃金法（Equal Pay Act 1970）であろう。これはいずれもウィルソン労働党政権時代に制定されたもので，前者は，雇用契約によらない雇用上の事項，例えば，採用，昇進，職業訓練その他に関して性別および婚姻上の地位を理由とする差別を受けないことを規定するものである。他方，1970年の平等賃金法は，賃金を含む雇用契約に定められた労働諸条件における男女差別を除去しようというもの

---

(7) これは1882年の既婚女性財産権法（Married Women's Property Act 1882）の制定を指している。
(8) 1956年の性犯罪法は1条で男子が女子をレイプすることは重罪であると規定していた。1991年の $R\ v\ R$ (1991) 3 WLR 767 において，貴族院は，婚姻内のレイプは合法的な性交を構成しない，したがって，1956年の性犯罪法1条の範囲に入ると判示したのである。
(9) これは1973年の後見関係法（Guardianship Act 1973）の制定を指している。
(10) 以上，バーネット・前掲書595頁
(11) 同上

である。これら2つの制定法を通じて，雇用関係における1つのまとまった男女平等の原則を機能させようとするものである。

　両制定法の下，性差別されたことで苦情を申し立てる場合，留意すべきは，まず，①差別されたことについてそれを立証できること，続いて，②それが制定法によって網羅されている事柄に該当していることの2点が必要になる。差別を受けたと主張する場合，制定法の網羅する事柄に関し，女性が〝比較しうる男性〞(comparable man) より不利に扱われたこと（1条）が問題になろう。そこでは，もし彼女が男性だったらもっと有利に取り扱われたかどうかが争われる。その場合の男性とは，比較しうる男性の意味であって，それとの対比で審査されるのである。その比較しうる男性と自分が同一に扱われるべきところ，性以外には考えられない理由で彼女が不利に扱われたことが問題になるのである。

　また，結婚した女性（3条）も含めて性に基づく差別は禁止されるので，婚姻という地位に基づいて女性が不利に扱われた場合にもやはり差別となる。もっとも，この場合の比較は，男性との比較ではなく，未婚の女性と結婚している女性，つまり，同性同士で比較される。

　男女差別禁止法と平等賃金法は，雇用関係において性差別を争う有益な根拠を呈示した。しかし，有益ではあるが，それが実際に有効な結果をもたらしたかというと，かなり限定的であった。というのは，その1つとして，差別を立証する責任は，雇用主でなく，被用者に課されたからである。挙証責任は，差別を争う者にとって大きな困難を伴う。1978年の *Saunders v Richmond upon Thames LBC* (1978) IRLR 362 で，申立人は，プロゴルファーとしての仕事を求めて求人申し込みをしたところ，面接で差別的疑いの濃い口頭試問に遭遇した。しかも，彼女は，採用された男性よりいくぶん高い資格を有していたにもかかわらず採用されなかったので，性差別を主張して，苦情を申し立てた。雇用上訴審判所は，彼女の有していた資格が実質的に採用された男性のそれよりもっと明確に優れていれば，雇用主の方がより満足のいく説明を要求されたであろうと述べるとともに，質問の性質は，あらゆる状況を勘案しても，なお差別を示すに十分な推定をもたらさなかったと裁定した。

　しかし，その後の判例の傾向を見る限り，形式的な挙証責任は原告に残しつ

つも，性差別の一応有利な（prima facie）立証がなされた場合には，実質的な挙証責任は被告側に移転するという方向に発展しているように思われる。事実，1990年の *Dornan v Belfast CC* (1990) RLR 179 では，ひとたび女性が差別を示す一応有利な推論を提起した場合は，挙証責任は雇用主に移り，男女間の差異は，性差別とは異なる理由で生じたことを証明する責任が雇用主にあると認定された。

　1970年平等賃金法と1975年性差別禁止法は別個に制定され，両者の間には5年の時間差がある。しかし，1970年平等賃金法が施行されたのは5年遅れの1975年だった。この5年の間に，雇用主は，賃金における男女間の格差を任意に除去する猶予を与えられたのである。事実，本法の目的は，賃金を含む男女間の雇用条件の差別を除去しようとするものだった。そのため，女性が雇用契約を交わした場合，その契約書には黙示的にあるいは自動的に〝平等条項〟が含まれているとみなされた。

　しかし，同法1条によれば，平等条項は2つの状況で機能することに限定されており，狭く機能せざるをえない弱点がある。すなわち，平等条項が機能して女性が男性と同等の賃金を得る権利を有するのは，1つは，同法1条2項a号に基づき，同一雇用関係において女性が男子と類似の仕事に就いている状況においてであり，もう1つは，1条2項b号に基づき，同一雇用関係において，女性が，仕事評価スキームにより，男子の従事している仕事と同等と評価される仕事に就いている状況においてである。両者のうち，前者の場合，互いの仕事が同一または類似の関係にあるので，その関係の中で男女間に賃金に格差があれば，性差別があったかどうかを判断するのは比較的容易となる。しかし，後者の場合は少し難しいであろう。というのは，女子が男子の仕事と同等の価値で計られる仕事に就いているということは，同一雇用関係において男子の職種と女子の職種を分離して，例えば，女子の仕事をクリーニングや清掃に限定して，それ以外の職種に男子を就労させた場合，かりに男女間で賃金の格差があっても，それが男女による性差別の結果であると断じるのは困難だからである。そうだとすれば，この点で，平等賃金法は，賃金格差に関してさほど女性差別に寄与しない可能性が出てくる。

　このような状況の中，EUのヨーロッパ委員会は，1982年の *Commission of*

European Communities v UK C-61/91 (1982) ICR 578 で，イギリスは，平等条項の適用を狭く限定して，EU の平等賃金命令（Equal Pay Directive 75/117）に基づく義務に違反しているとの理由でイギリス政府をヨーロッパ司法裁判所に提訴した。これによりイギリス政府は同命令を履行していないと判示され，平等賃金法の修正を迫られたが，平等賃金法はそのままにして，下位レベルの行政規則，すなわち，1983年平等賃金（改正）規則でそれに応じたのである。このように，同一労働同一賃金の意味合いは，「同一価値」の労働に対し同一賃金という意味に拡大されたことを付記しておこう。

3　EU における「同一労働同一賃金」の原則

ところで，男女間の同一労働同一賃金に関して，EU はこれまでイギリス法に対して，計り知れないインパクトを与えてきた。それは EC を設立したローマ条約 119 条（新 141 条）が各加盟国に「同一労働同一賃金の原則」（principle of equal pay for equal work）を実施するよう義務付けているからである[12]。同条によれば，

　　「各構成国は，同一労働に対する男子および女子の労働者間の報酬平等の原則の適用を第一段階において確保し，かつその後引き続きその適用を維持する……。」

とある。したがって，イギリスにおける平等賃金に対する国内法上の法的保護は，今ではＥＵの物差し（ヨーロッパの物差し）に照らして考察しなければならない。

ところで，イギリスの平等賃金法（1970年法）の1条2項a号によれば，上述したように，「同一雇用関係において女性が男性と同一の仕事に就いている場合」と規定されている。この規定の解釈をめぐってイギリスで *Macarthys*

---

[12]　「男女の同一賃金」に関するローマ条約 141 条（旧 119 条）に基づき，平等賃金命令 75/117 号（Equal Pay Directive 75/117），平等処遇命令 76/207 号（Equal Treatment Directive 76/207）が制定され，平等賃金の原則はさらに拡大されている。前者の命令で，同一労働同一賃金とは，同一価値の労働に対し同一の賃金という意味に拡大した。また，後者の命令においては，雇用へのアクセス，職業訓練，昇格および労働条件に関し男女平等の処遇を受ける原則が採用された。

Ltd v Smith (1981) QB 181; (1983) 2 AC 751 なる事件が起きた。マカーシー社は，ある男性をマネージャーとして雇用し，週60ポンドの賃金を支払った。しかし，5ヵ月後，マカーシー社はマネージャーを女性（スミス）に引き継がせた。しかし，彼女には週50ポンドしか支払われなかった。彼女は平等賃金法1条2項a号に基づきマカーシー社に差額分の支払いを求めて訴えを提起した。

しかし，同条のa号の言い回しは "where the woman is employed on like work with a man in the same employment" とあるように，文法的には"現在形"の形で性差別禁止を定めていた。被告マカーシー社は，これは文理解釈的には「同一時期に」就労している男女間の比較をいうのであって，本件のように「過去の時期と現在の時期」の男女の就労の比較にこの規定は適用されないと主張した。

イギリス控訴院の多数意見は，平等賃金法に対しては伝統的な文理解釈的立場に傾いていたが，この事件はEU司法裁判所に付託された。同司法裁判所は，ローマ条約が定める同一労働同一賃金の原則の下では，「男女が同一時期に雇用される必要はない」と回答し，結果として，被告マカーシー社の主張は斥けられた。

さらに，1982年の *Garland v British Rail Engineering* (1982) 2 AC 751 で，企業が「退職に関連する供与」を提供することはイギリスの性差別禁止法の適用から除外するとした同法6条4項の意味について争われた。英国鉄道エンジニアリング社は，社員とその家族のために旅行上の便宜（運賃の割引または無料）を供与する制度を持っていた。社員は退職後もこの制度を享受でき，特に男子被用者の場合はその家族にもこの便宜を供与できることとなっていた。しかし，女子被用者が退職した場合は，家族のための同様の便宜は提供されなかった。被上訴人ガーランドは女子職員であったが，このよう便宜な供与に男女間に相違がある点について，性差別禁止法6条4項の意味が争われた。貴族院まで争われたこの事件で，貴族院は，かかる差別はローマ条約119条に反するかどうか，またその条項は直接適用性を有するか，に関する回答を求めて，EU司法裁判所に事件を付託した。同司法裁判所は，退職後の特別な旅行上の便宜を女性社員に供与しないことはローマ条約の119条の意味おける差別であり，また

同119条は直接適用性を有する条項であると，裁定した。この回答を受けて，イギリスの貴族院は性差別禁止法の6条4項は，ローマ条約119条と適合するように解釈されねばならない，と判示した。

このように，EU条約およびそれから派生するEU立法は雇用関係に関する男女平等の原則について，これまで見てきたようにイギリス法に対し計り知れないインパクトを与えている。

第 22 章　福祉国家と社会権

1　はじめに

　英語の "Welfare State", すなわち「福祉国家」とは，政府の役割を最小限度に抑えようとする夜警国家とは異なり，資本主義の枠内ではあるが，市場に対する国家の積極的な介入を期待し，完全雇用と社会保障政策を推進しようとする国家をいう。一般的には，完全雇用と社会保障政策を推進することによって，国民の最低生活を保障し，公的福祉の拡充を図ることを目指す資本主義国家体制として知られる。それは，ワイマール時代より使われるようになった「社会国家」と同じ含意であり[1]，「自由主義と社会主義の間の第三の途，革命なき社会改良を意図する国家」[2]と位置づけられよう。

　近代国家においては，財産権，精神的自由，人身の自由を中心とする 19 世紀的ないしは伝統的な自由権がもっとも相応しい社会である。しかし，資本主義が成熟する段階に入ると，富の偏在を招き，社会は経済的強者と弱者あるいは富裕層と多くの貧困層に分解した。こうなると国家が社会的経済的弱者の立場を底上げして強者のそれと実質的に平等になるよう要請される。それには福祉国家の理念に基づき，国家に一定の行為を要求する社会権の設定が必要とな

---

(1)　杉原泰雄によれば，社会国家（福祉国家）の理念は，まさに現代市民憲法の導入しようとする理念であり，この理念の下に，国家は「一つは，社会経済的強者の経済的自由権についての積極的制限の導入であり，もう一つは社会経済的弱者に対する社会権の保障」を目指すとされる。杉原泰雄『憲法の歴史──新たな比較憲法学のすすめ』（岩波書店・1996 年）173 頁参照。

(2)　それは，広渡清吾「『社会国家』における企業と労使関係」戒能通厚・広渡清吾『外国法』（岩波書店・1991 年）151 頁によれば，1876 年の L. フォン・シュタイン『ドイツ法学および国家学の現在と未来』にみられるという。

る(3)。

　19世紀的自由権は国家からの干渉を排除しようとする権利であるのに対し，社会権は国家に一定の作為を要求する権利である。福祉国家ないし社会国家においては，自由権と性質を異にする社会権の保障が目標とされる。その中でいち早く登場したのが1919年のワイマール憲法(4)であった。ワイマール憲法は，19世紀的な市民的自由を残しながらも，20世紀の新しい内容を含む憲法として広範な社会権を規定し，社会国家のモデルを呈示した。そこでは，労働の権利，義務教育はもちろん，第5章で，"人間に値する生存を保障することをもって経済秩序の基本となすべき"とする，いわゆる生存権（151条）を初めて規定した。第2次世界大戦を経て，現行の日本国憲法もまた，社会権として生存権，教育を受ける権利，勤労の権利，労働基本権を規定し，国は社会国家として国民の社会権の実現に努力すべき目標を負わされている。

2　福祉国家とイギリスにおける社会権（社会保障）

　イギリスは不文憲法の国ではあるが，従来，コモン・ローは社会権のような

---

(3)　杉原・前掲書においては，近代立憲主義型市民憲法の「光」と「影」，そしてそれを克服して現代市民憲法に至る史的発展について詳細な分析がなされている（171頁以下を参照のこと）。また，渡辺洋三は「近代人権体系において，財産権，精神的自由，人身の自由が三位一体の不可分の権利であったのに代わって，現代的人権体系においては，労働者たる市民にとって，労働基本権，精神的自由，人身の自由が，三位一体の不可分の権利となった」（渡辺洋三「現代資本主義と基本的人権」東京大学社会科学研究所編『基本的人権 1 総論』（東京大学出版会・1968年）245頁）。

(4)　もっとも，生存権を定める規定は，立法者への指針に過ぎず，実際的意義はもたなかった。しかし，社会国家的理念を盛り込んだ20世紀の注目すべき憲法としては大きな歴史的意義を有している。しかし，これも，1933年1月30日にヒトラーが政権に就くや，次第にその内容は無視され，事実上，機能を停止していくのである。

(5)　低賃金等で苦しむ労働者の労働条件を改善しようとしても，既存の法制度の枠組みでは解決が難しい。というのは，契約自由の原則の下では，契約内容である労働条件も，使用者と労働者の間の合意によってしか解決できないからである。したがって，労働条件の改善を図ろうとすれば，既存の法体系によらず，新たな立法によって解決を図るしかない。したがって，「成文憲法をもたないイギリスでは労働運動に関する諸権利は，主として労働運動に対して友好的でない普通法の法理を排除して，団結活動に自由をもたらすという消極的な立法によった」のである。有泉亨「労働基本権の構造」東京大学社会科学研究所編『基本的人権 5 各論Ⅱ』（東京大学出版会・1973年）179頁を参照のこと。

領域における発展には冷淡であった[5]。したがって，福祉国家が掲げる社会権のような分野は，議会の制定する社会立法に委ねざるをえない。このような分野としてイギリスでは，生存権を根拠とする社会保障に対する権利や労働基本権（自由）[6]の発展が顕著であるが，ここでは主として前者を取り上げることにする。

　A．トインビーによれば，現代イギリス社会の起源は，18世紀後半から19世紀前半にかけての産業革命を契機とするという。産業革命以前，イギリスは牧歌的な農業社会であった。しかし，産業革命を経て，イギリスは次第に資本主義的工業社会へ移行する。イギリス各地に産業都市が誕生し，その中で，産業ブルジョワジーと賃金労働者という2つの階層が勃興する。しかし，産業革命を契機として，契約自由の原則の謳歌する自由放任主義の社会は，次第に社会的矛盾を露呈し始め，富裕な産業ブルジョワジーの対極に多くの貧困層を生み，賃金労働者たちは，低賃金，失業，貧困，疾病の中であえぎ，苦しんだ。とくに産業都市といわれる都市住民の場合はひどく，彼らを取り巻く生活諸条件は，悪化の一途を辿って行った。1830年代の後半に，貧しい労働者階級の大衆的政治運動としてチャーチスト運動[7]が登場するのもこの頃である。

　社会的経済的弱者を救済するには，国が個人の財産権に介入して不平等を是正しなければならない。こうして早くも，1906年に誕生した自由党のアスキス政権は，1909年4月，海軍増強に加えて，労働者階級のための社会保障政策を実行するために，"People's Budget"（"国民予算"）と称される大型の予算を組んだ。そして，その財源を得るために富者（当時の地主階級）の土地所有

---

(6) 有泉亨は，「成文憲法を持たないイギリスでは労働運動に関する諸権利は，主として労働運動に対して友好的でない普通法の法理を排除して，団結活動に自由をもたらすという消極的な立法によったのである」と述べ，「立法によっているということは形式的・手続的な意味で，同じく立法による修正に対して保障がない」と認識しつつ，そのことがイギリスにおいて「労働基本権の存在を否定することにならない」と説く。しかし，同時に，その意味するところは「イギリスの労働基本権が形式的には主として，『自由』であって，裁判所を通じて積極的な保護を求め得るという意味における『権利』でない」と結論づけた（有泉・前掲論文179-80頁）。なお，社会保障法については，例えば，堀克洋『社会保障法総論（第2版）』（東京大学出版会・2004年），また，イギリス労働法関係については，小宮文人『イギリス労働法』（信山社・2001年）を参照のこと。

(7) 1838～48年にかけて，とくに普通選挙権を求める内容を含む『人民憲章』（People's Charter）の達成を求めた。冒頭の憲法小史を参照のこと。

者らに大幅に課税しようとしたのである。これは当時，画期的な提案だったために，保守勢力から激しい反対にあったが，これにより，1911年には国民保険法（National Insurance Act 1911）を成立させ，社会保障制度の基礎を築いたといわれる[8]。社会保障は福祉国家といわれる先進国におけるもっとも重要な公共政策とされるが，イギリスはその先駆となった。

　しかし，イギリスにおいて，社会保障が生存権に基づく生活保障の包括的な制度となり[9]，それが今日のイギリスの福祉国家を支える本格的な基盤となるのは，第二次世界大戦後になってからのことである。戦争により生活が窮迫するのはいつの世も国民，とくに労働者たちである。彼らが大戦の苦しみにあえぐ中，チャーチル保守党政権は，1942年11月，世界にインパクトを与えることになる「ベヴァリッジ報告書」（Beveridge's report）[10]を議会に提出し，国民生活の最低ラインを保障すべきであると提案した。この報告書は，オックスフォード大学のサー・ウィリアム・ベヴァリッジ（Beveridge, Sir William, 1879-1963）によって書かれたので「ベヴァリッジ報告書」と呼ばれているが，そこにはイギリスが今後取り組むべき包括的な社会保障政策が描かれ，チャーチルは翌年の演説の中で，それを「ゆりかごから墓場まで」("from the cradle to the grave") との有名なスローガンで説いてみせた。すなわち，ゆりかごから墓場まで，"すべての階級のすべての要請にこたえうる国民皆保険制度"を樹立すべきで，この政策実現を目標とする国家が一般的に福祉国家[11]とされた。つまり，ベヴァリッジ報告に基づき，国民すべてにナショナル・ミニマム

---

[8]　この法律は2部からなり，健康保険のほか，失業保険が初めて立法化された。

[9]　生存権は社会保障の権利を根拠づけるものである。荒木誠之によれば，社会保障法とは社会保障制度に関係する法令の全体をさすこともあるが，法学上は国民の生存権，すなわち，健康で文化的な生活を営む権利を実現することを目的とした生活保障給付の法体系を指すという（世界大百科）。なお，社会保障という言葉は英語のsocial securityから来ているが，法律で最初に用いられたのは1935年のアメリカの社会保障法だといわれている。

[10]　正式には「社会保険及び関連サービス」（Social Insurance and Allied Services, reported by Sir William Beveridge）である。なお，ベヴァリッジ報告書の邦文訳としては，山田雄三監訳『ベヴァリッジ報告　社会保険および関連サービス1942』（至誠堂）を参照のこと。

[11]　ベヴァリッジは福祉国家（welfare state）という言葉よりも，社会サービス国家（social-service state）という言い回しの方を好んだという。なお，木畑洋一「福祉国家への道」川北稔編『イギリス史』（山川出版社・1998年）367頁以下を参照されたい。

を権利として給付することで、生存権をはじめて社会保障に採用しようとしたのである。

　報告書では冒頭で、社会保障政策実現のために考慮すべき3つの指導原理が掲げられた。第1に、革命的な将来に対するいかなる提案も、セクト的な利益によって阻害されてはならない。第2に、完全に発達した社会保険は所得保障 (income insurance)[12]であり、それこそが窮乏に対する攻撃となるとする。人の立ち直りを阻む要素として、窮乏 (want) 以外に、疾病 (disease)、無学 (ignorance)、不潔 (squalor)、怠惰 (idleness) を挙げ、そのすべてを5つの巨人 (five giants) と指摘する。そして、第3に、社会保障 (social security) は国と個人の協力によって達成されるが、行動意欲や自発性を抑圧しない程度に社会保障のナショナル・ミニマムを決めるべきであるとする。

　以上に立って、5つの巨人のうち、何より"窮乏"の解消をまず目指し、窮乏からの自由 (freedom from want) を求めて、ロンドン、リヴァプール、シェフィールド、プリマス、サウスハンプトン、ヨーク、ブリストルといった主要都市について生活状態に対する調査を行い、分析した。その結果、各都市において、最低生活に必要であると思われる標準以下の資力しかない人々を見ると、そのほとんど（窮乏の原因）が、失業、疾病、老齢などによる所得の中断または喪失によるもので、残りは所得が家族の規模に比べて不十分であることが判明した。これにより、窮乏を除去するには、基本的に社会保険によるのと、緊急な場合に国民扶助と、それを超える個々の不足については任意保険によることで対処すべきであるとした。

　また、他の4つの巨人である"疾病"、"無学"、"不潔"、"怠惰"に対応して、それぞれ医療と保健、教育、住宅、および失業対策などの社会サービスを行うべしとも提案した。さらには児童への手当ての提案もなされている。

　1945年の総選挙で圧倒的に勝利したアトリーの労働党政権は、戦時中に提案されたこのベヴァリッジ報告書に基づき、完全雇用を含む幅広い社会保障政

---

[12] ベヴァリッジは所得保障を「社会保障」の典型としたが、今日における社会保障はより広い公的扶助を含むであろう。ただし、イギリスで、所得保障のみならず、医療保障、福祉サービスの保障、住宅あるいは教育保障まで含ませる場合は、「社会政策」(social policy) あるいは「社会サービス」(social service) という言い方が用いられるようである。堀克・前掲書10頁を参照されたい。

策を打ちたて，福祉国家の建設に着手した。まず，1945年家族手当法（Family Allowances Act 1945），1946年国民保険法（National Insurance Act 1946），1946年国民保健サービス法（National Health Service Act 1946）などが矢継ぎ早に制定され，さらに，1948年には，国民扶助法（National Assistance Act 1948）が制定された。こうして第二次世界大戦後のイギリスは，ベヴァリッジの掲げる理念に基づき，とくに労働党政権の下，社会権に対する国家責任を標榜する100以上の改革立法を包括的に制定し，1960年代までに福祉国家体制を完成していくのである。

しかし，この間にも，イギリスは国際収支の悪化，ポンド危機，さらには1970年初頭の石油ショックなどにより，"イギリス病"と言われる経済の疲弊は長期にわたって続いた。こうした中で1979年の総選挙で登場したサッチャー率いる保守党政権は，イギリス経済の建て直しを図るため，戦後，肥大化した福祉国家体制にメスを入れようと，新自由主義の名の下で，小さな政府を目指した。それには公共支出の削減，規制緩和，国有企業の民営化，さらにはストにあえぐ労働組合活動を制限することで，社会に競争原理を導入し，経済の停滞から活力を取り戻そうとした。しかし，公共支出の削減を図り，競争原理を導入すればするほど，富裕層あるいは中産階級を優遇する結果となり，サッチャー政権の晩年には，貧富の格差は拡大したといわれる。

したがって，現在，ブレア労働党政権によって進められようとしている福祉国家政策は，サッチャー政権で失いつつあったものを，さらに『福祉のための新しい契約』（A New Contract for Welfare: 1998）と題するグリーン・ペーパー[13]で示されるように，「労働重視の価値観に基づく福祉国家」をめざすものである。

---

(13) 緑書とも訳される。国会などで議論の材料として提案され，政府試案を述べた文書として知られている。

第23章　イギリスにおける新しい人権

1　人権条約上の実体的権利

　ヨーロッパ人権条約は，締約国が自らの管轄権の中で，あらゆる者のために保障することを義務づけられている多様な権利および自由について，以下のように多様な規定を掲げている。

　①生命に対する自由権（2条）
　②拷問および非人道的もしくは品位を傷つける取り扱い，もしくは刑罰からの自由（3条）
　③奴隷および強制労働からの自由（4条）
　④身体および安全についての権利（5条）
　⑤公正な裁判を受ける権利（6条）
　⑥遡及的な刑法に基づく処罰からの自由（7条）
　⑦私生活および家族生活の尊重についての権利（8条）
　⑧思想，良心および宗教の自由（9条）
　⑨表現の自由（10条）
　⑩集会および結社の自由（11条）
　⑪婚姻し，家族を形成する権利（12条）
　⑫人権条約上の権利と自由が侵害された場合，国内法における効果的な救済についての権利（13条）
　⑬人権条約上の権利と自由を享受する上での差別からの自由（14条）

　これらを見て分かるように，この中に掲げられている諸権利および諸自由は，主として市民的かつ政治的な性質を有するものが多いことがわかるであろう。

むしろ，経済的あるいは社会権については，EU基本権憲章の中に規定されている。

しかし，以上が人権条約上の権利・自由のすべてではない。というのも，人権条約には「プロトコール」(Protocol) と呼ばれる多くの附属議定書があり，その中でも，多様な諸権利，諸自由が規定され，それを批准した国においては，それらを自国の国民のため，確保するよう義務づけられているからである。

第1プロトコール (1952年) では，1条において貧困からの自由，2条で教育を受ける権利，3条で自由な選挙に対する権利等が規定されている。因みに，イギリスはこのプロトコールをいち早く批准している。また，死刑制度の廃止等に関しては第6プロトコールで規定されているが，イギリスは自国においてすでに廃止していたが，1999年にこのプロトコールを批准している。他に多くのプロトコールがあり，イギリスはそれらを署名はしたが，まだ批准していない。例えば，第4プロトコールや第7プロトコールがそうである。それらの中には，負債を理由とする不法監禁の禁止，外国人の国外追放に関する禁止やその手続的保障，配偶者間の平等などが規定されている。しかし，イギリスはこれらのプロトコールを署名はしたが，未だ批准はしていないのである。

2　権利の制約

また，ヨーロッパ人権条約に定める権利および自由のうち，3条の拷問および非人道的もしくは品位を傷つける取り扱いからの自由，あるいは4条の奴隷および強制労働からの自由のようなものは，無条件である。しかし，他の権利および自由は，一定の条件に服すという意味で，相対的なものといってよい。というのも，例えば，5条の身体および安全についての権利にしても，同条の後段で「何人も，次の場合において，かつ，法律で定める手続に基づく場合を除くほか，その自由を奪われない」として，その中に「教育上の監督の目的の合法的な命令による未成年者の抑留，または権限のある法的機関に連行する目的で未成年者の合法的な抑留」などと例外規定を設けている。

さらに，8条，9条，10条および11条，それぞれに含まれている権利および自由に対しては，かなり広範な例外によってそれぞれの国家による制約が許

されていることが分かるであろう。例えば、以上の権利および自由の行使にあたっては、国の安全、公共の安全もしくは国の経済的福利のため、健康若しくは道徳の保護のため、また、他の者の権利および自由の保護のために、民主的社会において必要な義務および責任を課すことができるとしている。

3 適用除外

さらに、生命を脅かす戦争や緊急事態において、締約国は、人権条約の15条により、事態の緊急性が真に必要とする限度において、人権条約に基づく義務からの適用除外の措置をとることができる。もっとも、採られた措置は、当該締約国が国際法に基づき負う他の義務に抵触してはならないとされる。

イギリスは、北アイルランドに関連する事項に関して、多くの場合にこの15条による適用除外を援用してきた。

4 機構改革と人権裁判所

ヨーロッパ人権条約には当初、3つの機関があった（後に機構改革された）。1つはヨーロッパ人権委員会であり、2つ目はヨーロッパ人権裁判所、3つ目は閣僚委員会であった。

人権条約は、改正前は、請願前置主義を採っており、人権侵害を申立てようとする者は、まず人権委員会に申立てなければならず、同人権委員会で解決できない場合は、さらに、ヨーロッパ人権裁判所に事件は移送されることになっていた。

しかし、その後、各国からの申立ての件数が増大し、結果的に、人権委員会、人権裁判所における事件の処理能力が限界に達した。そこでこれに対処しようと、各国各方面から機構改革の声が高まった。改革の方法としては、人権委員会を第一審とし、人権裁判所を上訴裁判所とする2階層案もあったが、両者の機能を果たす単一の裁判所 (a single unified) を創設することで決着をみた (1998年11月1日の人権条約に対するプロトコール11による)。1年の経過措置の後、現在では、閣僚委員会とヨーロッパ人権裁判所の2つが人権条約上の機関

に落ち着いている。

　閣僚委員会は，基本的に政治的な機関であり，構成国の外務大臣から構成される。現在の機能はかなり縮減されて，人権裁判所の判決（46条）の履行を監視することに限定されることとなった。

　新しく統合された人権裁判所は，締約国数と同数の裁判官からなり，任期はかつて9年であったが，現在では6年になっている。再任は妨げない。

　裁判所の全体会議は，人権条約に基づいて提起される事件を決定する任務は遂行せず，もっぱら人権裁判所裁判長および1名以上の副裁判長を選出したり，小法廷(Chamber)とよばれる評議会を設置したり，裁判所訴訟規則を採択する。

　複数の小法廷はさらに複数の委員会（Committee）を設置し，後者は各3名の裁判官から成り，提起された申立てをふるいわけ，不受理の決定を下す。受理不受理の決定は終審であり，不受理されたものは事件のリストから削除する。小法廷は7名の裁判官から成り，委員会が決定できなければ，小法廷が決定を下す。こうして小法廷は申し立ての受理および訴訟の実体的当否に関する事項を決定する。

　裁判所でもっとも重要なのは大法廷（Grand Chamber）であり，17名の裁判官から成る。ここでは43条に基づき，小法廷により付託された申し立てを決定する権限がある。

　ところで，ヨーロッパ人権裁判所が人権侵害の申立てを処理するには，第1に，少なくとも，各国内におけるあらゆる救済手段がし尽くされていることが必要である。第2に，国内における最終的な判断がなされてから，6ヶ月以上の時間が経過していることも必要となるであろう。

5　1998年人権法

　しかし，この手続きは，個人にとって，複雑で長く，コストもかかる[1]。イギリス人にとって，当面大事なことは，やはり，EUの場合のように，条約

---

(1) 「その手続きは，遅くて，費用が高く，やっかいである」(See Alder, J., *Constitutional and Administrative Law*, 2nd ed., at p 322.)。

の内容を，出来る限り，早く国内法化することである。しかし，国内法化するに当たって，どのような方法をとるのか，多年にわたる論争が続いた。もし，国内法として制定されれば，1689 年以来の，新しい権利章典となり，期待されてきた。しかし，ブレア政権誕生後，憲法改革の一環として，遂にヨーロッパ人権条約は，イギリス議会で，1998 年 11 月 9 日に人権法[2] (Human Rights Act 1998, HRA) として国内法化された[3]。

このように多年の議論を経て，国内法化が実現したのは，個人にとって，その方が時間的にも，費用的にも，節約できるし，容易になるという理由があるが，もう 1 つは，上に見てきたように，イギリスの市民的自由の不安定な要素，とくにコモン・ロー上，市民的自由はどの範囲で認められているか，個人にとっては分かりにくい側面があったことも否めない。したがって，今回，このように人権法が制定され，人権の内容が包括的に明定されたことは，イギリス人にとってあたかも成文憲法による人権保障がイギリスにも導入された思いを抱くかもしれない。しかしもちろん，人権法は成文憲法ではない。また，人権法は議会主権を変更するものでもない。人権法は，一般的な議会制定法の形で制定されたのであり，議会主権からすれば，究極的には，改廃に対する特別な防波堤 (entrenchment) を持たない点で，従来からの憲法の伝統を維持したともいえる。

しかし，長い議論を経て人権法が制定された背景には，かつてヘイルシャム (Lord Haisham) が「選挙独裁」という言葉を使ったように，近時，とくにサッチャー保守党政権が誕生して以降，年代で言うならば，1980 年代から 1990 年代半ばにかけて，イギリスの中央部の権力がことのほか強大化したことが挙げられる。それだけ個人の権利に対する危機が高まったからである。

人権法の 1 条は，イギリスにおいて法的効力を与えられる「人権条約上の権

---

[2] 田島裕『イギリス憲法典――1998 年人権法』(信山社・2001 年)。そこではイギリス憲法典としたいきさつ，逐条訳，それにイギリスの国家主権，ヨーロッパ法の影響，議会主権の原則の修正などに関し解説を加えている。See Phillips, O. H. and Jackson, *Constitutional and Administrative Law*, 8th ed., 2001, at 470. また，元山健『イギリス憲法の原理』(法律文化社・1999 年) 15 頁以下参照。斎藤憲司「ヨーロッパ人権条約の国内適用化――1998 年人権法の制定」ジュリスト 1151 号 6 頁 (1999 年)。

[3] 人権法は 2000 年 10 月 2 日に施行された。

利」(convention rights) について言及する。それら「人権条約上の権利」とは，次に掲げる人権法1条(a)〜(c)号に規定する権利と自由を意味する。

(a)ヨーロッパ人権条約の2条から12条および14条

(b)第1プロトコールの1条から3条

(c)第6プロトコールの1条および2条

(a)号は，人権条約のところで述べた人権条約上の実体的権利である。また，(b)号および(c)号に言う第1および第6プロトコールとは，現在イギリスが署名し，かつ批准している附属議定書のことである。

人権法2条によれば，「人権条約上の権利」を解釈するにあたって，イギリスの裁判所は，ヨーロッパ人権裁判所の管轄権を考慮に入れなければならない。しかし，これは，イギリスの裁判所が，人権裁判所の見解，具体的には人権裁判所の判決に適合するように解釈すべしという意味ではない。だが，かりにイギリスの裁判所がヨーロッパ人権条約あるいは裁判所の見解と大きく反れるような場合，人権裁判所に事件を提起されうる。人権裁判所によれば，その場合，人権裁判所の見解が優位すると考えるであろう。

同法4条1・2項によれば，イギリスの国内立法が人権条約上の権利に適合しない場合，同国裁判所は，"不一致宣言"[(4)] (Declaration of incompatibility)をすることができることになっている。これはきわめて重要で興味深い。というのは，"不適合の宣言"が，一見したところ，イギリスの司法部に違憲立法審査権が与えられたかのように聞こえるからである。しかし，それは決して不適合の国内立法に対する"無効宣言"ではない。したがって，当該立法は不適合宣言によって無効になるわけではない。しかし，不適合宣言によって，政府は，義務ではないが，これを除去するために当該立法を修正するプレッシャーを受けることになるであろう。とすれば，不適合宣言は，事実上イギリスの司法部に不適合立法を事後的に廃止する権限を与えたのではないかと主張する見方も登場するかもしれない。

なお，この宣言を出すかどうか検討する場合，国はそのことを通知される権

---

(4) 同法4条6項によれば，不一致宣言は，対象とされた条項の効力，効力期間，その強行性を侵害するものでなく（a号），また当該訴訟当事者を拘束するものでない（b号）と規定されている。

利を持ち，通知された場合，一定の関係大臣は当該訴訟に当事者として参加することができるようになっており（5条），政府はこの関係大臣を通じて不適合宣言のプロセスを関知することになろう。

　ヨーロッパ人権条約上の権利のうち，1998年人権法で特別に規定されているのは2つだけである。それは人権条約の9条，10条に定める思想，良心および宗教の自由と，表現の自由である。それらは1998年人権法では13条，12条の中で網羅されている。したがって，イギリスの裁判所は，人権条約の9条，10条には特別の考慮を払い，これに基づく救済のイギリスにおける発展に寄与することはもちろん，人権法の13条，12条の意味は，それらの諸条項に適合するように解釈すべきであろう。

【参考文献】
W. バジョット（小松春雄訳）『イギリス憲政論』（中央公論社・1979年）
倉持孝司『イギリスにおける市民的自由の法構造』（日本評論社・2001年）
田島裕『イギリス憲法典──1998年人権法』（信山社・2001年）
元山健・倉持孝司『新版現代憲法　日本とイギリス』（敬文堂・2000年）
戒能通厚編『現代イギリス法事典』（新世社・2003年）
江島晶子『人権保障の新局面』（日本評論社・2003年）
ヴァーノン・ボグダナー（小室輝久・笹川隆太郎共訳）『英国の立憲君主制』（木鐸社・2003年）
Barnett, H., *Constitutional and Administrative Law*, 1997.
McCrudden, C. and Chambers, G., *Inidvidual Rights and the Law in Britian*, 1995
Davidson, Scott, *Human Rights*, Open University Press, 1993
Barendt, Eric, *Freedom of Speech*, 2nd edn., Oxford, 2007.
Pannick, David, *Sex Discrimination Law*, Oxford, 1985
Birkinshaw, P., *Freedom of Information*, Cambridge, 2010
Fenwick, H., *Civil Liberties and Human Rights*, 4th ed, Routlege, 2007
Harris, D. J., and others, *Law of the European Convention on Human Rights*, 2nd ed, Oxford, 2009

年表 (Significant Dates)

55 and 54 BC: Julius Caesar's expeditions to Britain
AD 43: Roman conquest begins under Claudius
122-38: Hadrian's Wall built
c.409: Roman army withdraws from Britain
450s onwards: foundation of the Anglo-Saxon kingdoms
597: arrival of St. Augustine to preach Christianity to the Anglo-Saxons
664: Synod of Whitby opts for Roman Catholic rather than Celtic church
789-95: first Viking raids
832-60: Scots and Picts merge under Kenneth Macalpin to form what is to become the kingdom of Scotland
860s: Danes overrun East Anglia, Northumbria and eastern Mercia
871-99: reign of Alfred the Great in Wessex
1066: William the Conquerror defeats Harold Godwinson at Hastings and takes the throne
1086 Domesday Book completed: a survey of English landholdings undertaken on the orders of William I
c.1136-39: Geoffrey of Monmouth completes The History of the Kings of Britain.
1215: King John signs Magna Carta to protect feudal rights against royal abuse
13th century: first Oxford and Cambridge colleges founded
1301: Edward of Caernarvon(later Edward II) created Prince of Wales
1314: Battle of Bannockburn ensures survival of separate Scottish kingdom
1337: Hundred Years War between England and France begins
1348-49: Black Death(bubonic plague) wipes out a third of England's population
1381: Peasants' Revolt in England, the most significant popular rebellion in English history

c.1387-c.1394: Geoffrey Chaucer writes The Canterbury Tales

1400-c.1406: Owain Glyndwr(Owen Glendower) leads the last major Welsh revolt against English rule

1411: St. Andrews University founded, the first university in Scotland

1455-87: Wars of the Roses between Yorkists and Lancastrians

1477: first book to be printed in England, by William Caxton

1534-40: English Reformation, Henry VIII breaks with the Papacy

1536-42: Acts of Union integrate England and Wales administratively and legally and give Wales representation in Parliament

1547-53: Protestantism becomes official religion in England under Edward VI

1553-58: Catholic reaction under Mary I

1558: loss of Calais, last English possession in France

1588: defeat of Spanish Armada

1558-1603: reign of Elizabeth I; moderate Protestantism established

c.1590-c.1613: plays of Shakespeare written

1603: union of the crowns of Scotland and England under James VI of Scotland

1642-51: Civil Wars between King and Parliament

1649: execution of Charles I

1653-58: Oliver Cromwell rules as Lord Protector

1660: monarchy restored under Charles II

1660: founding of the Royal Society for the Promotion of Natural Knowledge

1663: John Milton finishes Paradise Lost

1665: the Great Plague, the last major epidemic of plague in England

1666: the Great Fire of London

1688: Glorious Revolution; accession of William and Mary

1707: Acts of Union unite the English and Scottish Parliaments

1721-42: Robert Walpole, first British Prime Minister

1745-46: Bonnie Prince Charles failed attempt to retake the British throne for the Stuarts

c.1760s-c.1839s: Industrial Revolution

1775-83: American War of Independence leads to loss of the Thirteen Colonies

1801: Acts of Union unites Great Britain and Ireland

1805: Battle of Trafalgar, the decisive naval battle of the Napoleonic Wars

1815: Battle of Waterloo, the final defeat of Napoleon

1825: opening of Stockton and Darlington Railway, the world's first passenger railway

1829: Catholic emancipation

1832: first Reform Act extends the franchise (increasing the number of those entitled to vote by about 50 per cent)

1833: abolition of slavery in the British Empire (the slave trade having been abolished in 1807)1837-1901: reigns of Queen Victoria

1868: founding of the Trades Union Congress (TUC)

1910-36: during the reign of George V, the British Empire reaches its territorial zenith

1914-18: First World War

1918: the vote given to women over 30

1921: Anglo-Irish Treaty establishes the Irish Free State; Northern Ireland remains part of the United Kingdom

1928: voting age for women reduced to 21, on equal terms with men

1936: Jarrow Crusade, the most famous of the hunger marches in the 1930s

1939-45: Second World War

1947: independence for India and Pakistan: Britain begins to dismantle its imperial structure

1948: the Natural Health Service comes into operation, offering free medical care to the whole population

1952: accession of Elizabeth II

1965: first commercial natural gas discovery in the North Sea

1973: the UK enters the European Community (now European Union)

1979-90: Margaret Thatcher, the UK's first woman Prime Minister

1994: Channel Tunnel opened to rail traffic

1997: General Election: the Labour Party returns to power with its largest ever parliamentary majority

1999: Scottish Parliament, National Assembly for Wales and Northern Ireland Assembly assume their devolved powers

2004: Enlargement of the EU to include 25 members by the entry of the new ten countries such as Estonia, Latvia, Lithuania, Poland and Czech Republic Slovakia, Hungary, Slovenia, Malta and Cyprus.

2005: IRA announces a formal end to its armed campaign.

2007: Pro-independence Scottish National Party(SNP) becomes the largest party to the Scottish Parliament following elections

-Further enlargement of the EU to include Bulgaria and Romania

2008: Church of England votes by 2-1 majority to allow the ordination of women bishops

2009: Supreme Court repraces the Law Lords in Pariament as the last court of appeal to UK in all matters other than criminal cases in Scotland

2010: Coalition Government formed in UK (Conservative & Lib-Dem)

2011: British voters in a referendum reject plan to replace the first-past- the post electoral system for the House of Commons with the alternative vote(AV) system

2012: British and Scottish governments agree on terms for a Scottish referendum on independence in Autumn 2014

2013: Prime Minister David Cameron proposes a referendum on whether to leave the EU after the next election

-The Duchess of Cambridge gives birth to a son, who is third in line to the throne after the Prince of Wales(Prince Charles) and the Duke of Cambridge(Prince William)

-Croatia becomes the 28th member of the EU

2014: Support for the anti-EU UK independence Party (UKIP) surges in local and European elections

--Voters in a referendum in Scotland reject independence, with 55% opting to remain part of the United Kingdom and 45% favouring independence

出典：Britain 2001, published by The Stationary Office (1999年まで), UK and BBC Chronology of key events in 2014（一部修正，2004年以降）

索　引

1　法　令

1066年のノルマン征服　186
1215年―1225年マグナ・カルタ　7,8,10,11,17,25,160
1628年権利請願　11,36
1679年人身保護法　7,258
1689年権利章典　7,8,11,48,160
1700年王位継承法　151
1832年選挙法の第一次改正（大改正）　65,69,164
1911年―1949年議会法　7,73,208
1931年ウェストミンスター法　93,153,156
1972年EC法　100,148,156,160
1998年ウェールズ統治法　5,83,111
1998年北アイルランド法　5,90,119
1998年グレーター・ロンドン当局（レファレンダム）法　5
1998年人権法　104,117,148,160,247,311
1998年スコットランド法　5,88,115
1999年貴族院法　4,204
1999年ヨーロッパ議会法　4,219
2000年情報自由法　4,284
2000年地方統治法　5
2005年憲法改革法　5,130,135,211,212,236,237,239
2011年EUレファレンダム・ロック法　5,160〜162
2011年議会任期固定法　201
2013年王位継承法　5,194

2　人　名

あ

アスキス, H.H.（Asquis, Herbert Henry）　74,147,190,208
アルフレッド大王（Alfred the Great）　24,25
アン女王（Queen Anne）　62,146,147,192,222
ヴィクトリア女王（Queen Victoria）　67,69,223
ウィリアム1世（征服王）（William I or William the Conqueror）　24,27,186
ウィリアム・オレンジ公（ウィリアム3世）（William of Orange or William III）　46,61,192
ウォルポール, Sir R.（Walpole, Sir Robert）　64
エドワード懺悔王（Edward the Confessor）　24
エドワード老僭王（Old Pretender）　48,62,192
エドワード8世（Edward VIII）　193
エリザベス1世（Elizabeth I）　34,117,197,238,287

か

カルヴァン, J.（Calvan, Jean）　32
クロムウェル, O.（Cromwell, Oliver）　40,41,43,55
教皇イノセント3世（Innoccentius III）　25
クック, Sir E.（Coke, Sir Edward）　22,35〜37,138,153,256
グラタン, H.（Grattan, Henry）　90
グラッドストン, W.E.（Gladstone, William E.）　70,84,223

索引

グランヴィル, W. (Granvill, Runulf de) 22
グレイ, C. (Grey, Charles) 66

さ

サッチャー, M. (Thatcher, Margaret) 4,105,115,312
ジェームズ1世 (James I) 34,52,62,138,193,242
ジェームズ2世 (James II) 46,52,61,192
ジェニングス, Sir W.I. (Jennings, Sir William Ivor) 124,140,142,185
ジェフリーズ, Sir G. (Jeffreys, Sir George) 46,234
ジェンクス, Sir E. (Jenks, Sir Edward) 20,190,242
小ピット (Pitt the Younger) 64,223
シューマン, R. (Schuman, Robert) 98
ジョージ1世 (George I) 62〜64,69,131,193,222,223
ジョージ, L. (George, David Lloyd) 74,147,201,207
ショウ, G. B. (Shaw, George Bernard) 74
ジョン王 (John, or John the Lackland) 17,21
スカーマン卿 (Lord Scarman, Leslie George) 101
スタッブス, W. (Stubbs, William) 20,21

た

ダイシー, A.V. (Dicey, Albert Venn) 73,126,139〜144,146〜150,152,154〜159,163,165〜168,173,183,246,258
チャーチル, W. (Churchill, Winston) 98,305
チャールズ1世 (Charles I) 38
チャールズ2世 (Charles II) 43〜45
チャールズ若僭王 (Young Pretender) 48
ディズレーリ, B. (Disraeli, Benjamin) 70,223
ディプロック卿 (Lord Diplock) 126
デュギー, L. (Duguit, Leon) 140

は

バジョット, W. (Bagehot, Walter) 13,67,165,189〜191,227,237,242,315

フィルマー, Sir R. (Filmer, Sir Robert) 35,51
ベヴァリッジ, Sir W. (Beveridge, Sir William) 305,306
ベンサム, J. (Bentham, Jeremy) 63,66
フォーテスキュー, Sir J. (Fortescue, Sir John) 22
ブラウン, G. (Brown, Gordon) 164
ブラクトン, H. (Bracton or Bratton, Henry de) 16,21〜23,25,138
プラクネット, T.F.T. (Plucknett, Theodore Frank Thomas) 22
ブラックストン, W. (Blackston, William) 24,25,141,230,245,263
ブルース, R. (Bruce, Robert) 86
ブレア, T. (Blair, Tony) 4,106,120,164,188,198,210,238,312
ヘンリー8世 (Henry VIII) 31,32,84,114,197,228
ホウルト, J.C. (Holt, James Clarke) 20
ホッブス, T. (Hobbes, Thomas) 42,51,53〜55

ま

マクドナルド, J.R. (McDonald, James Ramsey) 73
ミッチェル, J.D.B. (Mitchell, J.D.B.) 80,156
メアリ2世 (Mary II) 192
メイトランド, F.W. (Maitland, Frederic William) 17,22,24,28,130,165,189
メージャー, J. (Major, John) 4,197
モネ, J. (Monnet, Jean) 98
モンテスキュー, C. (Montesquieu, Charles-Louis de) 54,57,123〜126
モンフォール, S. (Monfort, Simon de) 28,29,199

ら

リトルトン, Sir T. (Littleton, Sir Thomas) 22
リルバーン, J. (Lilburne, John) 41
ルソー, J. (Rousseau, Jean-Jacques) 55
ルター, M. (Luther, Martin) 31

ロック，J.（Locke, John）　52,123

3　事　項

あ

アクセス権　283,284
新しい権利章典　247,308
アリストテレス　123,135～137
アルスター　89
アングリカニズム　40
アングロ＝サクソン　82,86
アンチ・ユニオニスト　120
EC（ヨーロッパ共同体）　98～100,188,214
ECSC（ヨーロッパ石炭鉄鋼共同体）　99,214
EEC（ヨーロッパ経済共同体）　99,214
EFTA（ヨーロッパ自由貿易連合）　98
イースター蜂起　83,90
EU　101,103,148,162,176,188,299
EU懐疑派　219
EU条約（TEU）　176
EU機能条約（TFEU）　177
EU基本権憲章　149,177,178
EU司法裁判所　100,213,220
EU市民　215,218
EU法　4,149,156,157,169,175,177～180,213
　──の直接適用性　179,180,182
　──の優位性　149,158,180
EU理事会　213～216
EU立法　215,217
EURATOM（ヨーロッパ原子力共同体）　99,214
イギリス国教会　31,33,39,40,43,60,193,197,287～289
イギリス人の市民的自由　245,247
イギリス人の自由の守護神　17,20,37,255
イギリス連合　93,96,191,195,197,251
違憲審査制　153,165
一代限りの貴族　208,209
ウェールズ国民党　85,114
ウェールズ語法　84,85,114
ウェールズ自治総会　85,114,116,205
ウェールズ法　160

栄典の授与　187
エドワード1世の模範議会　28,29
王会　27
王権神授説　23,34～36,38,51,52,55,138,139,229
王室費　196,198
王政復古　11,39,44,47,186,265
王党派　40
オンブズマン　220

か

ガーンジー島　92
海峡諸島　92
改廃に対する特別な防波堤（entrenchment）　312
拡大EC　214
革命権　51,54,57
影の内閣　227,228
課税同意権　19,28,38
合併条約　154
合併法　87,109,155
カバル（CABAL）　45
神冒瀆罪　278,279
カルヴァン主義　31
関税同盟　215
議院内閣制　7,55,63,131,132,226,227
議員立法　206
議会解散権　132
議会主権　6,8,48,49,55,59,60,73,89,100,102,105,122,130,139,146,148～150,153,154,157,158,160～162,168,179,182,201,234
議会制定法の階層化　159,163
議会制民主主義　70,72,147
議会における国王（キング・イン・パーラメント）　27,60,199
議会派　40
貴院院　5
貴族院改革　73,165,171
貴族院上訴委員会　236,237,240

324　索　引

北アイルランド自治議会　120
北アイルランド自治政府　90
教区主教　209
共同決定手続　215
共和制　11,13,41,55,186,265
ギリシャ哲学　136
均衡憲法　59,60
金融通貨同盟（EMU）　215
グラタン自治議会　89
グレーター・ロンドン参事会　106,107
君主制　11〜13,41,44,130,165,186,188,194,197
警告する権利　190,191
激励する権利　190,191
結社の自由　268,269
ケルト系住民　82,86,109
憲法改革　4,164,197
憲法習律　2,7,165〜169,173〜175,189,237
憲法的議会制定法　159,160
憲法闘争　36,139,201
権利章典　3,48,50,57,59,144,145,154,160,164,
　　　191〜193,195,244,246
権利請願　49,50,57,166,246
権力分立　54,57,122,123,125,126,132
言論・出版の自由　263〜266
硬性憲法　6,10,145
功利主義　63,249
子飼い主義　233
国王禁止令状事件　138,229
国王大権　7,12,38〜40,46,60,79,165〜168,172,
　　　173,187〜189,197,224,228,229,265
国民予算　147,207,304
穀物法論争　68
護国卿　43
固有種（property）　54
古来の権利　8,20,48,51

さ

裁可権　199
最高裁判所　5,212,231,237〜239
　　──の裁判長　241
　　──の創設　165,171
最低投票年齢　72
裁判所侮辱罪　257,266,280,281

サリカ法　194
産業革命　63〜65,69,147,226,304
サンデー・タイムズ事件　281
残部議会　41,43
ジェコバイト　192
ジェントリ　47,60,61,147
自己情報コントロール権　275
自然法思想　54,57,58,248
自治都市市民　28
自治領　92,95,154,157
司法権の独立　49,128,129,229,239
シモン・ド・モンフォールの議会　28,29,199
諮問を求められる権利　190,191
ジャージー島　92
社会契約説　48,51,55,56,245,248
社会憲章　102
社会保障制度　305
若僭王（Young Pretender）　48,192
集会の自由　266,269
宗教改革　30,40,288
自由党　70,73,85
自由放任主義　139〜141,304
シューマン・プラン　99
自由民主党　114,205,219
住民投票　83,88,108,117,118
主権条項　161
首相　64,131,135,187,223
小選挙区制　114,204,205
城内市場　101,215
常任上訴貴族　209,211,237,241
情報自由法　283,284
女性参政権運動　200
女性の君主　194
庶民院の優位　73,164,167,170,207
知る権利　283
信教の自由　286
人権条約上の権利　313
進講　191
信仰自由宣言　45,46
信仰の擁護者　197
審査法　46
人種平等委員会　295
人身保護令状　254,256〜258

索引 325

人頭税　106,115
信任違反　273,274
シン・フェイン　90
人民協定　8,41,43
人民憲章　70,71
枢密院司法委員会　92,95,97,117,239
スコットランド学派　154
スコットランド国民党　88,111,115,118
スコットランド自治議会　88,114,115,148,205
スコットランド自治政府　88,116
スコットランドとの合併法　160
ストーモント自治議会　90,119
聖貴族　209
政教分離　287
星室裁判所　39,265
政治的主権　167
聖者の議会　43
聖職者大会議（General Synod）　290
成人普通選挙　200
成文憲法論議　163,164
世襲貴族　208〜211
摂政　196
絶対君主制　11,187
選挙独裁　312
先行判決訴訟　221
扇動罪　276
船舶税事件　51
総督　92,94
俗貴族　209
ソバーン上訴事件　158
ソリシタ　235,257

た

ダーネル事件　258
退位　94,151,171,193,196
第一大蔵卿　223
大英帝国　93,95,251
戴冠憲章　23,25,26,51
大権裁判所　39
大憲章　17,20,25,26,166
ダイシー伝統　141,147〜150,157,159,162,165
大主教　209,288,289
大臣助言制　7,67,166,187,224,228

タイズ　289
大法官　5,211,237〜239
単一憲法　6,9
弾劾　131,232
短期議会　39
男子優先の原則（王位継承）　193,195
治安判事　60
血の日曜日事件　91
地方分権　5,81,85,88,110,111,115,119,121,165
チャーター88（Charter 88）　9
チャーチスト運動　70,71,304
チューダー絶対王政　30,31,38,138
長期議会　39
長老教会　40,87
直接受封者　27
通常の議会制定法　159
作られた多数派　204
ディームスター　92
ティンウォルド　92
デーン人　82
哲人政治論　136
デュー・プロセス　254,256
同君連合　83,87,118,223
統治章典　8,41,43
ドーバー条約　44
トーリー　61,62,69,131
特定多数決（qualified majority）　216
独立派　40,41

な

内閣（キャビネット）　63,131,132,134,187,226
内閣法案起草官　206
軟性憲法　6,10
二大政党　45,70,73,111,204,205
ノルマン王朝　30

は

パトリアーカ（家父長論）　52
バラ戦争　84
バンノックバーンの闘い　86
比較多数得票主義　204
非国教徒　290

索引

ビザンツ的　137
一人に放っておかれる権利　272,274
ピューリタニズム　33
ピューリタン革命　1,8,11,33,40,41,46,55,139,229,265
表現の自由　263,266,270,271,276,278〜281
平等派　41
ピルグリム　56
比例代表制　114,205
ファクターテイム事件　158,161
不一致宣言　165,313
フェビアン協会　72
腐敗選挙区　61,66
不文憲法　6,164,166,303
プライバシー権　272,273,275
プリンス・オブ・ウェールズ　196
ブレア憲法改革　5,165
ブレア労働党政権　104,108,120
プロテスタント　31,33,47,89,193,194
文書誹毀　266,270,279
ベヴァリッジ報告書　305,306
ホィッグ　61,62,69,131,139
ホィッグ憲法　61,62
ポイニング法　89
法実証主義　249
法的革命　158,163
法的主権者　168
法の支配　8,16,23,30,35,38,49,122,135,138〜142,145,229
法律貴族　5,237,240
ポケット選挙区　61
保守党　70,73,85,101,114,205,219

ま

マーストリヒト条約　101,102,176,215
マグナ・カルタ　1,3,16,17,37,43,49〜51,138,246,254,255,160
マン島　92
メイフラワー協約　56
名目君主制　187
名誉革命　48,55,59,60,73,130,139,148,153,168,189,201,229
名誉毀損　270,271,273,274,279

メトロポリタン・カウンティ　107
免税特権　12,13
黙示的廃止　151,152,159

や

ユーロ　162,215
ユニオニスト　120
ヨーロッパ委員会　213,215〜217,219,221,298
ヨーロッパ合衆国　98,101,213
ヨーロッパ憲法条約　177
ヨーロッパ議会　213〜217,219
ヨーロッパ人権救済機構　103
ヨーロッパ人権裁判所　103,281,310
ヨーロッパ人権条約　4,9,102,145,148,149,178,238,264,269,275,309,314
ヨーロッパ理事会　102
寄せあつめ的権利　274

ら

リヴァイアサン　42,53
リスボン条約　176,177
リベラル的憲法　62,70
リベラル・デモクラティック憲法　70
レファレンダム（国民投票）　161,163
連合王国（UK）　78,79,81,154,188
連合王国独立党（UKIP）　117,162,219
連立合意文書　160
老僭王（Old Pretender）　48,192
労働党　72,73,85,114,205,219
ローマ・カトリック　31,47,89,193,194
ロンドン宣言　96

わ

わいせつ罪　278

著者略歴

法学修士（早稲田大学）
法学博士（PhD in Law，英国 Exeter University）
駿河台大学法学部教授，日本大学法学部教授を経て，
現在，駿河台大学名誉教授。
著　作　『EU 入門』（共著・有斐閣・2000年）
　　　　『英米法序説』（共著・敬文堂・1997年）
　　　　『イギリスの社会と文化』（共著・成文堂・1991年）
　　　　『法の担い手たち』（共著・法文化叢書 7・国際書院・2009年）
　　　　「EC 法とイギリス裁判官の解釈態度―国会主権のダイシー伝統は変容したか」比較法研究58巻（1996年）
　　　　「イギリスの議会主権と議会制定法の階層化について―EU 法の優位性とイギリスにおけるコモン・ローの発展」日本法学77巻 2 号（2011年）

概説 イギリス憲法 第 2 版
―由来・展開そして EU 法との相克―

2002年 7 月 1 日　第 1 版第 1 刷発行
2015年 2 月20日　第 2 版第 1 刷発行

著　者　加か藤とう紘ひろ捷かつ

発行者　井村寿人

発行所　株式会社　勁けい草そう書房
112-0005　東京都文京区水道2-1-1　振替　00150-2-175253
　　　　（編集）電話 03-3815-5277／FAX 03-3814-6968
　　　　（営業）電話 03-3814-6861／FAX 03-3814-6854
　　　　　　　　　　　　　　　　　　平文社・松岳社

ⓒ KATO Hirokatsu　2015
ISBN978-4-326-40298-4　　Printed in Japan

〈㈱日本著作出版権管理システム委託出版物〉
本書の無断複写は著作権法上での例外を除き禁じられています。
複写される場合は，そのつど事前に㈱日本著作出版管理システム
（電話03-3817-5670，FAX03-3815-8199）の許諾を得てください。

＊落丁本・乱丁本はお取替いたします。
http：//www.keisoshobo.co.jp

五十嵐清
比較法ハンドブック〔第2版〕 四六判・400頁/3,200円

楪博行
アメリカ民事法入門 四六判・276頁/2,700円

E・アラン・ファーンズワース 著/スティーブ・シェパード 編
笠井修・髙山佳奈子訳
アメリカ法への招待 A5判・288頁/2,500円

岡孝・沖野眞已・山下純司編
学習院大学東洋文化研究叢書
東アジア私法の諸相
　東アジア比較私法学の構築のために A5判・321頁/4,200円

永澤亜紀子
フランス暮らしと仕事の法律ガイド A5判・420頁/4,300円

松尾弘
開発法学の基礎理論
　良い統治のための法律学 A5判・336頁/3,600円

植田隆子 編
EUスタディーズ1 対外関係 A5判・308頁/3,700円

小川英治 編
EUスタディーズ2 経済統合 A5判・304頁/4,200円

大島美穂 編
EUスタディーズ3 国家・地域・民族 A5判・272頁/3,400円

松本恒雄・杉浦保友 編
EUスタディーズ4 企業の社会的責任 A5判・244頁/3,000円

細谷雄一 編
イギリスとヨーロッパ
　孤立と統合の二百年 四六判・376頁/2,800円

君塚直隆
チャールズ皇太子の地球環境戦略 四六判・224頁/2,200円

―――――― 勁草書房刊

＊表示価格は2015年2月現在。消費税は含まれておりません。